Studienwissen kompakt

Reihenherausgeber: Springer Fachmedien Wiesbaden
Wiesbaden, Deutschland

Lehrbücher der Reihe „Studienwissen kompakt" bieten in kurzen prüfungsrelevanten Lernein-
heiten einen Überblick und Einstieg in ein Fach bzw. in eine Teildisziplin und vermitteln
Orientierungswissen. Alle Themen werden didaktisch gut strukturiert aufbereitet. Abschließende
Lernkontrollen, Transferaufgaben und Empfehlungen zum Weiterlesen und -lernen wirken sich
nachhaltig auf den Lernerfolg aus. Als Lernhilfen sowohl zur gezielten Klausurvorbereitung als
auch für ein begleitendes Selbststudium geeignet!

Eckart Koch

Internationale Währungs- und Finanzbeziehungen

Eckart Koch
Starnberg, Deutschland

ISSN 2363-9539 ISSN 2363-9547 (electronic)
Studienwissen kompakt
ISBN 978-3-658-48711-9 ISBN 978-3-658-48712-6 (eBook)
https://doi.org/10.1007/978-3-658-48712-6

Die Deutsche Nationalbibliothek verzeichnet diese Publikation in der Deutschen Nationalbibliografie; detaillierte bibliografische Daten sind im Internet über https://portal.dnb.de abrufbar.

© Der/die Herausgeber bzw. der/die Autor(en), exklusiv lizenziert an Springer Fachmedien Wiesbaden GmbH, ein Teil von Springer Nature 2025

Das Werk einschließlich aller seiner Teile ist urheberrechtlich geschützt. Jede Verwertung, die nicht ausdrücklich vom Urheberrechtsgesetz zugelassen ist, bedarf der vorherigen Zustimmung des Verlags. Das gilt insbesondere für Vervielfältigungen, Bearbeitungen, Übersetzungen, Mikroverfilmungen und die Einspeicherung und Verarbeitung in elektronischen Systemen.
Die Wiedergabe von allgemein beschreibenden Bezeichnungen, Marken, Unternehmensnamen etc. in diesem Werk bedeutet nicht, dass diese frei durch jede Person benutzt werden dürfen. Die Berechtigung zur Benutzung unterliegt, auch ohne gesonderten Hinweis hierzu, den Regeln des Markenrechts. Die Rechte des/der jeweiligen Zeicheninhaber*in sind zu beachten.
Der Verlag, die Autor*innen und die Herausgeber*innen gehen davon aus, dass die Angaben und Informationen in diesem Werk zum Zeitpunkt der Veröffentlichung vollständig und korrekt sind. Weder der Verlag noch die Autor*innen oder die Herausgeber*innen übernehmen, ausdrücklich oder implizit, Gewähr für den Inhalt des Werkes, etwaige Fehler oder Äußerungen. Der Verlag bleibt im Hinblick auf geografische Zuordnungen und Gebietsbezeichnungen in veröffentlichten Karten und Institutionsadressen neutral.

Planung/Lektorat: Margit Schlomski
Springer Gabler ist ein Imprint der eingetragenen Gesellschaft Springer Fachmedien Wiesbaden GmbH und ist ein Teil von Springer Nature.
Die Anschrift der Gesellschaft ist: Abraham-Lincoln-Str. 46, 65189 Wiesbaden, Germany

Wenn Sie dieses Produkt entsorgen, geben Sie das Papier bitte zum Recycling.

Vorwort

In einer globalisierten Welt sind internationale Währungs- und Finanzbeziehungen von zentraler Bedeutung für das Verständnis der wirtschaftlichen Dynamiken, die unsere Gesellschaften prägen. Die letzten Jahrzehnte haben gezeigt, wie eng die Volkswirtschaften miteinander verflochten sind. Ereignisse in einem Land können weitreichende Auswirkungen auf die Finanzmärkte und die Wirtschaft anderer Länder haben. Die Finanzkrisen der letzten Jahre, wie die globale Finanzkrise von 2008 oder die Schuldenkrisen in verschiedenen Regionen, haben die Verwundbarkeit und die Komplexität internationaler Finanzbeziehungen verdeutlicht.

Täglich informieren uns daher die Medien über neue Entwicklungen und wichtige Details aus dem Bereich der internationalen Währungs- und Finanzbeziehungen. Aber wie hängen diese Dinge zusammen? Wie können wir diese Beobachtungen, Informationen und Meinungen sinnvoll strukturieren? Wie können wir uns selbst hierzu eine Meinung bilden und mitdiskutieren?

Hierzu liefert dieses Buch wichtige Grundlagen. Die „Internationalen Währungs- und Finanzbeziehungen" spannen den Bogen von der Funktionsweise unserer Währungsordnungen und neuen Entwicklungen im Bereich der internationalen Währungskooperation über die Probleme und Herausforderungen der globalisierten Finanzmärkte, die Europäische Währungsunion sowie die diversen Finanzkrisen der letzten Jahrzehnte bis zu politischen und finanzwirtschaftlichen Lösungsansätzen. Dabei werden sowohl theoretische Grundlagen als auch aktuelle Entwicklungen behandelt. Vor allem aber wird eine sinnvolle Struktur vorgegeben, die es erlaubt, den ständigen Informationsfluss besser zu sortieren, einzuordnen und auch zu verstehen. Durch historische Analysen, Beispiele und kleinere Fallstudien macht dieses Buch die faszinierende Thematik überschaubarer und damit auch interessanter. Es richtet sich zwar vor allem an Studierende, aber auch an jede und jeden die oder der sich für die Mechanismen und Herausforderungen der internationalen Währungs- und Finanzbeziehungen interessiert.

Die einzelnen Kapitel bauen grundsätzlich aufeinander auf. Sie können aber auch als jeweils abgeschlossene Einheiten unabhängig voneinander gelesen und bearbeitet werden. Der Text wird durch zahlreiche Abbildungen veranschaulicht, die die Aktualität hervorheben, Zusatzinformationen liefern oder die verbalen Erläuterungen zusammenfassen. Am Anfang jedes

Kapitels finden Sie eine Lernagenda mit zentralen Fragen, die in dem jeweiligen Kapitel beantwortet werden und am Ende eine kurze Zusammenfassung, Wiederholungsfragen, Literaturangaben, Internet-Links sowie jeweils eine weiterführende vertiefende Fragestellung. Hierzu ein Tipp: Verfolgen Sie parallel zur Lektüre dieses Buches und zur Einordnung der Relevanz der Gesamtthematik, das aktuelle Geschehen durch einschlägige digitale Informationsdienste oder offline durch eine seriöse Tageszeitung oder TV-Nachrichtensendungen. Auf diese Weise werden die Zusammenhänge und Ereignisse noch plastischer und können von Ihnen sinnvoller ein- und zugeordnet werden.

Die internationalen Währungs- und Finanzbeziehungen entwickeln sich dynamisch, sie reagieren meist unmittelbar auf geopolitische Ereignisse und nationale Entscheidungen. Trotz des Bemühens um Aktualität kann daher hier nur der Stand zum Zeitpunkt der Fertigstellung des Manuskripts wiedergegeben werden, aber die Struktur des Buches erlaubt es, dass Sie jederzeit neuere Entwicklungen integrieren können.

Noch ein Hinweis zum Schluss: Aus Vereinfachungs- und Lesbarkeitsgründen wird auf die Nennung beider Geschlechter bzw. auf gender-sensitive Sprachformen verzichtet. So schließt beispielsweise die Bezeichnung Manager selbstverständlich auch Managerinnen mit ein.

Eckart Koch
München, Deutschland
Sommer 2025

Inhaltsverzeichnis

1	**Wechselkurse und Wechselkurssysteme**	1
1.1	Währungskonvertibilität und Devisenbewirtschaftung	3
1.2	Wechselkurse	6
1.3	Wechselkurssysteme	10
1.3.1	Flexible Wechselkurse	12
1.3.2	Feste Wechselkurse	16
1.3.3	Varianten fester Wechselkurssysteme	21
1.4	Vergleich der Wechselkurssysteme	25
1.5	Lernkontrolle	28
	Literatur	30
2	**Bretton-Woods-System und Internationaler Währungsfonds**	31
2.1	Das Bretton-Woods-System (BWS)	32
2.2	Krise und Zusammenbruch des Bretton-Woods-Systems	36
2.3	Der Internationale Währungsfonds (IWF)	38
2.3.1	Organisation, Aufgaben, Quoten	38
2.3.2	Gewährung von Devisenkrediten (Ziehungen)	42
2.3.3	Überblick über die Aufgabenschwerpunkte des IWF	45
2.4	Währungsreserven und Sonderziehungsrechte	50
2.5	Lernkontrolle	53
	Literatur	55
3	**Neuordnung des internationalen Währungssystems**	57
3.1	Internationale währungspolitische Kooperation	59
3.2	Vorschläge zur Stabilisierung der Wechselkurse	63
3.3	Internationale Währungs- und Finanzkrisen in den 1980er- und 1990er-Jahren	65
3.4	Vorschläge und Ansätze zur Verhinderung von Währungs- und Finanzkrisen	71
3.5	Fallstudie USA: Die neue Unordnung der Weltwirtschaft – eine aktuelle Momentaufnahme	76
3.6	Lernkontrolle	84
	Literatur	86

4	**Globalisierung der Finanzmärkte**	89
4.1	Internationale Finanzmärkte und internationale Finanztransaktionen	92
4.2	**Merkmale der Globalisierung der Finanzmärkte**	98
4.2.1	Liberalisierung des Kapitalverkehrs	99
4.2.2	Deregulierung der Finanzmärkte	100
4.2.3	Finanzinnovationen	101
4.3	Ansätze einer Neuregulierung der internationalen Finanzmärkte	104
4.4	**Fallstudie: Die Internationale Finanzkrise 2007/2008**	106
4.5	**Basel III – Kernelemente der neuen Finanzmarktregulierung**	111
4.6	**Zusammenfassende Beurteilung**	117
4.7	**Fallstudie: Bankenkrise 2023**	119
4.8	**Lernkontrolle**	121
	Literatur	123

5	**Europäische Wirtschafts- und Währungsunion (EWWU)**	125
5.1	**Voraussetzungen**	128
5.1.1	Liberalisierung des Kapitalverkehrs	129
5.1.2	Wirtschaftspolitische Kooperation	130
5.2	**Die Entwicklung der Europäischen Wirtschafts- und Währungsunion (EWWU)**	134
5.2.1	Die erste Stufe	135
5.2.2	Die zweite Stufe	136
5.2.3	Die dritte Stufe – Start des Euro	137
5.3	**Die Entwicklung des Euro**	139
5.4	**Der Stabilitäts- und Wachstumspakt (SWP)**	143
5.5	Folgen der währungspolitischen Integration	145
5.6	**Lernkontrolle**	147
	Literatur	149

6	**Eurokrise und Europäische Zentralbank**	151
6.1	**Die Eurokrise 2009/2013**	152
6.2	**Bankenunion und Einlagensicherung in der Europäischen Union**	161
6.3	**Die Europäische Zentralbank**	163
6.3.1	Funktion und Aufgaben	163
6.3.2	Die Geldpolitik der EZB	166
6.4	**Digitales Zentralbankgeld – Central Bank Digital Currency (CBDC)**	171
6.5	**Lernkontrolle**	175
	Literatur	177

7	**Auslandsverschuldung der Entwicklungsländer**	179
7.1	Situation und Indikatoren der Auslandsverschuldung	181
7.2	Ursachen	191
7.3	Lösungsansätze für Verschuldungsprobleme	193
7.3.1	Umschuldungen	193
7.3.2	Schuldenreduzierung – Schuldenerlass	195
7.3.3	Schuldentausch	196
7.3.4	Common Framework	198
7.4	**Wirtschaftsreformen**	200
7.5	**Lernkontrolle**	205
	Literatur	207

Abkürzungsverzeichnis

AAA	Triple A	CEMAC	Zentralafrikanische Wirtschafts- und Währungsunion
APP	Asset Purchase Program		
BCBS	Basler Ausschuss für Bankenaufsicht (BIZ)	CFA-Franc	Franc de la Coopération financière en Afrique centrale
BaFin	Bundesanstalt für Finanzdienstleistungsaufsicht	cif	cost, insurance, freight
BIC	Bank Identifier Code	CIPS	Cross-Border Interbank Payment System (China)
BIP	Bruttoinlandsprodukt		
BIS	Bank of International Settlements (BIZ)	DC	Joint Development Committee (IWF)
BIZ	Bank für Internationalen Zahlungsausgleich (BIS)	DKK	Dänische Krone
BMF	Bundesministerium der Finanzen	DSA	Debt Sustainability Analysis (IWF)
BMZ	Bundesministerium für wirtschaftliche Zusammenarbeit und Entwicklung	ECF	Extended Credit Facility (IWF)
		ECOFIN	Rat Wirtschaft und Finanzen
BNP	Bruttonationalprodukt		
BSP	Bruttosozialprodukt	ECU	European Currency Unit
BWS	Bretton Woods System	EEA	Einheitliche Europäische Akte
CB	Currency Board	EFF	Extended Fund Facility (IWF)
CBDC	Central Bank Digital Currency		
		EFSF	Europäische Finanzstabilisierungsfazilität (EURO Rettungsschirm)
CBS	Currency Board System		
CCFF	Compensatory and Contingency Financing Facility (IWF)		
		EFWZ	Europäische Fonds für währungspolitische Zusammenarbeit
CDO	Collateralized Debt Obligation		

Abkürzungsverzeichnis

ELA	Emergency Liquidity Assistance	GIIPS	Griechenland, Irland, Italien, Portugal, Spanien
ESM	Euro Stabilitätsmechanismus	GUS	Gemeinschaft unabhängiger Staaten
ESZB	Europäisches System der Zentralbanken	HB	Handelsblatt oder Handelsbilanz
ETF	Exchange Traded Fund		
EU	Europäische Union	HIC	High Income Countries (Weltbank)
EUREX	European Exchange		
EWI	Europäisches Währungsinstitut	HIPC	Highly Indebted Poor Countries (Weltbank)
EWKV	Europäischer Wechselkursverbund	HRE	Hypo Real Estate
		HVPI	Harmonisierter Verbraucherpreisindex
EWS	Europäisches Währungssystem		
EWWU	Europäische Wirtschafts- und Währungsunion	IBRD	International Bank for Reconstruction and Development (Weltbank)
EZB	Europäische Zentralbank	i. d. R.	in der Regel
ESZB	Europäisches System der Zentralbanken	i.e.S.	im engeren Sinn
		IKB	Deutsche Industriebank
FCL	Flexible Credit Line (IWF)	IMF	International Monetary Fund (IWF)
FDI	Foreign Direct Investment		
FED	Federal Reserve System	IMFC	Internationaler Währungs- und Finanzausschuss (IWF)
G5	Group of Five	IWF	Internationaler Währungsfonds (IMF)
G7	Group of Seven		
G20	Group of Twenty	i.w.S.	im weiteren Sinn
GASP	Gemeinsame Außen- und Sicherheitspolitik	KMU	Kleinere und mittlere Unternehmen
GDP	Gross Domestic Product (BIP)	LB	Leistungsbilanz
GFCI	Global Financial Centres Index	LIC	Low Income Country (Weltbank)

MIC	Middle Income Country (Weltbank)	RFI	Rapid Financing Instrument (IWF)
MOE	Mittel- und Osteuropäische Staaten	RSF	Resilience and Sustainability Facility (IWF)
MoU	Memorandum of Understanding	RST	Resilience and Sustainability Trust (IWF)
NGO	Non-Governmental Organisation	SAP	Strukturanpassungsprogramm (IWF)
NZB	Nationale Zentralbank	SBA	Standby Arrangement (IWF)
ODA	Official Development Assistance	SCF	Standby Credit Facility (IWF)
OECD	Organization for Economic Cooperation and Development	SDR	Special Drawing Rights (SZR)
		SFI	Systemrelevante Finanzinstitutionen
OFC	Offshore Financial Center		
OMT	Outright Monetary Transactions	sfr	Schweizer Franken
		SMP	Securities Markets Programme
OTC	Over-the-Counter Finanzgeschäfte		
		SoFFin	Sonderfonds Finanzmarktstabilisierung
p.a.	pro anno, per annum (pro Jahr)	SPV	Special Purpose Vehicle
		STF	Systemic Transformation Facility
PCL	Precautionary Credit Line (IWF)		
		SVB	Silicon Valley Bank
PEPP	Pandemic Emergency Purchase Programme	SWIFT	Society for Worldwide Interbank Financial Telecommunication
PPP	Purchasing Power Parity		
PRGT	Poverty Reduction and Growth Trust (IWF)	SWP	Stabilitäts- und Wachstumspakt (EU)
PSI	Policy Support Instrument	SZ	Süddeutsche Zeitung
		SZR	Sonderziehungsrechte (SDR)
RCF	Rapid Credit Facility (IWF)		

UEMOA	Westafrikanische Wirtschafts- und Währungsunion	VC	Venture Capital
UN	United Nations	WEB	Weltentwicklungsbericht (Weltbank)
UNCTAD	United Nations Conference on Trade and Development	WKM	Wechselkursmechanismus
		WWF	Worldwide Fund for Nature

Abbildungsverzeichnis

Abb. 1.1	Wechselkurs und Devisenkurs: Zusammenfassung	7
Abb. 1.2	Ankauf und Verkauf von Devisen. (Zusammenfassung)	9
Abb. 1.3	Von flexiblen zu starren Wechselkurssystemen	11
Abb. 1.4	Schwankungen des Euro-Wechselkurses zum US$ (1 EUR = … US$, 2001 bis 2023). (Quelle: ▶ finanzen.net)	12
Abb. 1.5	Flexible Wechselkurse	13
Abb. 1.6	Interventionen am unteren Interventionspunkt	17
Abb. 1.7	Intervention am oberen Interventionspunkt	19
Abb. 1.8	Weltweite Wechselkursregelungen. (Quelle: Deutsche Bundesbank 2024, S. 44 f.)	25
Abb. 2.1	Bretton Woods Mount Washington Hotel. (Quelle: E. Koch)	33
Abb. 2.2	Systemelemente des Bretton-Woods-Systems	35
Abb. 2.3	Funktion und Höhe der Quoten. (Quellen: IWF (2023), Deutsche Bundesbank (o.J.))	42
Abb. 2.4	Kreditfazilitäten des IWF. (Quelle: IWF (2022))	43
Abb. 2.5	IWF-Kredite. (Quelle: IWF Jahresbericht 2021)	46
Abb. 2.6	Währungsreserven ausgewählter Länder (in Mrd US$, Stand: 2023). (Quelle: ▶ https://de.statista.com/statistik/daten/studie/157870/umfrage/waehrungsreserven-ausgewaehlter-laender/ (2025))	51
Abb. 2.7	Der SZR-Währungskorb. (Quelle: Deutsche Bundesbank, o.J.)	52
Abb. 3.1	Ausgewählte Schuldenkrisen der 1980er- und 1990er-Jahre. (Überblick)	67
Abb. 4.1	Die wichtigsten globalen Finanzplätze (2024). (Quelle *Links*: GFCI 36 (2024))	93
Abb. 4.2	Umsätze auf den Welt-Devisenmärkten pro Tag (in Mrd US$). (Quelle: BIS (*2022*))	94
Abb. 4.3	Internationale Finanztransaktionen	95
Abb. 4.4	Die Subprimekrise 2007/2008	110
Abb. 4.5	Übersicht über die Neuregulierung der Finanzmärkte	116
Abb. 5.1	Stand der Konvergenzkriterien 2022	134
Abb. 5.2	Entwicklung des Euro-Wechselkurses 1999 bis 2024	140
Abb. 5.3	Die internationale Bedeutung des Euro (2023) (EZB (2024) dort auch weitere Quellenangaben)	140
Abb. 5.4	Zeittafel: Entwicklung der EWWU bis 2005	142

Abb. 6.1	Haushaltssalden ausgewählter Euro-Länder (in % des BIP). (Quelle: ▶ https://de.statista.com/)	154
Abb. 6.2	Staatsverschuldung ausgewählter Euro-Länder (in % des BIP). (Quelle: ▶ https://de.statista.com/themen/90/staatsverschuldung/#statisticChapter)	155
Abb. 6.3	Das ESM-Verfahren	158
Abb. 6.4	EZB und ESZB. (Quelle: EZB)	165
Abb. 6.5	Geldpolitische Steuerungskette	168
Abb. 6.6	EZB-Leitzinsänderungen seit Beginn der Eurokrise. (Quelle: Statista 2025)	169
Abb. 7.1	Entwicklungsländer. (Quelle: Zahlenbilder/Weltbank)	181
Abb. 7.2	Stufen der Überschuldung. (Quelle: Misereor (2024) S. 19)	184
Abb. 7.3	Entwicklung der Verschuldungsindikatoren in Entwicklungsländern. (Quellen: World Bank: International Debt Report 2022 und 2024, eigene Darstellung)	185
Abb. 7.4	Verschuldungsindikatoren in afrikanischen Ländern südlich der Sahara. (Quellen: World Bank: International Debt Report 2022 und 2024, eigene Darstellung)	186
Abb. 7.5	Prozentsatz der Länder in einer kritischen Verschuldungssituation. (Quelle: World Bank (2024) International Debt Report, p. 18)	186
Abb. 7.6	Kapitalzuflüsse in Entwicklungsländer (ohne China) in Mrd US$. (Quelle: World Bank (2024/1))	188
Abb. 7.7	Gläubigerstruktur der Auslandsschulden von Entwicklungsländern. (Quelle: World Bank (2024) International Debt Report 2024, p. 5)	190
Abb. 7.8	Schuldenstrategie „Common Framework". (Quelle: Bundesministerium der Finanzen (BMF 2023))	199

Wechselkurse und Wechselkurssysteme

Inhaltsverzeichnis

1.1 Währungskonvertibilität und Devisenbewirtschaftung – 3

1.2 Wechselkurse – 6

1.3 Wechselkurssysteme – 10
1.3.1 Flexible Wechselkurse – 12
1.3.2 Feste Wechselkurse – 16
1.3.3 Varianten fester Wechselkurssysteme – 21

1.4 Vergleich der Wechselkurssysteme – 25

1.5 Lernkontrolle – 28

Literatur – 30

© Der/die Autor(en), exklusiv lizenziert an Springer Fachmedien Wiesbaden GmbH, ein Teil von Springer Nature 2025
E. Koch, *Internationale Währungs- und Finanzbeziehungen*, Studienwissen kompakt,
https://doi.org/10.1007/978-3-658-48712-6_1

1

Lernagenda

Folgende Fragen werden in Kapitel 1 beantwortet:
- Warum ist die *Konvertibilität* von Währungen wichtig?
- Wie viele *Wechselkurse* einer Währung gibt es *zum gleichen Zeitpunkt*?
- Worin unterscheiden sich verschiedene *Wechselkurssysteme*?
- Wann muss eine Zentralbank bei festen Wechselkurssystemen *intervenieren*?
- Sind *Paritätsänderungen* bei festen Wechselkurssystemen notwendig?
- Welche unterschiedlichen *Typen* fester Wechselkurssysteme unterscheidet man?
- Welche *Vor- und Nachteile* haben die verschiedenen Wechselkurssysteme?

Zentralbanken versorgen die eigenen Volkswirtschaften mit Geld. Dieses wird zur Vereinfachung der Tauschbeziehungen als *Zahlungsmittel* benötigt, aber auch als *Wertaufbewahrungsmittel* und *Recheneinheit*. Geld besitzt jedoch nur in dem Land, bzw. der Region, einen Wert, in dem es als gesetzliches Zahlungsmittel anerkannt ist. In der Eurozone ist die *Europäische Zentralbank* (EZB) seit Anfang 1999 für die Ausgabe des *Euro* zuständig, der seit März 2022 in den derzeit 20 Mitgliedsländern der *Europäischen Währungsunion* (EWWU) gesetzliches Zahlungsmittel ist. Jeder Handelspartner wird im Normalfall nur seine eigene Währung als Zahlungsmittel akzeptieren, bzw. fremde Währungen in die eigene umtauschen, da keine in allen Ländern international anerkannte Währung existiert. Um internationale Tauschbeziehungen zu ermöglichen, muss daher die eigene Währung in fremde Währung getauscht werden *können*.

Das *Austauschverhältnis* zweier Währungen und damit der Preis für die eigene bzw. für die fremde Währung wird durch *Wechselkurse* bestimmt. Folgende Fragen sind in diesem Zusammenhang von zentraler Bedeutung:
- Kann die eigene Währung gegen andere Währungen ohne oder nur mit geringen Einschränkungen getauscht werden? Anders ausgedrückt: Ist die Währung **konvertibel**?
- Welchen Tauschwert oder **Wechselkurs** hat die eigene Währung? Gibt es einen oder mehrere Tauschwerte und warum ist dies so?
- Wie wird der Wert einer Währung festgestellt und wie passt sich dieser Wert an unterschiedliche Situationen an? Welche *Wechselkurssysteme* garantieren, dass sich der innere, inländische, Wert der Währung nicht allzu sehr von seinem Tauschwert, dem äußeren Wert, entfernt?

1.1 Währungskonvertibilität und Devisenbewirtschaftung

Um wirtschaftliche Transaktionen mit einem anderen Land tätigen zu können, benötigt man üblicherweise ausländische Zahlungsmittel *(Devisen)*, die i. d. R. im Tausch gegen inländische Währung erworben werden. Wenn also ein deutsches Unternehmen Waren aus den USA importieren möchte, benötigt es US-Dollar (US$) für die Bezahlung des amerikanischen Exporteurs, die es im Tausch gegen Euro erhält. Es kann diesen Tauschvorgang allerdings nur dann problemlos durchführen, wenn die eigene Währung, in diesem Fall also der Euro, frei und ungehindert in die fremde Währung zu einem allgemein gültigen Wechselkurs *getauscht* werden kann und dann auch unbeschränkt ins Ausland *transferiert* werden kann. Sind diese Voraussetzungen gegeben, ist die Währung *konvertibel*. Die **Konvertibilität** von Währungen ist damit eine wichtige Voraussetzung für internationale Wirtschaftsbeziehungen.

Voll konvertibel sind nur Währungen, für die weder für Inländer noch für Ausländer Beschränkungen des laufenden zwischenstaatlichen Zahlungs- und Kapitalverkehrs gelten. Der Euro ist eine solche voll konvertible Währung. Eine Währung gilt aber bereits dann als *formal* konvertibel, wenn ein Land sich verpflichtet, *Leistungsbilanzkonvertibilität (current account convertibility)* herzustellen. Damit verpflichtet sich das betreffende Land, den freien Kapitalverkehr für Transaktionen im Rahmen der *Leistungsbilanz*, und damit vorwiegend für Im- und Exportbeziehungen, nicht zu beschränken.

Zahlungsbilanz – Leistungsbilanz – Kapitalbilanz
In der *Zahlungsbilanz* werden die außenwirtschaftlichen Aktivitäten eines Landes abgebildet. Wirtschaftlich ähnliche Transaktionen werden in Teilbilanzen, zusammengefasst. Die Transaktionen des *Güter- und Dienstleistungsverkehrs* (Handels- und Dienstleistungsbilanz) sowie grenzüberschreitende *Erwerbs- und Vermögenseinkommen* und *regelmäßige unentgeltliche Leistungen*, wie beispielsweise Beitragszahlungen an internationale Organisationen, werden zur *Leistungsbilanz (current account)* zusammengefasst. *Leistungsbilanzkonvertibilität* bedeutet demnach, dass Transaktionen im Rahmen der Leistungsbilanz, und dabei im Wesentlichen Zahlungen für Importe und Exporte von Sachgütern und Dienstleistungen, unbeschränkt getätigt werden können. Leistungsbilanzkonvertibilität schließt damit also noch nicht die Freiheit ein, die eigene Währung für grenzüberschreitende Kapitaltransaktionen gegen Devisen zu tauschen. *Kapitalimporte* und *Kapitalexporte* werden in der *Kapitalbilanz*, einer weiteren Teilbilanz der Zahlungsbilanz, ausgewiesen. Kapitalimporte sind Transaktionen, die zu einer Zunahme der Verbindlichkeiten (oder einer Abnahme der Forderungen) gegenüber dem Ausland führen. Kapitalexporte führen zu einer Zunahme von Forderungen (oder einer Abnahme von Verbindlichkeiten) gegenüber dem Ausland.

Grund für eine Einschränkung der Konvertibilität ist in den meisten Fällen die Befürchtung, dass durch Kapitalexporte Kapital in zu großen Mengen in das Ausland abfließen könnte (*Kapitalflucht*). Eine unbegrenzte Umtauschmöglichkeit von einheimischer in ausländische Währung könnte also die für wichtige Transaktionen benötigten Devisenreserven (zu) schnell verringern. Die meisten Länder kontrollieren daher auch weiterhin ihren grenzüberschreitenden Kapitalverkehr. Es gibt derzeit rund 160 Währungen, von denen derzeit nur etwa 15 % vollständig konvertibel sind. Die wichtigsten voll konvertiblen Währungen sind neben dem US$ und dem Euro, das britische Pfund Sterling, der Schweizer Franken, der kanadische und der australische Dollar sowie die schwedische, dänische und norwegische Krone.

Zahlungsbilanzungleichgewicht
Es lässt sich grundsätzlich feststellen, dass längerfristige Ungleichgewichte der Zahlungsbilanz problematisch sind. So führen hohe Devisenzuflüsse zu einem Anwachsen der Währungsreserven und können so einen Preisanstieg im Inland zur Folge haben, während hohe Devisenabflüsse dazu führen, dass sich das betreffende Land stärker im Ausland in ausländischer Währung verschulden muss. Eine *Analyse* der Zahlungsbilanz ermöglicht daher Aufschlüsse über kurzfristige oder strukturelle *Ungleichgewichte* einer Volkswirtschaft.

Ausgelöst werden Zahlungsbilanzungleichgewichte häufig durch ein Ungleichgewicht in der Leistungsbilanz. Importieren Länder beispielsweise über einen längeren Zeitraum erheblich mehr als sie exportieren, so müssen sie für die hierfür benötigten Devisen häufig Devisenkredite im Ausland aufnehmen. Umgekehrt können erhebliche Leistungsbilanzüberschüsse eines Landes, etwa von Deutschland oder China, auch dazu führen, dass sich die Importländer, etwa die USA, benachteiligt oder sogar „unfair behandelt" fühlen.

Dies ist einer der Gründe für den durch den amrikanischen Präsidenten *Donald Trump* Anfang 2025 ausgelösten „Zollkrieg". Durch massive Zollerhöhungen bzw. neue Zölle will *Trump* seine Handelspartner dazu zwingen, ihre Exporte in die USA zu reduzieren, bzw. ihre Importe aus den USA zu erhöhen, um so das seit langem bestehende extrem hohe Leistungsbilanzdefizit der USA zu reduzieren und neue Industriearbeitsplätze zu schaffen. Tatsächlich lässt sich durch eine solche brachiale Politik, die den internationalen Handel erheblich verunsichert, das Hauptproblem der USA, ihre eklatante Exportschwäche bei Sachgütern, allerdings nicht lösen.[1]

Um die vorhandenen Devisen zu schonen, existieren daher häufig Systeme der **Devisenbewirtschaftung**. Damit der Staat die Kontrolle über die Devisenbestände und -transaktionen behält, müssen Unternehmen dieser Länder ihren internationalen Zahlungsverkehr i. d. R. über staatliche Instanzen abwickeln, zum Teil besteht auch eine *Ablieferungspflicht* für alle erworbenen

---

1 vgl. Koch (2024), Kapitel 2; Koch (2023) Kapitel 6, sowie ▶ Abschn. 3.5 in diesem Buch.

1.1 · Währungskonvertibilität und Devisenbewirtschaftung

Devisen. Die Zentralbank bzw. eine von ihr beauftragte Institution kauft dann die Devisen zu einem zuvor festgelegten – meist unter einem fiktiven Marktpreis liegenden – Wechselkurs an, um sie dann an diejenigen zu verkaufen, die den dringendsten Devisenbedarf haben. Die Zentralbank kann die Devisen auch gegen Höchstgebot versteigern oder – je nach staatlichen Prioritäten – unterschiedliche *(gespaltene)* Wechselkurse festsetzen: Für besonders wichtige Importe gilt dann ein relativ niedriger und für weniger dringend benötigte Importe oder für private Devisenbedürfnisse ein höherer Devisenkurs. Durch diese Kontingentierung der knappen Devisen soll eine nicht erwünschte Abwertung der eigenen Währung verhindert werden. Den meisten Staaten gelingt es jedoch nicht sämtliche Devisen, insbesondere nicht diejenigen, die von Privatleuten in das Land gebracht werden, abzuschöpfen, sodass sich ein Devisen-Schwarzmarkt mit entsprechend höheren *Schwarzmarktkursen* bildet.

> ▶ **Beispiele**
> — Systeme der Devisenbewirtschaftung waren zwischen dem ersten Weltkrieg und Ende der 1950er-Jahre vorherrschend, auch die D-Mark wurde erst 1958 vollständig konvertibel. Die Staaten Mittel- und Osteuropas, die MOE-Staaten, praktizierten Devisenbewirtschaftung noch bis Mitte der 1990er-Jahre und in devisenschwachen Entwicklungsländern sind diese Systeme trotz einer großen Liberalisierungswelle in den 1990er-Jahren auch heute noch vorherrschend.
> — Wegen Schwierigkeiten seine Auslandsschulden in US$ zu bezahlen, beschloss Argentinien 2019 (wieder einmal) für einen begrenzten Zeitraum den Devisenhandel einzuschränken: Große Exporteure mussten eine Erlaubnis der Zentralbank für den Kauf von Devisen und die Überweisung von Devisen ins Ausland einholen, während Privatpersonen ausländische Währungen nur in einem Umfang von bis zu 10.000 US$ erwerben konnten. ◀

Da durch solche Praktiken die angemessene Bewertung der eigenen Währung verhindert und die eigene Währung meist überbewertet wird, um Importe zu niedrigen Preisen zu ermöglichen, werden gleichzeitig Exporte durch den ungünstigen Wechselkurs erschwert. Die erforderlichen Devisenkontrollsysteme verursachen zudem ökonomische und politische Kosten und fördern durch die notwendig werdenden Zuteilungspraktiken *Korruption* und *Nepotismus*.

1.2 Wechselkurse

Ähnlich wie Waren werden auch Währungen auf Märkten, in diesem Fall auf *Devisenmärkten*, gehandelt. Das Austauschverhältnis zwischen zwei Währungen und damit der Preis für die jeweils andere Währung wird entweder in Wechselkursen (i. e. S.) oder in Devisenkursen angegeben. Der **Wechselkurs** (auch: Mengen-Wechselkurs oder Mengennotierung) gibt den Außenwert der eigenen Währung an, also den in ausländischen Währungseinheiten ausgedrückten Gegenwert für eine feste Menge einheimischer Währungseinheiten (Beispiel: 1 € = 1,10 US$). Umgekehrt wird bei dem **Devisenkurs** (auch: Preis-Wechselkurs oder Preisnotierung) der Preis für eine bestimmte festgelegte Menge ausländischer Währungseinheiten (1, 100 oder 1.000) in inländischer Währung ausgedrückt, damit beträgt der Dollar-Devisenkurs in unserem Beispiel 1 US$ = 0,91 €.

> ▶ **Beispiel**
>
> Soll der Preis einer in ausländischer Währung ausgezeichneten Ware in Euro berechnet werden, geschieht dies nach der Formel: *Preis in Euro = Devisenmenge × Devisenkurs*. Die Umrechnung von 200 US$ in Euro ergibt bei einem Devisenkurs von 0,91 € für 1 US$ somit folgenden Euro-Betrag: 200 US$ × 0,91 € = 182 €. Verfügt man dagegen über einen bestimmten Betrag in Euro und möchte den Gegenwert in ausländischer Währung berechnen, wird dies über den Wechselkurs berechnet. 1.000 € sind demnach 1.000 × 1,10 US$ = 1.100 US$. ◂

Abgesehen von den durch Angebot und Nachfrage verursachten Wechselkursunterschieden bestimmt auch die Art des Devisengeschäftes den Wechselkurs. So spaltet sich jeder Kurs zunächst in einen **Ankaufskurs** und einen **Verkaufskurs**: Devisen werden von Banken und anderen Devisenhändlern, wie z. B. Wechselstuben, zur Deckung der für die Transaktion entstehenden Kosten und zur Erzielung von Gewinnen grundsätzlich teurer verkauft als gekauft. Bei Bargeldtransaktionen, also etwa dem Tauschen von Devisen für Urlaubsreisen, gelten **Sortenkurse**. Hier ist die Spanne zwischen den An- und Verkaufskursen relativ hoch, da die Bevorratung von Devisen für die Banken mit Kosten und Risiken verbunden ist. Im bargeldlosen Zahlungsverkehr, also etwa bei Währungstransaktionen mit Kreditkarten oder Banküberweisungen, gelten **Devisenkurse** (i. e. S.). Der Unterschied zwischen dem *Geldkurs* („Ankauf von eigener Währung gegen Devisen") und dem *Briefkurs* („Verkauf von eigener Währung gegen Devisen") ist verhältnismäßig gering und wird im Wesentlichen durch die Gewinnspanne der Bank bestimmt.

1.2 · Wechselkurse

Grundlage für die Kursbestimmung ist im Regelfall der von Geschäftsbanken und anderen Anbietern jeden Mittag ermittelte **Devisenmittelkurs** (Devisen-Fixing). Da hierfür unterschiedliche Datensätze verwendet werden, können die Kurse der Anbieter leicht variieren. Die Devisenmittelkurse sind Grundlage für die Abrechnung von Devisentransaktionen für Privatkunden. Für die Umrechnung von Kartenzahlungen und Bargeldauszahlungen, die innerhalb des Euroraums in Fremdwährungen des EU-Raums, also beispielsweise der dänischen, schwedischen oder tschechischen Krone, getätigt werden, wird der *EZB-Referenzkurs* (zuzüglich eines von der jeweiligen Bank festgelegten Umrechnungsentgelts) zugrunde gelegt. Die EZB veröffentlicht täglich **Referenzkurse** zwischen dem Euro und anderen internationalen Währungen. Diese gelten für Transaktionen zwischen der EZB und Zentralbanken der EU-Mitgliedsländer sowie zwischen der EZB und Banken und werden von diesen als Basis für den Devisenhandel genutzt (vgl. ◘ Abb. 1.1).

Auf dem Kassamarkt, hier fallen Vertragsabschluss und Tauschtransaktion zeitlich zusammen, werden **Kassakurse** *(spot exchange rates)* zugrunde gelegt. Die Wertstellung für bargeldlose Devisentransaktionen erfolgt in der Regel innerhalb von zwei Tagen nach Vertragsschluss. Im Gegensatz dazu erfolgt bei einem *Termingeschäft* die Transaktion erst zu einem späteren Zeitpunkt, beispielsweise ein, drei, sechs oder zwölf Monate später. Der Kurs, zu dem die Devisen abgerechnet werden, der **Terminkurs** *(forward exchange rate)*, wird schon bei Vertragsschluss fest vereinbart.

Wechselkurs (Mengen-Wechselkurs, **Mengennotierung**) Außenwert der Inlandswährung: Wie viel ist ein Euro wert? Relation einer festen Anzahl einheimischer Währungseinheiten, z.B. 1 Euro, zur jeweiligen Anzahl ausländischer Währungseinheiten **Beispiel:** Mengennotierung für 1 Euro in US$: **1 € = 1,10 US$**	**Devisenmenge** als Gegenwert für Euro: Wie viel US$ erhalte ich für 91 €? Euro x Mengennotierung = Devisenmenge **91 € x 1,10 = 100 $** Preis der Devise (z.B. US$) in Euro: Wie viel Euro erhalte ich für 100 US$? Devisenmenge ÷ Mengennotierung = Euro **100 US$ ÷ 1,10 = 91 €**
Devisenkurs (Preis-Wechselkurs oder **Preisnotierung**) Preis der Auslandswährung: Was kostet ein US$? Relation einer festen Anzahl ausländischer Währungseinheiten (1, 100 oder 1000), z.B. 1 US$, zur jeweiligen Anzahl inländischer Währungseinheiten **Beispiel:** Preisnotierung für US-Dollar in Euro: **1 US$ = 0,91 €**	**Devisenmittelkurse** legen Geschäftsbanken täglich fest. Sie gelten für Privatkundengeschäfte, außer für Umrechnungen von EU-Währungen in den Euro. Hier gelten die ... **EZB-Referenzkurse** für 17 internationale Währungen. Diese werden von der EZB täglich mit den ESZB-Zentralbanken für Transaktionen der EZB ermittelt.

◘ **Abb. 1.1** Wechselkurs und Devisenkurs: Zusammenfassung

Die *Differenz* zwischen Kassa- und Terminkurs richtet sich nach den Zinsunterschieden zwischen den jeweiligen Währungen. Liegt beispielsweise das ausländische Zinsniveau unter dem inländischen, ist der Terminkurs für die ausländische Währung (ausgedrückt als Wechselkurs!) niedriger als der Kassakurs. Die Terminwährung wird dann mit einem **Deport** (Abschlag) gehandelt. Ist also beispielsweise das Zinsniveau in Japan niedriger als im Euroraum, liegt der Terminkurs für den japanischen Yen unterhalb des aktuellen Kassakurses für den Yen. Ist das Zinsniveau im Fremdwährungsland höher als das Zinsniveau im eigenen Land, liegt der Terminkurs der ausländischen Währung oberhalb des Kassakurses. Diese wird dann mit einem **Report** (Prämie) gehandelt. Sind also beispielsweise die Zinsen in den USA höher als im Euroraum wird der Termin-US$ zu einem höheren Kurs gehandelt als der Kassa-US$.

Termingeschäfte werden entweder aus Spekulationsgründen oder zur Kurssicherung *(hedging)*, etwa bei Exportgeschäften, getätigt. Erwartet ein deutscher Exporteur z. B. einen Zahlungseingang von 100.000 US$ in sechs Monaten, so kann er im Rahmen eines Devisentermingeschäfts *(forward)* seiner Bank diese Devisen zum Terminkurs verkaufen, wobei die vertragliche Abwicklung dieses Devisengeschäfts erst zum vereinbarten Zeitpunkt nach sechs Monaten erfolgt.

> ▶ **Beispiel**
>
> Beträgt der Kassakurs 1 € = 1,1270 US$ und der Terminkurs für ein Sechsmonatsgeschäft 1,1380 US$, wird der Termindollar mit einem *Report* von 110 Basispunkten (1380–1270 = 110) gehandelt. Beide Vertragspartner sind nun an den Devisenterminvertrag gebunden, müssen ihn also erfüllen. Liegt nach 6 Monaten der Euro-Wechselkurs beispielsweise bei 1,16 US$, erleidet der Exporteur einen fiktiven Verlust, da er seinen Exporterlös (100.000 US$) zu dem vereinbarten Kurs, also 1,1380 US$, verkaufen muss. Fällt der Kurs dagegen auf 1,10 US$, gewinnt der Exporteur, da auch die Bank die US$ zum vereinbarten Terminkurs ankaufen muss. ◀

Termingeschäfte sind beidseitig verpflichtend und bieten dank fester Währungsparität eine verbindliche Kalkulationsbasis. Wie erwähnt, drücken Terminkurse keine Erwartungen in die Entwicklung der Wechselkurse aus, sondern berücksichtigen lediglich die Zinsdifferenzen zwischen den Geldmärkten der beteiligten Währungen (vgl. ◘ Abb. 1.2).

1.2 · Wechselkurse

Sortenkurse - An- und Verkaufskurse Währungstransaktionen mit Bargeld zwischen Banken und Kunden	**Devisenkurse** - Geld- und Briefkurse Bargeldlose Devisentransaktionen z.B. Überweisungen, Zahlungen per Kreditkarte
Bank-Devisen-**Verkaufskurs** (Euro-Ankauf) 100 Euro = 108 US$ **Für 100 Euro erhält man 108 US$**	**Geldkurs** (Bid) 1 Euro = 1, 09 US$ Bank-Verkauf von Devisen gegen Inlandswährung (Geld: Markt-Nachfrage nach Devisen)
Bank-Devisen-**Ankaufskurs** (Euro-Verkauf) 100 Euro = 112 US$ **Für 100 Euro muss man 112 US$ bezahlen**	**Briefkurs** (Ask) 1 Euro = 1,11 US$ Bank-Ankauf von Devisen gegen Inlandswährung (Brief: Markt-Angebot an Devisen)
Kassakurs *(Kassamarkt)* Die Transaktion wird unmittelbar nach Vertragsabschluss ausgeführt (spätestens innerhalb von zwei Tagen)	**Terminkurs** *(Terminmarkt) (forward rate, forward)* Der Wechselkurs wird bei Vertragsschluss fest vereinbart. Die Devisentransaktion selbst wird erst zu einem späteren, fest vereinbarten Zeitpunkt getätigt: z.B. in 1, 3, 6, oder 12 Monaten

◻ **Abb. 1.2** Ankauf und Verkauf von Devisen. (Zusammenfassung)

Die eingangs gestellte Frage, ob es einen oder mehrere Tauschwerte einer Währung gibt und warum dies so sein könnte, lässt sich damit folgendermaßen beantworten: **Es gibt sehr viele Werte einer Währung auch zum gleichen Zeitpunkt**:

- *Mengen-* und *Preisnotierung* (Wechsel- und Devisenkurs) drücken das Kursverhältnis unterschiedlich aus.
- *Sorten-* und *Devisenkurse* berücksichtigen unterschiedliche Tauschformen.
- *Referenzkurse* bilden die Grundlage für
- *Ankaufs-* und *Verkaufskurse* bzw. *Geld-* und *Briefkurse*, die die unterschiedlichen Interessen von Käufer und Verkäufer widerspiegeln.
- *Kassa-* und *Terminkurse* berücksichtigen die unterschiedlichen Zeitpunkte der Ausführung der Transaktionen.
- Hinzu kommt, dass es neben dem US$ viele andere „*Gegenwährungen*" gibt, die von ihren Regierungen unterschiedlich „gemanagt" werden (s. u.) und
- die wiederum an unterschiedlichen *Bankplätzen* bzw. Ländern und von unterschiedlichen *Finanzinstitutionen* gehandelt werden.
- Zudem können sich schon bei kleinsten *Änderungen des Zeitpunkts* neue Wechselkurse ergeben.

Schattenwechselkurse

Zur Beurteilung und Berechnung gesamtwirtschaftlicher Sachverhalte sind die Wechselkurse nicht-konvertibler Währungen in vielen Ländern häufig nicht geeignet, da diese meist aus den genannten Gründen zu günstig für die eigene Währung ausfallen. Bei internationalen Vergleichen werden daher auch fiktive *Schattenwechselkurse* zugrunde gelegt, die den Wert der Währung realistischer wiedergeben. Für die Berechnung dieser Kurse können verschiedene Methoden verwandt werden. So können diese beispielsweise auf der Basis der *Kaufkraftparitäten* (vgl. ▶ Abschn. 1.3.1) ermittelt werden, es können theoretische *Gleichgewichtswechselkurse* errechnet oder auch *Schwarzmarktkurse* zugrunde gelegt werden.

1.3 Wechselkurssysteme

Währungen werden auf *Devisenmärkten* gehandelt, auf denen der Wechselkurs einer Währung durch Angebot und Nachfrage bestimmt wird. Falls das Marktgeschehen nicht manipuliert wird, spiegelt der Devisenmarktpreis die *Knappheitsverhältnisse* und damit auch die *Wertschätzung* für die dort gehandelten Währungen wider. Steigt der Wechselkurs für eine Währung gegenüber einer oder mehreren anderen Währungen, so geschieht dies offensichtlich aufgrund steigender *Nachfrage* nach dieser Währung. Fällt der Wechselkurs, so wird diese Währung offensichtlich verstärkt *angeboten*. Es kann jedoch im Interesse von Staaten liegen einen bestimmten gewünschten Wechselkurs festzulegen oder ihn durch geeignete Maßnahmen zu steuern, und ihn somit von Angebots- und Nachfragebewegungen und damit von Kursschwankungen und Auf- oder Abwärtsbewegungen (partiell) abzukoppeln. Die Art des praktizierten *Wechselkurssystems* beeinflusst damit die jeweils aktuellen Wechselkurse: In einem freien oder **flexiblen Wechselkurssystem** *(floating exchange rates)* richtet sich der Preis für die eigene Währung grundsätzlich nach Angebot und Nachfrage auf den Devisenmärkten. In einem **festen Wechselkurssystem** *(fixed oder pegged exchange rates)* wird dagegen versucht, den eigenen Wechselkurs möglichst zu fixieren. In der Praxis haben sich aber verschiedene Varianten dieser „reinen Systeme" herausgebildet:

Bei *flexiblen Wechselkurssystemen* werden die Wechselkurse entweder völlig dem Spiel von Angebot und Nachfrage überlassen *(free floating)* oder auch durch staatliche Interventionen beeinflusst *(managed floating)*. Floaten mehrere Währungen, die fest miteinander verbunden sind, gegenüber anderen Währungen, spricht man von *Blockfloating*. Bei *festen Wechselkurssystemen* bleibt der Wechselkurs entweder weitgehend oder völlig konstant. Auch hier lassen sich wieder verschiedene Formen unterscheiden. Ist die Bindung nicht allzu fest, spricht man von einem *soft peg*. Hier stehen folgende Varianten zur Auswahl:

1.3 · Wechselkurssysteme

- Gleitende Parität *(crawling peg)* bedeutet, dass die Währung an eine *Leitwährung* in festgelegten kleinen Schritten angepasst wird.
- Bei der *Korbbindung* wird der Wechselkurs der Währung gegenüber einem festgelegten Bündel mehrerer Währungen (*Währungskorb*) festgelegt.
- Im Falle von Zielzonen *(target zones)* geben diese einen bestimmten Spielraum an, in dem der Wechselkurs frei schwanken kann.

Soll die Währungsbindung tatsächlich fest sein *(hard peg)*, lassen sich auch hier verschiedene Varianten unterscheiden:
- So besteht die Möglichkeit, die Währung trotzdem innerhalb von festgelegten *weiten* oder *schmalen Bandbreiten* schwanken zu lassen.
- Die Währung kann auch im Rahmen eines *Currency Board Systems* fest an eine andere Währung (Reservewährung) geknüpft sein oder,
- wie etwa bei einer *Währungsunion, völlig starr* mit anderen Währungen verbunden sein.

Vgl. zu den verschiedenen Varianten ◘ Abb. 1.3.

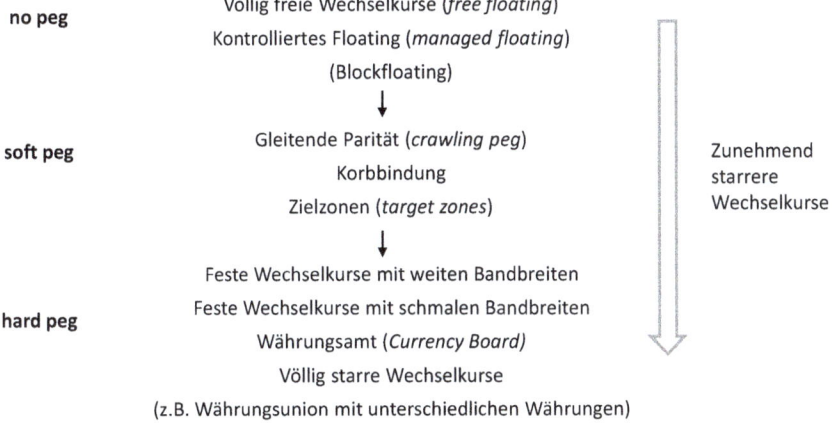

◘ Abb. 1.3 Von flexiblen zu starren Wechselkurssystemen

> **Beispiel**
>
> Länder können ihr Wechselkursregime jederzeit ändern. Ein Beispiel hierfür ist China. Zwischen 2005 und 2008 wurde die chinesische Währung, der Yuan, aufgewertet, auch deswegen, weil China von seinen internationalen Handelspartnern vorgeworfen wurde, die Parität künstlich niedrig zu halten, um sich durch den niedrigen Wechselkurs Handelsvorteile zu verschaffen. Ab 2008 band China den Wechselkurs des Yuan relativ fest an den US$, und erlaubte nur eine Schwankungsbreite von +/− 0,5 %. Ab April 2012 wurde diese auf +/− 1,0 % erhöht. Derzeit lässt China den Yuan kontrolliert floaten. ◄

1.3.1 Flexible Wechselkurse

Da die aktuellen Wechselkurse von den Angebots- und Nachfrageverhältnissen auf den Devisenmärkten abhängig sind, sind Kursschwankungen die Regel. ◘ Abb. 1.4 zeigt den schwankenden Verlauf des Euro-Wechselkurses gegenüber dem US$ zwischen 2002 und 2023. Während der Wechselkurs 2001 noch um 0,90 US$ schwankte, stieg er während der Eurokrise 2008 bis auf knapp 1,60 US$ an, um dann wieder abzufallen und ab 2023 um 1,10 US$ zu schwanken (vgl. ◘ Abb. 1.4).

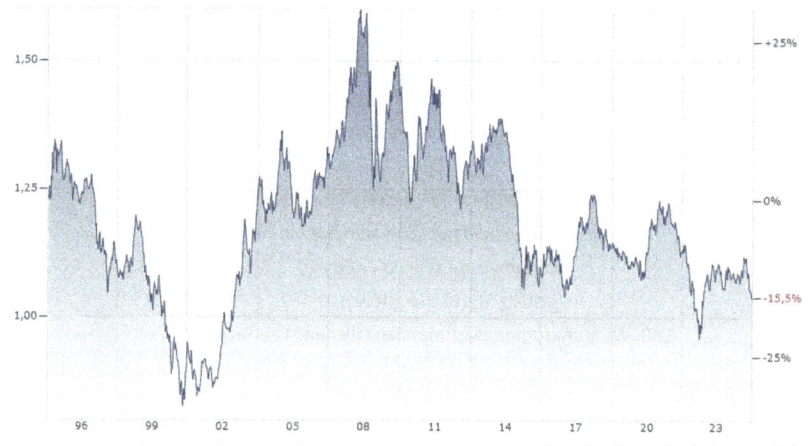

◘ **Abb. 1.4** Schwankungen des Euro-Wechselkurses zum US$ (1 EUR = ... US$, 2001 bis 2023). (Quelle: ▶ finanzen.net)

1.3 · Wechselkurssysteme

Angebot und Nachfrage nach der Währung eines Landes sind von vielen Faktoren abhängig. Von besonderer Bedeutung sind
- der benötigte Bedarf an Devisen beispielsweise für die Bezahlung von Importen,
- der Devisenbedarf für grenzüberschreitende *Kapitalanlagen*, also beispielsweise für Aktienanlagen oder Investitionen im Ausland, sowie
- *spekulative* Überlegungen, also das Motiv mit einer Devisentransaktion einen Währungs- oder Zinsgewinn zu erzielen (s. a. ▶ Abschn. 7.1).

Zu den sich jeweils für kurze Zeitabschnitte einstellenden *Gleichgewichtskursen* stimmen Angebot und Nachfrage nach der jeweiligen Währung überein: Alle diejenigen, die zu *diesem Preis* die Währung kaufen wollen, können dies tun, ebenso diejenigen, die zu diesem Preis die Währung verkaufen wollen. Werden beispielsweise mehr Euro gegen US$ nachgefragt, wird der Euro-Wechselkurs steigen, werden weniger Euro gegen US$ nachgefragt wird der Euro-Wechselkurs sinken. ◘ Abb. 1.5 verdeutlicht diese Situation.

◘ Abb. 1.5 zeigt eine Situation, in der sich zunächst zum Zeitpunkt *t1* ein *Gleichgewichtswechselkurs* von 1 € = 1,10 US$ gebildet hat. Auf der y-Achse ist der Euro-Wechselkurs und auf der x-Achse sind die zu unterschiedlichen Wechselkursen angebotenen und nachgefragten Euromengen abgetragen. Die Kurve *Euro-Nachfrage in t1* gibt die im Zeitpunkt t1 zu unterschiedlichen Wechselkursen nachgefragte Menge an Euro an, die auf ein entsprechendes

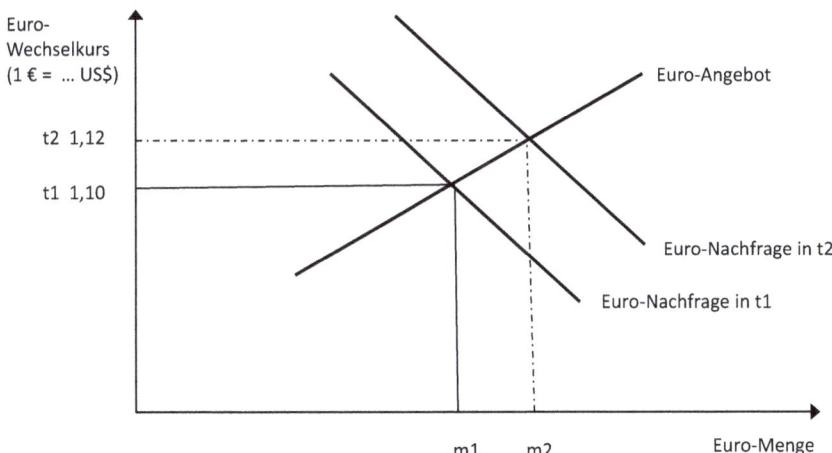

◘ **Abb. 1.5** Flexible Wechselkurse

Marktangebot an Euro stößt. Der fallende Verlauf der Kurve wird durch die Annahme bestimmt, dass mit sinkendem Wechselkurs eine immer größere Menge an Euro nachgefragt wird, während der steigende Verlauf der Angebotskurve durch eine bei steigendem Eurokurs zunehmende Bereitschaft Euro zu verkaufen, erklärt werden kann. Bei dem sich bildenden Gleichgewichtswechselkurs von 1,10 US$ wird die *Euromenge m1* umgesetzt. Steigt nun die Nachfrage nach Euro, verschiebt sich die Nachfragekurve nach oben (Euro-Nachfrage in t2). Bei unverändertem Verlauf der Euro-Angebotskurve steigt der Euro-Wechselkurs in t2 auf den neuen Gleichgewichtswechselkurs von 1,12 US$ bei einem gestiegenen Euro-Umsatz m2.

Steigt der Wechselkurs für die eigene Währung, wird diese *aufgewertet* und die ausländische Währung *abgewertet*. Hierdurch werden die eigenen Exportgüter im Ausland teurer, sodass der Export – und damit auch die Nachfrage nach Inlandswährung – tendenziell zurückgehen wird. Eine sinkende Nachfrage bei angenommenem gleich bleibendem Angebot an Inlandswährung kann dann wieder zu einem Abwertungseffekt für die Inlandswährung führen und die Exportaussichten wieder verbessern.

Wird die eigene Währung dagegen *abgewertet*, muss das Ausland weniger eigene Währung für die Bezahlung der importierten Waren bereitstellen, da die Exportgüterpreise, ausgedrückt in ausländischer Währung, sinken. Für ein in die USA exportiertes deutsches Auto wird dann zwar immer noch – beispielsweise – 30.000 € bezahlt werden. Der amerikanische Kunde muss bei einer 10 %igen Euro-Abwertung dann aber beispielsweise nicht mehr 33.000 US$, sondern nur noch 30.000 US$ aufbringen. Damit steigt tendenziell die Nachfrage nach deutschen Exportgütern und damit auch die Nachfrage nach Euro, sodass hieraus wiederum ein Aufwertungseffekt des Euro resultieren kann.[2]

∎ Kaufkraftparitätentheorie

Wechselkurse werden durch eine Vielzahl von Faktoren bestimmt, dabei spielen die Entwicklungen der Zins- und der Preisniveaus in den jeweiligen Ländern für die Wechselkursentwicklung eine zentrale Rolle. Eine der ältesten *Währungstheorien* ist die von dem schwedischen Ökonomen *Gustav Cassel* (1866–1945) entwickelte *Kaufkraftparitätentheorie*, nach der sich die

---

2 Entsprechend zielte die Politik der US-amerikanischen Präsidenten *Donald Trump* Anfang 2025 darauf ab den Wechselkurs des US$ zu senken, um so die amerikanische Exporte zu erleichtern.

Wechselkursentwicklung zwischen zwei Währungen, unter gewissen Voraussetzungen und auf längere Sicht, aus den *Inflationsdifferenzen* zwischen zwei Währungsgebieten erklärt: Steigt das Preisniveau in Land A schneller als in Land B, fällt der Außenwert der Währung von Land A gegenüber Land B. Der Wechselkurs sorgt somit dafür, dass die Kaufkraft der inländischen Währung derjenigen der ausländischen Währung entspricht. Da höhere Preissteigerungsraten in einem Land zu einer Verteuerung der Exporte bei gleichzeitiger relativer Verbilligung der Importe führen, wird die Nachfrage nach einheimischer Währung zurückgehen bzw. nach ausländischer Währung steigen. Die hierdurch hervorgerufene Abwertungstendenz der nationalen Währung wird zu einer Verbilligung der Exporte bei gleichzeitiger Verteuerung der Importe führen. Am Ende eines solchen Anpassungsprozesses – empirisch wurden vier bis sechs Jahre ermittelt – entspricht der Inlandspreis der Güter, multipliziert mit dem neuen Wechselkurs, dem Preis in der Auslandswährung: Die Preisniveaus haben sich wieder einander angeglichen.[3] Verschiedene Untersuchungen zeigen, dass der Wechselkurs langfristig tatsächlich um die Kaufkraftparität schwankt.

Da die tatsächlichen Wechselkurse die Kaufkraft häufig nur unzulänglich widerspiegeln, werden für internationale Vergleiche vielfach errechnete *fiktive Wechselkurse* auf der Grundlage der tatsächlichen Kaufkraft der Währungen in den jeweiligen Ländern zugrunde gelegt. Diese *Kaufkraftparität (purchasing power parity, PPP)* ist der mit statistischen Methoden ermittelte Gleichgewichtswechselkurs, bei dem die Kaufkraft zweier Währungen gleich groß ist, gemessen an der Summe einheimischer Währung, die für bestimmte *Warenkörbe* in den jeweiligen Ländern bezahlt werden muss. Kaufkraftparität liegt vor, wenn in zwei Staaten die mit der jeweiligen nationalen Geldmenge gekauften Waren- und Dienstleistungen eines Warenkorbes gleich groß sind.

▶ **Beispiel**

Wenn ein typischer Warenkorb in Euroland 100 € kostet und in Japan 16.500 Yen, ergibt sich daraus ein Wechselkurs von 1 € = 165 Yen. Dies würde auch etwa dem derzeitigen offiziellen Wechselkurs entsprechen. Würde der gleiche Warenkorb aber 20.000 Yen kosten, wäre der in Kaufkraftparitäten ausgedrückte Wechselkurs 1 € = 200 Yen. Das Leben in Japan wäre also erheblich teurer, als dies in dem offiziellen Wechselkurs zum Ausdruck kommt. ◄

---

3   Vgl. Belke/Dross (2009); s.a. Deutsche Bundesbank (2004).

1.3.2 Feste Wechselkurse

Bei einem festen Wechselkurssystem wird das Wechselkursverhältnis zwischen der eigenen und anderen Währungen festgelegt. Feste Wechselkurse können durch den Beschluss eines Landes einseitig festgelegt oder im Rahmen von zwei- bzw. mehrseitigen Verträgen mit wechselseitigen Verpflichtungen vereinbart werden. Da ein genau fixierter Wechselkurs *(Parität* oder *Leitkurs)* in der Praxis nur schwer einzuhalten ist, werden meist *Bandbreiten* bestimmt, innerhalb derer der Kurs schwanken darf, ohne dass die betreffende Währungsbehörde, in der Regel die Zentralbank, eingreifen muss. In der Praxis haben sich verschiedene Varianten herausgebildet, auf die weiter unten näher eingegangen wird. Innerhalb der Bandbreite können sich die Wechselkurse relativ frei bewegen, sie dürfen nur die Grenzen nicht überschreiten. Sind die Grenzen der Bandbreiten nicht genau bestimmt, wird die Zentralbank den akzeptablen Schwankungsbereich ihrer Währung je nach Situation festlegen und gegebenenfalls intervenieren. Als eine der wichtigsten Varianten wird zunächst das *System fester Wechselkurse mit Bandbreiten* näher behandelt.

- **Feste Wechselkurse mit Bandbreiten**

Bei festen Wechselkursen mit Bandbreiten versucht die Zentralbank des Landes, das an der Einhaltung des festen Austauschverhältnisses interessiert ist, durch *Interventionen* die aktuellen und unerwünschten Marktverhältnisse auf dem Devisenmarkt zu „korrigieren". Die Grenzen der Bandbreiten werden daher auch als *Interventionspunkte* bezeichnet. In der Praxis erfolgen Interventionen der Zentralbank allerdings meist schon dann, wenn sich der Kurs den Grenzen der Bandbreiten nähert. So versucht sie etwa durch *Stützungskäufe* der abwertungsgefährdeten Währung oder durch *Devisenverkäufe* – im Falle einer Aufwertungstendenz – den Wechselkurs der betreffenden innerhalb der festgelegten Bandbreiten zu halten.

Handelt es sich um mehrseitige internationale Abkommen, wie dies etwa bei dem *Europäischen Währungssystem* (EWS) oder dem *Bretton-Woods-System* (vgl. ▶ Kap. 2 und 5) der Fall war, gibt es eine *Interventionsverpflichtung*: Die betreffenden Zentralbanken sind dann – i. d. R. gemeinsam – verpflichtet Interventionen durchzuführen. Interventionen sind also immer dann notwendig, wenn der Wechselkurs zu stark schwankt und die Bandbreite zu verlassen droht. Kann eine Zentralbank aufgrund zu geringer Devisenreserven keine Stützungskäufe durchführen, ist sie auf *Devisenkredite* von anderen Zentralbanken oder internationalen Institutionen, wie dem *Internationalen Währungsfonds* (IWF), angewiesen.

1.3 · Wechselkurssysteme

Kann der Wechselkurs auch durch Interventionen und/oder durch entsprechende geldpolitische Maßnahmen der betreffenden Länder, etwa durch eine Erhöhung bzw. Senkung der Leitzinsen, nicht innerhalb der Bandbreiten gehalten werden, müssen *Paritätsänderungen vereinbart und durchgeführt* werden. Die betreffende Währung – gegebenenfalls auch mehrere Währungen – müssen dann auf- bzw. abgewertet werden. Sind mehrere Länder an einem solchen System beteiligt, müssen im Prinzip die Wechselkurse aller beteiligten Währungen zueinander neu festgelegt werden.

> ▶ **Beispiel Leitwährung**
> Das Verfahren lässt sich dadurch vereinfachen, dass zunächst der Wechselkurs zwischen den beteiligten Währungen und einer *Leitwährung* bestimmt wird. Der Wechselkurs zweier beteiligter Währungen zueinander wird dann berechnet, indem die Paritäten dividiert werden. So galten im *Bretton-Woods-System* (vgl. ▶ Abschn. 2.1) zu Beginn u. a. folgende Paritäten zur Leitwährung, dem US$: 1 US$ = 4,20 DM; 1 US$ = 5,20 FF. Den Wechselkurs des französischen Francs (FF) zur D-Mark erhielt man dann durch die Division: 1 FF = 4,20 ÷ 5,20 = 0,82 DM. ◀

Die Wirkungsweise von Interventionen soll am Beispiel der dänischen Krone (DKK) zum Euro dargestellt werden (vgl. hierzu ◘ Abb. 1.6).

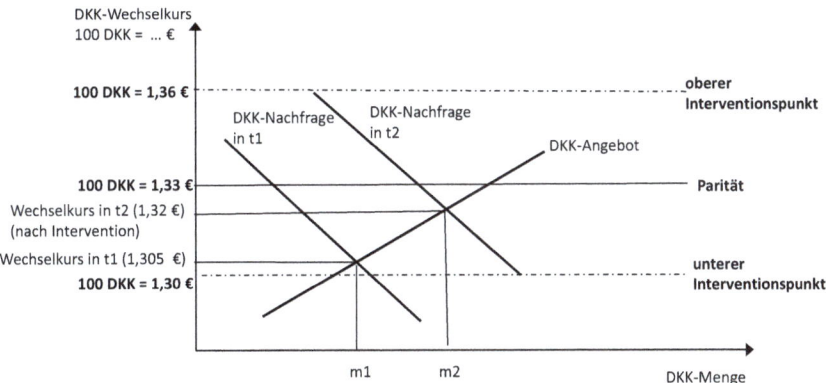

◘ **Abb. 1.6** Interventionen am unteren Interventionspunkt

Vereinfachend wird hier von der (realistischen) Parität 100 DKK = 1,33 € ausgegangen[4] und einer Bandbreite +/− 2,25 %. Bei gleichbleibendem Angebot an DKK ist die Nachfrage nach dänischen Kronen im Zeitpunkt t1 relativ gering, sodass der Wechselkurs nur noch bei 1,305 € liegt und es besteht die Gefahr, dass er die Bandbreite verlassen und den **unteren Interventionspunkt** (100 DKK = 1,30 €) unterschreiten wird. Daraufhin kauft die Zentralbank auf den Devisenmärkten dänische Kronen gegen Euro zur Stützung des Kronen-Wechselkurses. Dies führt zu einer erhöhten Nachfrage nach DKK im Zeitpunkt t2, sodass sich der Wechselkurs bei gleichbleibendem Angebot auf 1,32 € erholt und wieder in der Nähe der Parität liegt. Zu diesem „Preis" wird die höhere DKK-Menge m2 umgesetzt. Durch diese Intervention wird der Kurs der dänischen Krone allerdings künstlich hoch gehalten, sodass die Währung zu diesem Zeitpunkt aus Sicht des Marktes überbewertet ist.

Kauft die dänische Zentralbank Kronen gegen Euro, nimmt sie einheimisches Geld aus dem Geldumlauf und senkt damit die dänische Geldmenge. Dadurch wird, bei sonst konstanten Daten, ein Druck auf die Preise in Dänemark und damit auch auf die Preise der dänischen Exportgüter ausgeübt. Durch die Aufwertung der Krone (als Folge der Intervention) wird dieser Effekt aber teilweise kompensiert. Da Importe durch den Aufwertungseffekt billiger werden, wird die Nachfrage nach Importgütern tendenziell steigen.

Quantitätsgleichung
Grundlage für die Aussage, dass eine sinkende Geldmenge preisstabilisierend wirkt, ist die auf *Irving Fisher* zurückgehende *Quantitätsgleichung*. Danach ist das Produkt aus Geldmenge (GM) und Umlaufgeschwindigkeit des Geldes (U) identisch mit dem realen Bruttoinlandsprodukt (BIP), multipliziert mit dem Preisindex des BIP (P): **GM x U = BIP x P**. Durch Umformung ergibt sich: *P = (GM × U) ÷ BIP*. Da die Umlaufgeschwindigkeit des Gelds kurzfristig als konstant angenommen werden kann und das BIP entsprechend der Annahme nicht in gleichem Umfang sinkt, werden die Preise bei sinkender Geldmenge ebenfalls sinken.

Theoretisch würde ein sinkender Wechselkurs der dänischen Krone eine automatische Gegenbewegung erzeugen: Durch die niedrigeren Güterpreise (ausgedrückt in ausländischer Währung) würden die Exporte steigen, sodass auch die Nachfrage nach dänischen Kronen wieder steigen würde, während

---

4   Hierbei handelt es sich um den Devisenkurs und nicht wie üblich um den Wechselkurs des Euro, dieser beträgt in diesem Beispiel: 1 € = 7,46 DKK.

1.3 · Wechselkurssysteme

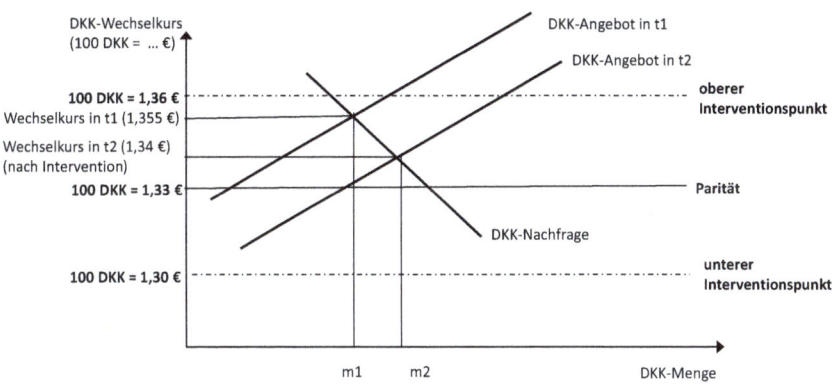

◻ **Abb. 1.7** Intervention am oberen Interventionspunkt

die Importe aufgrund gestiegener Importpreise sinken würden.[5] Vergrößert sich die Nachfrage nach dänischen Kronen gegen Euro, bei einem zunächst gleichbleibenden Angebot an Kronen, steigt der Wechselkurs der Krone auf 1,355 € (t1) (vgl. hierzu ◻ Abb. 1.7).

Die dänische Zentralbank wird nun spätestens am **oberen Interventionspunkt** das Angebot an Kronen erhöhen (DKK-Angebot in t2) und die eigene Währung gegen Euro verkaufen (bzw. Euro gegen Kronen kaufen). Damit wird der Wechselkurs der dänischen Krone bei einem steigenden Umsatz an Kronen (m2) in t2 auf 100 DKK = 1,34 € sinken. Verkauft die dänische Zentralbank Kronen gegen Euro, steigt die inländische Geldmenge und damit – unter den oben genannten Voraussetzungen – auch das inländische Preisniveau. Die damit einhergehende Erhöhung der Exportpreise wirkt sich dämpfend auf die Exporte aus. Andererseits kompensiert der durch die Abwertung künstlich niedrigere Kronenkurs diese Preiswirkung zumindest teilweise. Die Importe werden sich verteuern, sodass diese tendenziell zurückgehen werden. Auch hier ist der Nettoeffekt der Interventionen nicht genau prognostizierbar.

---

5 Allerdings treten solche Wirkungen aufgrund von verzögerten Verhaltensänderungen meist erst nach einem gewissen time-lag auf, vgl. *Links:* J-Kurven-Effekt.

Paritätsänderungen

Werden Devisen in größerem Umfang und/oder über einen längeren Zeitraum gekauft, kann die steigende inländische Geldmenge zu erheblichen Preissteigerungen führen, wenn keine dämpfenden geldpolitischen Maßnahmen ergriffen werden. Gleichzeitig werden die nationalen Devisenreserven über den geplanten Umfang hinaus erhöht. Ist dagegen die Zentralbank gezwungen, ständig Devisen gegen eigene Währung zu verkaufen, so werden sich die eigenen Devisenreserven entsprechend verringern, sodass gegebenenfalls Währungskredite im Ausland aufgenommen werden müssen. Interventionen in größerem Umfang können daher nicht unbeschränkt durchgeführt werden. In beiden Fällen liegt ein *fundamentales Zahlungsbilanzungleichgewicht* vor, sodass eine *Änderung* der festgelegten *Währungsparität* erwogen werden muss. Durch eine Auf- bzw. Abwertung der Währung wird dann eine *neue Parität* festgelegt, die es der Zentralbank erleichtert, die Währung zukünftig wieder durch fallweise mäßige Interventionen innerhalb neu festgelegter *Bandbreiten* zu halten. Paritätsänderungen werden im Allgemeinen von der Exekutive, also der Regierung, meist in Absprache mit den Partnerländern, beschlossen.

Abwertung: Eine Abwertung wird dann notwendig, wenn der Wechselkurs der einheimischen Währung permanent in der Nähe des unteren Interventionspunkts liegt und die einheimische Währung laufend durch Devisenverkäufe gestützt werden muss, durch die die Währung überbewertet wird. Die Parität und damit die Interventionspunkte werden dann um einen vereinbarten Prozentsatz nach unten verschoben. Die so erreichte Verteuerung der Importe und Verbilligung der Exporte sind eine wesentliche Voraussetzung für die (Wieder-)Herstellung eines *außenwirtschaftlichen Gleichgewichts*. Da für *Importe*, beispielsweise Erdgas oder Speicherchips, mehr Inlandswährung für die gleiche Warenmenge bezahlt werden muss, sofern die ausländischen Exporteure ihre Preise nicht entsprechend senken, verteuern sich diese, sodass die Importe tendenziell zurückgehen werden. Gleichzeitig werden die eigenen *Exporte* auf dem Weltmarkt billiger, da die ausländischen Importeure für die in Auslandswährung fakturierten Importwaren weniger eigene Währungseinheiten aufwenden müssen. Die steigenden Importpreise und der durch das Exportwachstum bewirkte Anstieg der inländischen Geldmenge können aber einen Anstieg des *Preisniveaus* verursachen und damit die erwarteten Effekte teilweise kompensieren.

1.3 · Wechselkurssysteme

> ▶ **Beispiel**
>
> Der Kurs der ghanaischen Währung *Cedi* verlor innerhalb eines Jahres rund 60 % seines Wertes. Die Auslandsschulden Ghanas stiegen daher in einem Jahr um etwa 6 Mrd US$, sodass die Regierung bereits Ausgabenkürzungen, einen Einstellungsstopp und eine Erhöhung der Mehrwertsteuer ankündigte. Im Dezember 2022 verpflichtete Ghana daher inländische Goldproduzenten 20 % ihrer Goldproduktion an die Zentralbank zu verkaufen, da Ghana zukünftig Gold anstelle von US$-Reserven für Importe einsetzen will, um die schwindenden Devisenreserven zu schonen. ◀

Aufwertung: Wenn eine Währung über einen längeren Zeitraum zu niedrig bewertet wird, wird eine Aufwertung erwogen. Der Wechselkurs liegt in einer solchen Situation über einen längeren Zeitraum in der Nähe des oberen Interventionspunktes, sodass die Zentralbank durch Verkäufe der eigenen Währung laufend Devisen ankaufen muss, um den Wechselkurs der eigenen Währung zu senken, um ihn innerhalb der Bandbreiten zu halten. Die Parität und damit die Interventionspunkte werden dann um einen vereinbarten Prozentsatz nach oben verschoben. Dadurch sollen weitere unerwünschte Devisenzuflüsse und die durch den Anstieg der Geldmenge verursachten Inflationsgefahren vermieden werden. Durch die Verbilligung der Importe werden diese tendenziell zunehmen, während sich die Exporte verteuern und somit tendenziell zurückgehen werden. Der dadurch verursachte Produktionsrückgang im Inland wirkt tendenziell inflationsdämpfend und könnte die Exportpreissteigerungen wieder verringern, insbesondere dann, wenn im Ausland die Preise erheblich schneller steigen als im Inland.

1.3.3 Varianten fester Wechselkurssysteme

Wie aus ◌ Abb. 1.3 ersichtlich, haben sich in der Praxis weitere Varianten fester Wechselkurse herausgebildet, die sich vor allem durch den Grad ihrer Bindung an andere Währungen und in den Instrumenten, die für die Aufrechterhaltung des Wechselkurses sorgen sollen, unterscheiden.[6]

---

6   Vgl. zu Zielzonen ▶ Abschn. 3.2.

- **Crawling Peg (gleitende Parität)**

Eine wesentliche Ursache dafür, dass sich feste Wechselkurse zwischen zwei Ländern nicht aufrechterhalten lassen, sind Differenzen in den Inflationsraten zwischen den beteiligten Ländern. Will das Land mit der höheren Inflationsrate seine Wettbewerbsfähigkeit nicht verschlechtern, muss es versuchen, den *realen (ohne Berücksichtigung der Preisentwicklung)* und nicht nur den nominalen Wechselkurs zu seiner Ankerwährung stabil zu halten. Da bei festen Wechselkursen die hierfür notwendigen häufigen Abwertungen das Vertrauen der internationalen Anleger in die Währung zerstören könnten, versuchen manche Länder dieses Ziel durch regelmäßige Abwertungen in kleinen Schritten *(crawling peg)* zu erreichen. Um Kaufkraftparität zu erzielen, muss sich die Größe der Abwertungsschritte dabei nach der erwarteten Inflationsrate richten.[7]

Abgesehen davon, dass der Wechselkurs nicht nur durch die Inflationsunterschiede, sondern auch u. a. durch Spekulationserwartungen beeinflusst wird, ist eines der größten Probleme bei dieser Methode die richtige Antizipation und Erfassung der Inflationsraten sowie die Größe und Frequenz der Abwertungsraten. Durch die Erkenntnis, dass höhere Inflationsraten für die Wirtschaftsentwicklung eines Landes eher negativ sind, versuchen viele Länder inzwischen eine Anti-Inflationspolitik zu betreiben. Dadurch verlor das *Crawling Peg* System mit der Bezugnahme auf eine Ankerwährung immer mehr an Bedeutung und wurde 2022 nur noch von drei Ländern praktiziert. Allerdings nutzen immerhin 24 Länder, ein System, das als *Crawl-like Arrangement* bezeichnet wird. Hierbei orientiert sich das Land an keiner Ankerwährung *(peg)*, sondern an selbst gewählten geld- und wirtschaftspolitischen Zielen, etwa der Entwicklung der Geldmenge, der Inflationsrate oder auch an mehreren Indikatoren.

- **Currency Board**

Unter einem *Currency Board System* (CBS) versteht man die spezifische Form eines festen Wechselkurssystems, bei dem das Ziel verfolgt wird, die eigene Währung durch die unbedingte Bindung an eine *Ankerwährung*, i. d. R. den US$ oder Euro, nach innen und außen zu stabilisieren. Um dieses

---

7   Vgl. *Links*: Crawling Peg.

zu gewährleisten, sorgt eine monetäre Institution, das *Currency Board* (CB) (Währungsamt oder Währungsinstitut), dafür, dass die eigene Währung zu einem hohen Prozentsatz – angestrebt wird meist 100 % – durch Devisen gedeckt ist.[8]

Ein CBS hat nach *außen* eine rigorose feste Wechselkurspolitik. Das CB verpflichtet sich, die eigene Währung zu einem garantierten festen Kurs in die Ankerwährung zu tauschen. Dies kann nur dann funktionieren, wenn das Board über so viele Devisen verfügt, wie es an nationalem Geld in Umlauf bringt. Es kann daher nationales Geld (nach *innen*) nur im Tausch gegen die Ankerwährung ausgeben. Damit ist im Regelfall zumindest das in eigener Währung umlaufende Bargeld – nicht unbedingt jedoch die gesamte *Geldbasis*, die auch Bankguthaben bei der Zentralbank umfasst – vollständig durch Währungsreserven (und Gold) gedeckt. Eine Erhöhung des Geldumlaufs erfolgt also nur dann, wenn das Board Währungsreserven ankauft, während der Verkauf von Devisen folgerichtig zu einer Schrumpfung der Geldmenge und zu steigenden Zinsen führt.

Currency Board Systeme gelten als sinnvolle Strategie insbesondere für kleine Volkswirtschaften, die nach Phasen hoher Inflation Stabilisierungsprogramme durchführen, internationales Vertrauen wiedergewinnen wollen und Vorteile darin sehen, sich eng an die Währung ihres Haupthandelspartners zu binden. Voraussetzungen sind eine ausreichende Anfangsausstattung mit Währungsreserven, ein stabiles Finanzsystem, eine strikte Bankenaufsicht sowie eine disziplinierte Haushaltspolitik.

▶ **Beispiel Argentinien**

Argentinien führte Anfang 1991 ein CBS mit 100 %iger Devisendeckung ein. Der Wechselkurs zwischen dem US$ und dem argentinischen Peso wurde auf 1 : 1 festgelegt. Mit dem CBS wollte Argentinien vor allem die Hyperinflation eindämmen, das einheimische Zinsniveau senken und die Voraussetzungen für eine Liberalisierung des Handels schaffen. Tatsächlich konnten die Ziele zunächst auch weitgehend erreicht werden: Die Inflationsrate wurde von 5.000 % (!) auf 10 % p.a. gesenkt, betrug 1994 5 % und lag in den nächsten Jahren sogar bei 0 %. Auch

---

8 Vgl. *Links*: Currency Board.

das Zinsniveau konnte erheblich gesenkt werden und schon bis Ende 1991 konnten die Einfuhrzölle und die sonstigen Handelsbeschränkungen weitgehend abgebaut werden. Dabei traten jedoch einige neue Probleme auf. Die Wettbewerbsfähigkeit der argentinischen Wirtschaft ging stark zurück. Zunächst wegen der zunächst noch zu hohen Inflationsrate, und später wegen einer starken Aufwertung des US$, der Ankerwährung, die zu einer realen Überbewertung des Peso um etwa 30 % führte. Zusätzlich zu den hohen Preisen der argentinischen Exportgüter nahmen die Importe aufgrund der Überbewertung des Peso und der Aufhebung der Importkontrollen stark zu. 1999 wertete zudem Brasilien, ein wichtiger Konkurrent Argentiniens auf dem Weltmarkt, seine Währung *Real* gegenüber dem US$ um 50 % ab. Dadurch verschärften sich die Probleme: Die Folge waren hohe Leistungsbilanzdefizite, die zwischen 6 % und 14 % des BIP schwankten.[9] ◄

- **Korbbindung**

Bei der Bindung an einen „Korb" aus mehreren Währungen (*Währungskorb*) wird versucht, den Wechselkurs gegenüber den wichtigsten Handelspartnern konstant zu halten. Dieses Wechselkurssystem ist für international verflochtene Volkswirtschaften eine Alternative zur Wechselkursbindung an eine einzelne Währung. Der jeweilige Anteil der im Korb enthaltenen Währungen richtet sich dabei nach deren handelspolitischer Bedeutung für das sich bindende Land. Ziel der Währungspolitik ist es, den Kurs zwischen Inlandswährung und Währungskorb konstant zu halten. Eine an einen Währungskorb gebundene Kunstwährung sind die *Sonderziehungsrechte* (SZR) des Internationalen Währungsfonds (IWF) (vgl. ▶ Abschn. 2.4).

Weltweit haben sich etwa zwei Drittel aller Länder für feste Wechselkurse, einschl. der Varianten *Crawling Peg* und *Currency Board* entschieden, und nur ein Drittel für ein vollkommen flexibles Wechselkurssystem. ◘ Abb. 1.8 gibt einen Überblick über die derzeit praktizierten Wechselkursregelungen.

---

9 Vgl. Koch (2023) Abschn. 3.4.

Weltweite Wechselkursregelungen

Land	Zahl der Länder
Flexible Wechselkurse free floating und managed floating	65 einschl. Euroländer
Feste Wechselkurse einschl. enge und weite Bandbreiten	78 einschl. Länder zweier afrikanischer Währungsunionen
Crawling Peg einschl. Crawl-like-Arrangements	27
Currency Board	20 einschl. der Länder der ostkaribischen Währungsunion
Sonstige	26
Total	216

Abb. 1.8 Weltweite Wechselkursregelungen. (Quelle: Deutsche Bundesbank 2024, S. 44 f.)

1.4 Vergleich der Wechselkurssysteme

Flexible und feste Wechselkurssysteme haben jeweils Vor- und Nachteile, wobei im Allgemeinen die Vorteile des einen Systems die Nachteile des anderen Systems sind.

- **Vorteile fester Wechselkurse**

Ein System fester Wechselkurse begünstigt die *Koordination* der Wirtschafts- und Währungspolitik der beteiligten Länder. Gleichzeitig werden aber die geld- und wirtschaftspolitischen Handlungsmöglichkeiten der beteiligten Länder stark eingeschränkt. So wird beispielsweise eine eher sozialorientierte und damit tendenziell auch inflationsfördernde Wirtschaftspolitik einen Abwertungsdruck auf die betreffende Währung ausüben. Aufgrund ihrer Interventionsverpflichtung ist die Zentralbank des betreffenden Landes dann gezwungen, die eigene Währung gegen Devisen zu kaufen, um diese zu stützen. Sind die Devisenbestände beschränkt, wird sie dies nur für einen beschränkten Zeitraum durchhalten können, sodass das Land entweder eine Abwertung der eigenen Währung akzeptieren oder sich zu einem Politik-

wechsel entschließen muss. Die Erfahrungen mit festen Wechselkurssystemen haben daher gezeigt, dass diese nur dann erfolgreich durchgehalten werden können, wenn
- die Mitgliedsländer eine *stabilitätsorientierte Politik* umsetzen und sich den hierzu erforderlichen wirtschaftspolitischen Anpassungszwängen unterwerfen,
- kein Land eine *Sonderrolle* mit bestimmten Privilegien erhält, die es in die Lage versetzt, sich über diese Anpassungszwänge hinwegzusetzen und
- die *Interventionsverpflichtung* zur Stützung der Währung asymmetrisch vorwiegend von dem Land, das vom Stabilitätskurs abweicht, also dem potenziellen Abwertungsland, getragen werden muss.

Bei festen Wechselkursen werden internationale Transaktionen von Ex- und Importeuren, Investoren und Finanzanlegern *nicht* durch zusätzliche *Kursrisiken* bzw. Kosten der Kurssicherung belastet, sodass Außenhandel und grenzüberschreitende Finanztransaktionen positiv beeinflusst werden.

Bindet sich ein Land einseitig an eine andere, starke, Währung *(Ankerwährung)*, geschieht dies meist mit dem Ziel, das Vertrauen in die eigene Währung zu erhöhen. Durch ein nur noch geringes Währungsrisiko, stabile Zinssätze und eine disziplinierte, stabilitäts- und wachstumsorientierte Wirtschaftspolitik mit meist nur geringen Preissteigerungsraten wird das Land attraktiver für ausländische Kapitalgeber, deren Planungssicherheit erhöht wird. Ein solches Vorhaben wird langfristig dagegen nur dann erfolgreich sein, wenn es für die ausländischen Anleger kaum Zweifel an der Aufrechterhaltung der Wechselkursparität und einer entsprechenden Wirtschaftspolitik gibt.

- **Vorteile flexibler Wechselkurse**

Flexible Wechselkurse *(floating)* entsprechen der marktwirtschaftlichen Maxime, dass Angebot und Nachfrage die Preise von Waren und damit auch von Währungen bestimmen sollen. Folgende Argumente sprechen für ein solches System: Es wird erwartet, dass sich beim Floating die Wechselkurse zumindest langfristig an den fundamentalen wirtschaftlichen Daten der beteiligten Länder ausrichten und abrupte *Auf-* und *Abwertungsschocks* ausbleiben. Starke Kursschwankungen von Währungen in der Vergangenheit zeigten aber, dass eine Orientierung an volkswirtschaftlichen Fundamentaldaten von spekulativen Überlegungen überlagert werden kann.

Im Gegensatz zu einem System fester Wechselkurse haben die Länder hier mehr Möglichkeiten eine *eigenständige Wirtschafts- und Währungspolitik* zu verfolgen. Dabei ist aber zu berücksichtigen, dass in einem System eng verflochtener Volkswirtschaften der Autonomie auch natürliche Grenzen gesetzt sind. Die Reaktion der Wechselkurse auf wirtschaftspolitische Maßnahmen und Ergebnisse hat in der Praxis erheblichen Einfluss auf politische Entscheidungen. So können negative Wirtschaftsdaten, wie etwa hohe Preissteigerungen oder eine steigende Staatsverschuldung, leicht zu einem zu großen Abwertungsdruck auf die Währung führen. Zinssenkungen und eine stabilitätsorientierte Politik können dagegen unerwünschte Aufwertungstendenzen mit evtl. negativen Konsequenzen für die internationale Wettbewerbsfähigkeit zur Folge haben.

Generell verhindern flexible Wechselkurse Verzerrungen in der Außenhandels- und Produktionsstruktur, die durch eine möglicherweise falsche Festsetzung der Parität hervorgerufen werden. Diese Effekte können die notwendig werdenden Kurssicherungskosten der Außenhandel betreibenden Unternehmen überkompensieren.

- Fazit

Da die Wahl des Wechselkurssystems große Bedeutung für die Wirtschaft des betreffenden Landes hat und beide Systeme mit ihren unterschiedlichen Ausprägungen immer Vor- und Nachteile aufweisen, müssen für eine Entscheidung die verschiedenen Gesichtspunkte sorgfältig abgewogen werden. Wechselkursschwankungen beeinflussen Produktion, Beschäftigung und Einkommenssituation in den außenhandelsorientierten Wirtschaftssektoren. Je stärker ein Land in die Weltwirtschaft integriert ist, desto mehr ist es daher daran interessiert, Wechselkursschwankungen gegenüber den Ländern, mit denen intensive Außenhandelsbeziehungen bestehen, durch stabile Wechselkurse auszuschließen.

Kleinere Länder sind in ihrer wirtschaftspolitischen Autonomie a priori eingeschränkt. Aufgrund der weltwirtschaftlichen Verflechtung und Reaktionsverbundenheit besteht für sie vielfach gar nicht die Möglichkeit einer eigenständigen Geld- oder Fiskalpolitik. Sie sind daher eher bereit, sich den Regeln eines festen Wechselkurssystems zu unterwerfen und eine Beschränkung ihrer wirtschaftspolitischen Autonomie hinzunehmen. Andererseits haben diese Länder meist kaum die Möglichkeit, *Aufwertungsspekulationen* im Rahmen eines festen Wechselkurssystems wirksam zu begegnen, da die durch den notwendigen Verkauf eigener Währung zunehmende inländische Geldmenge direkte Inflationswirkungen nach sich ziehen wird. Für eine wirksame Abwehr von *Abwertungsspekulationen* reichen die begrenzten Devisenreserven aber meist nicht aus, sodass kaum ein Land einer gezielten Abwertungsspekulation wirksam begegnen kann. Die Lösung kann dann nur in einer raschen, evtl. sogar präventiven, Paritätsänderung liegen, die Spekulationen schon im Keim erstickt.

Abschließend lässt sich daher die allgemeine Aussage rechtfertigen, dass kleine Länder mit relativ hoher Außenhandelsabhängigkeit trotz allem eher Vorteile in der Bindung ihrer Währung an diejenige des Haupthandelspartners sehen. Länder mit großem Binnenmarkt hingegen, deren Außenhandelsabhängigkeit geringer ist, sodass sie nur in geringerem Umfang von Wechselkursschwankungen betroffen sind, können sich eher ein flexibles Währungssystem leisten. Dies gilt allerdings nur unter der Voraussetzung, dass sie eine stabilitätsorientierte Wirtschaftspolitik betreiben, die größere Wechselkursschwankungen nicht wahrscheinlich werden lässt. Zudem sollten sie jederzeit in der Lage sein, ihren Wechselkurs durch maßvolle Interventionen zu stabilisieren.

1.5 Lernkontrolle

Kurz und bündig

Um wirtschaftliche Transaktionen mit einem anderen Land tätigen zu können, benötigt man üblicherweise ausländische Zahlungsmittel *(Devisen)*. Die Devisen werden i. d. R. im Tausch gegen inländische Währung erworben. Der Tauschvorgang kann allerdings nur dann problemlos durchgeführt werden, wenn die eigene Währung frei und ungehindert in die fremde Währung zu einem allgemein gültigen Wechselkurs *getauscht* werden kann und dann auch unbeschränkt ins Ausland *transferiert* werden kann. Sind diese Voraussetzungen gegeben, ist die Währung *konvertibel*. Die freie Konvertibilität von Währungen ist damit eine wichtige Voraussetzung für internationale Wirtschaftsbeziehungen. *Voll konvertibel* sind nur Währungen, für die weder für Inländer noch für Ausländer Beschränkungen des laufenden zwischenstaatlichen Zahlungs- und Kapitalverkehrs gelten.

Der *Wechselkurs* gibt den Außenwert der eigenen Währung an, also den in ausländischen Währungseinheiten ausgedrückten Gegenwert für eine feste Menge einheimischer Währungseinheiten. Hier unterscheidet man u. a. An- und Verkaufskurse für Bargeld (Sortenkurse) und bargeldlose Transaktionen (Devisenkurse). Fallen Vertragsabschluss und Tauschtransaktion zusammen, werden *Kassakurse* zugrunde gelegt. Bei einem Termingeschäft erfolgt die Transaktion zu einem späteren Zeitpunkt, während der *Terminkurs* schon bei Vertragsschluss fest vereinbart wird.

1.5 · Lernkontrolle

In einem freien oder *flexiblen Wechselkurssystem* richtet sich der Preis für die eigene Währung grundsätzlich nach Angebot und Nachfrage auf den Devisenmärkten. In einem *festen Wechselkurssystem* wird dagegen versucht den eigenen Wechselkurs möglichst konstant zu halten. In der Praxis haben sich verschiedene Varianten dieser „reinen Systeme" herausgebildet: Bei *flexiblen Wechselkurssystemen* werden die Wechselkurse entweder völlig dem Spiel von Angebot und Nachfrage überlassen, können aber in Ausnahmefällen durch staatliche Interventionen beeinflusst werden *(managed floating)*. Bei *festen Wechselkurssystemen* bleibt der Wechselkurs meist weitgehend konstant, kann aber auch in *weiten oder schmalen Bandbreiten* schwanken oder im Rahmen eines *Currency Board Systems* fest an eine andere Währung (Reservewährung) geknüpft werden.

Feste Wechselkurse begünstigen die *Koordination* der Wirtschafts- und Währungspolitik der beteiligten Länder, zudem werden internationale Transaktionen von Ex- und Importeuren, Investoren und Finanzanlegern *nicht* durch zusätzliche *Kursrisiken* bzw. Kosten der Kurssicherung belastet. Gleichzeitig werden jedoch die geld- und wirtschaftspolitischen Handlungsmöglichkeiten der beteiligten Länder stark eingeschränkt. Bei *flexiblen Wechselkursen* wird erwartet, dass sich die Wechselkurse an den fundamentalen wirtschaftlichen Daten der beteiligten Länder ausrichten und abrupte *Auf- und Abwertungsschocks ausbleiben*, zudem haben die Länder mehr Möglichkeiten eine *eigenständige Wirtschafts- und Währungspolitik* zu verfolgen. Generell verhindern flexible Wechselkurse auch Verzerrungen in der Außenhandels- und Produktionsstruktur, die durch eine möglicherweise falsche Festsetzung der *Parität* hervorgerufen werden. Andererseits können negative Wirtschaftsdaten leicht zu einem Abwertungsdruck auf die Währung führen, während Zinssenkungen und eine stabilitätsorientierte Politik Aufwertungstendenzen bewirken können.

Let's check

1. Warum bedeutet *Leistungsbilanzkonvertibilität* noch keine *volle Konvertibilität*?
2. Welche Gründe können Länder für eine *Devisenbewirtschaftung* haben?
3. Wählen Sie eine bestimmte Währung und geben Sie – ausgehend von einem bestimmten Wechselkurs zu einem bestimmten Zeitpunkt – Beispiele für mindestens *8 verschiedene Werte* dieser Währung.

4. Zeigen Sie anhand einer *Grafik* die Wirkung einer *Zentralbankintervention in einem festen Wechselkurssystem*.
5. Stellen Sie eine *Paritätsänderung* in einem festen Wechselkurssystem *grafisch* dar?
6. Worin unterscheiden sich *Crawling-Peg* und *Currency Board Systeme*?
7. Vergleichen Sie *Vor- und Nachteile flexibler und fester Wechselkurssysteme* und ziehen Sie ein Fazit.

Vernetzende Aufgabe – recherchieren, analysieren, beurteilen

Welche Rolle spielten Wechselkurse und Wechselkurssystem für die wirtschaftliche Entwicklung Deutschlands in der zweiten Hälfte des 20. Jahrhundert?

Literatur

Literatur[10]

Belke, A. / Dross, A. (2009) Die Kaufkraftparität des Wechselkurses; in: WISU, Vol. 38/10, S. 1354–1360

Deutsche Bundesbank (2004) Die Kaufkraftparitätentheorie als Konzept zur Beurteilung der preislichen Wettbewerbsfähigkeit; in: Monatsberichte der Deutschen Bundesbank, Juni 2004

Deutsche Bundesbank (2024) Wechselkursstatistik vom 15.10.2024

Koch, E. (2023) Internationale Wirtschaftsbeziehungen I. Internationaler Handel zwischen Freihandel und Protektionismus, 4. Aufl. Wiesbaden

Koch, E. (2024) Internationale Wirtschaftsbeziehungen II. Das Weltfinanzsystem – Währungsordnungen, globale Finanzmärkte und Finanzkrisen, 4. Aufl., Wiesbaden

Krugman, P. /Obstfeld, M. (2019) Internationale Wirtschaft – Theorie und Politik der Außenwirtschaft, 11. Aufl., Hallbergmoos

Links

Crawling Peg: https://fastercapital.com/de/inhalt/Crawling-Peg%2D%2DDer-Crawling-Peg%2D%2DBalance-zwischen-Flexibilitaet-und-Kontrolle-auf-Devisenmaerkten.html

Currency Board: https://www.wirtschaftslexikon24.com/d/currency-board/currency-board.htm

J-Kurven-Effekt: http://www.wirtschaftslexikon24.com/d/j-kurven-effekt/j-kurven-effekt.htm

---

10 Letzter Zugriff auf die unter „Literatur" und „Links" genannten Internetquellen jeweils 03/2025.

Bretton-Woods-System und Internationaler Währungsfonds

Inhaltsverzeichnis

2.1　Das Bretton-Woods-System (BWS) – 32

2.2　Krise und Zusammenbruch des Bretton-Woods-Systems – 36

2.3　Der Internationale Währungsfonds (IWF) – 38
2.3.1　Organisation, Aufgaben, Quoten – 38
2.3.2　Gewährung von Devisenkrediten (Ziehungen) – 42
2.3.3　Überblick über die Aufgabenschwerpunkte des IWF – 45

2.4　Währungsreserven und Sonderziehungsrechte – 50

2.5　Lernkontrolle – 53

　　　Literatur – 55

© Der/die Autor(en), exklusiv lizenziert an Springer Fachmedien Wiesbaden GmbH, ein Teil von Springer Nature 2025
E. Koch, *Internationale Währungs- und Finanzbeziehungen*, Studienwissen kompakt,
https://doi.org/10.1007/978-3-658-48712-6_2

> **Lernagenda**
>
> **Folgende Fragen werden in Kapitel 2 beantwortet:**
> – Warum wurde das *Bretton-Woods System* (BWS) ins Leben gerufen?
> – Welches sind die wichtigsten *Elemente* des BWS?
> – Welche Ursachen hatte der *Zusammenbruch* des BWS?
> – Warum wurde der *IWF* gegründet?
> – Welche wichtigen *Aufgaben* hat der IWF?
> – Unter welchen Bedingungen vergibt der IWF *Devisenkredite*?
> – Warum wurden *Sonderziehungsrechte* eingeführt?

Unter einer *internationalen Währungsordnung* versteht man die Summe aller Grundsätze und Regeln, nach denen die nationalen Geld- und Währungssysteme international koordiniert werden. Internationale Währungsvereinbarungen sichern die Konvertibilität der Währungen und damit die Tauschmittelfunktion des Geldes auf internationaler Ebene. Ziel ist das reibungslose Funktionieren des internationalen Handels- und Kapitalverkehrs. Durch geeignete Anpassungsmechanismen und die Bereitstellung internationaler Liquidität trägt eine internationale Währungsordnung zur Entschärfung von Ungleichgewichten in den nationalen Zahlungsbilanzen und Währungsschwankungen und damit zur Herstellung von Vertrauen in die Funktionsfähigkeit der internationalen Finanzmärkte und des internationalen Kapitalverkehrs bei.

2.1 Das Bretton-Woods-System (BWS)

Noch während des Zweiten Weltkriegs wurde auf Initiative und unter maßgeblicher Beteiligung der USA und Großbritanniens damit begonnen, eine globale Nachkriegsordnung zu entwerfen. Ein wichtiger Pfeiler war die Schaffung der Grundlage für ein neues **internationales Währungssystem**. Hiermit sollten die Konsequenzen aus den Erfahrungen während der „Zwischenkriegszeit" gezogen werden, in der jedes Land versucht hatte, auf Kosten anderer Länder einseitig Vorteile aus dem internationalen Handel zu ziehen. Nach der Weltwirtschaftskrise 1929 bis 1932, in der die Preise um fast 50 % fielen und der Welthandel um über 60 % zurückging, werteten die Länder ihre Währungen ständig ab *(Abwertungswettlauf)*, um auf diese Weise

2.1 · Das Bretton-Woods-System (BWS)

☐ **Abb. 2.1** Bretton Woods Mount Washington Hotel. (Quelle: E. Koch)

Handelsvorteile gegenüber ihren Weltmarktkonkurrenten zu erlangen.[1] Hinzu kamen *Importbeschränkungen* aus protektionistischen Erwägungen sowie eine Vielzahl zweiseitiger Handelsvereinbarungen *(Bilateralität)*, Maßnahmen, die zu Lasten von Drittländern und damit des internationalen Warenaustausches gingen. Da gleichzeitig viele Länder über immer weniger Währungsreserven verfügten, waren diese gezwungen, zur *Devisenbewirtschaftung* überzugehen, um einen unkontrollierten Abfluss von Devisen zu verhindern.

Um dem Welthandel neue Impulse zu geben und gleichzeitig den Ländern größere Möglichkeiten zur Expansion ihrer Wirtschaft zu verschaffen, die durch die frühere Bindung der nationalen Währungen an das Gold nicht gegeben war, wollte man daher die internationalen Währungsbeziehungen neu gestalten. Das neue internationale Währungssystem wurde im Juli 1944 in **Bretton Woods**, einem kleinen Ort im US-amerikanischen Bundesstaat New Hampshire, im *Mount Washington Hotel* im Rahmen einer Währungs- und Finanzkonferenz der Vereinten Nationen beschlossen (vgl. ☐ Abb. 2.1).

---

1 Vgl. *Links*: Weltwirtschaftskrise 1929.

Die dreiwöchige Konferenz, an der 44 Länder teilnahmen und die lange vorbereitet worden war, führte zu folgenden Ergebnissen: Es wurde ein System fester Wechselkurse, das **Bretton-Woods-System** (BWS), beschlossen. Zudem wurden zwei Organisationen gegründet, der **Internationale Währungsfonds** (IWF) und die *Internationale Bank für Wiederaufbau und Entwicklung* (IBRD), die **Weltbank**, die daher auch als „Bretton-Woods-Institutionen" bezeichnet werden. Zentrale Elemente des BWS waren der *Gold-Devisenstandard*, die Rolle des US$ als *Leitwährung*, die Bereitstellung von *Devisenkrediten* durch den neugegründeten IWF und die Möglichkeit von *Paritätsänderungen*.

Der **Gold-Devisen-Standard** ist eine Weiterentwicklung des *Goldstandards*, der ab 1880 bis zum Ausbruch des Ersten Weltkriegs Grundlage der internationalen Währungsordnung war. Beim Goldstandard legten die teilnehmenden Länder eine feste Goldparität fest und begründeten damit feste Wechselkurse zwischen ihren Währungen. Beim Gold-Devisen-Standard gab es keine festen Deckungsvorschriften. Es wurde also nicht festgelegt, dass ein bestimmter Prozentsatz des Notenumlaufs durch Gold und/oder Devisen gedeckt sein musste, die Deckung wurde flexibel gehandhabt.

Der US$ war **Leitwährung** und damit gleichzeitig **Hauptreservewährung** des Systems. Sein Wert wurde durch seine Relation zum Gold bestimmt: Eine Feinunze Gold (31,104 g) erhielt den Gegenwert von 35 US$. Gegenüber Inländern und ausländischen Zentralbanken verpflichtete sich die US-Zentralbank (*Federal Reserve System, Fed*) US$ zu diesem Kurs zu kaufen und zu verkaufen, der US$ war damit *so gut wie Gold*. Dies war zu diesem Zeitpunkt möglich, weil die USA 1944 über den größten Goldvorrat der Welt verfügten, sodass der Dollar zu 25 % durch Gold gedeckt war. Da die USA auch über eines der leistungsfähigsten Bankensysteme und einen effizienten Finanzmarkt verfügten, übernahm der US$ praktisch auch die Rolle des Goldes. Jede Zentralbank war in der Lage mit US$ alle anderen Währungen zu kaufen. Daneben fungierte zunächst auch das britische Pfund Sterling als Reservewährung, nach mehreren Pfund-Krisen in den 1950er-Jahren übernahm dann ausschließlich der US$ diese Funktion.

Jedes Mitgliedsland vereinbarte mit dem IWF (vgl. ▶ Abschn. 2.3) *Anfangsparitäten* seiner Währung in Gold bzw. US$. So wurde z. B. der Wert des britischen Pfund mit 3,58 g Feingold bzw. 4,03 US$ festgelegt. Wie bei einem System fester Wechselkurse üblich, waren die Mitglieder verpflichtet, durch Interventionen ihrer Zentralbank die Stabilität ihrer Währungen zu sichern (vgl. ▶ Abschn. 1.3.2). Hierbei entscheidet die Ausgestaltung der

2.1 · Das Bretton-Woods-System (BWS)

Interventionsregeln maßgeblich über die Verteilung der geldpolitischen Anpassungslasten auf die beteiligten Länder und damit über die Funktionsfähigkeit des Systems. Im BWS durften die Wechselkurse innerhalb einer Bandbreite von zunächst ± 1 %, später ab 1971, um ± 2,25 % schwanken. Zudem waren **symmetrische Interventionsverpflichtungen** vorgesehen, die Mitgliedsländer mussten sowohl bei Auf- als auch bei Abwertungstendenzen ihrer Währung intervenieren.

Zur Überbrückung von dabei auftretenden Devisenproblemen sah das Abkommen ein System **multilateraler Finanzierungshilfen** in Form von Devisenkrediten vor, das über den IWF abgewickelt wurde. Fallweise **Paritätsänderungen** waren bei fundamentalen Ungleichgewichten der Zahlungsbilanzen vorgesehen und durften nur nach Beratung mit dem IWF vorgenommen werden, die Entscheidung lag dann bei dem betreffenden Land. ▶ Abb. 2.2 fasst die Systemelemente des BWS noch einmal zusammen.

Voraussetzung für die Funktionsfähigkeit des Systems war die Einführung der *Leistungsbilanzkonvertibilität* (vgl. ▶ Abschn. 1.1) durch die wichtigsten Welthandelsländer. Diese Voraussetzung wurde bis Ende der 1950er-Jahre auch umgesetzt. Die vollständige Konvertibilität auch für Kapitalanlagen und reine Finanztransaktionen war dagegen zunächst nicht vorgesehen und wurde, wie erwähnt, bis heute auch nur von einer Minderheit der IWF-Mitgliedsländer realisiert.

System fester Wechselkurse
Anfangsparitäten in Gold bzw. US$ festgelegt
Mitglieder verpflichteten sich, ihre Wechselkurse in einer Bandbreite von +/- 1 % (ab 1971 : +/- 2,25 %) zu halten, symmetrische Interventionsverpflichtungen

Gold-Devisen-Standard
Reservewährung(en) US$
(zunächst auch Pfund Sterling)

US$: Leitwährung/Hauptreservewährung
Die USA verpflichten sich US$ zum Goldkurs (35 US$) zu kaufen bzw. zu verkaufen.
Deckung des US$ zu 25% durch Gold

Multilaterale Währungskredite
zur Überbrückung von Devisenproblemen

Paritätsänderungen bei fundamentalen Zahlungsbilanzungleichgewichten

Systemelemente des Bretton-Woods-Systems

▫ **Abb. 2.2** Systemelemente des Bretton-Woods-Systems

2.2 Krise und Zusammenbruch des Bretton-Woods-Systems

Ein System fester Wechselkurse kann auf Dauer nur funktionieren, wenn sich die beteiligten Länder an Stabilitätskriterien orientieren, um das Vertrauen in die Wirtschaft und Währung des eigenen Landes zu sichern. Im Fall des BWS musste diese Voraussetzung insbesondere für die USA gelten, das Land, das die *Hauptreservewährung* bereitstellte. Tatsächlich funktionierte das BWS auch lange Zeit zufriedenstellend und bildete damit auch die Basis für den Wirtschaftsaufschwung der westlichen Welt in der Nachkriegsphase.

Die USA befanden sich jedoch in einem grundsätzlichen Dilemma: Sie mussten eine Politik des knappen Geldes betreiben und gleichzeitig international benötigte Währungsreserven in genügendem Umfang bereitstellen, um die Versorgung der Welt mit *internationaler Liquidität* zu gewährleisten (vgl. ▶ Abschn. 2.4). Diese *Reservewährungsfunktion* des US$ ergab sich vorwiegend aus der Tatsache, dass der größte Teil des internationalen Zahlungsverkehrs in US$ abgewickelt wurde. Eine solche Doppelfunktion verleitet aber zu einer *weniger disziplinierten Geldpolitik*, da mit dem Argument der Bereitstellung von internationaler Liquidität jederzeit eine Ausweitung der eigenen Geldmenge begründet werden kann. Zudem war in der Tatsache, dass keine Deckungsvorschriften festgelegt waren, schon das zentrale Problem des BWS angelegt: Durch die wachsende Dynamik der Weltwirtschaft und eine gewisse „Sorglosigkeit" (*benign neglect*) der USA änderten sich die Deckungsrelationen rasch. So waren bereits 1964 die Dollarbestände des Auslands (!) größer als die amerikanischen Goldreserven und 1971 galt dies schon für alle nur in der Bundesrepublik Deutschland gehorteten US$-Bestände, während sich gleichzeitig die Goldreserven der USA auf gut 10 Mrd. US$ halbierten.

Folgen der Dollarschwemme

Aus diesen Gründen wurde die in Bretton Woods geschaffene *Weltwährungsordnung* ab Mitte der 1960er-Jahre zunehmend störanfälliger und zu Beginn der 1970er-Jahre praktisch funktionsunfähig: Die *Dollarschwemme* Anfang der 1970er-Jahre – ein die Nachfrage übertreffendes Dollarangebot auf dem Welt-Devisenmarkt – führte zu einer zunehmenden Nachfrage nach aufwertungsverdächtigen Währungen. Um eine Aufwertung zu vermeiden waren die betreffenden Staaten gezwungen, laufend eigene Währung gegen US$ zu verkaufen, um den Wechselkurs der eigenen Währung nicht zu stark steigen zu lassen. Die Möglichkeit eines größeren US-amerikanischen Handelsbilanzdefizits und die Erwartung einer wahrscheinlichen

2.2 · Krise und Zusammenbruch des Bretton-Woods-Systems

Dollarabwertung löste im April 1971 eine Flucht aus dem US$ aus – vor allem in die D-Mark, aber auch in andere europäische Währungen. Der US$ verlor dadurch rapide an Wert. So sank der Wechselkurs beispielsweise gegenüber der D-Mark um ein Drittel von 3,65 DM (1970) auf 2,66 (1973), sodass die Goldreserven der USA nicht mehr ausreichten, um die amerikanische Einlöseverpflichtung zu erfüllen.

Angesichts dieser Entwicklungen suspendierte der damalige US-Präsident *Richard Nixon* im August 1971 das Goldeinlöseversprechen, nachdem sich schon zuvor die wichtigsten Welthandelsländer – mit Ausnahme von Frankreich – an einem „Stillhalteabkommen" beteiligt und darauf verzichtet hatten, ihre Dollarreserven in Gold einzulösen.[2] Wenige Monate später wurde daher im Dezember 1971 eine grundlegende Neuordnung der Wechselkurse *(Realignment)* beschlossen, das sog. *Smithsonian Agreement:*

- Der Dollar wurde abgewertet und der Preis für eine Feinunze Gold auf 38 US$ heraufgesetzt, während die Goldkonvertibilität des Dollars nicht wieder eingeführt wurde.
- Die Währungen der G-10-Staaten (mit Ausnahme Kanadas) wurden neu festgesetzt, während gleichzeitig die *Paritäten* in weniger strikte *„Leitkurse"* umbenannt werden.
- Die Bandbreiten der beteiligten Währungen gegenüber dem Dollar wurden auf ± 2,25 % und zwischen den anderen Währungen auf ± 4,5 % erweitert.

Das *Smithsonian Agreement* war der letzte ernsthafte Versuch, das System fester Wechselkurse von Bretton Woods zu retten. Schon ab 1972 verschlechterte sich jedoch die amerikanische Leistungsbilanz wieder, sodass eine erneute Spekulation gegen den Dollar einsetzte. Die europäischen Währungen versuchten sich daher schon im März 1972 von der vorhersehbaren völligen Liberalisierung der Wechselkurse durch die Schaffung eines innereuropäischen Systems fester Wechselkurse, des *Europäischen Wechselkursverbundes* (EWKV), abzukoppeln. Trotz aller Gegenmaßnahmen eskalierte die Situation Anfang 1973. Nach einem weiteren *Realignment im Februar 1973,* bei dem der US$ ein weiteres Mal auf nun 42,22 US$ pro Feinunze Gold abgewertet wurde, verkündete *Richard Nixon* im März 1973 die völlige Freigabe des Dollarkurses („Nixon-Schock"). Das Bretton-Woods-System war damit Geschichte.

---

2   Vgl. Jarchow/Rühmann (2002).

Mit dem Ende des BWS entstanden die globalen Finanz- und Kapitalmärkte, mit denen sich die nächsten Kapitel beschäftigen werden. Die Zentralbanken erhielten neue Aufgaben. Sie wurden zu wichtigen politischen Akteuren und mussten zudem immer neue Finanzkrisen entschärfen.

2.3 Der Internationale Währungsfonds (IWF)

Die Beratungen während der Währungskonferenz von *Bretton Woods* basierten auf den in zentralen Punkten unterschiedlichen Vorstellungen Großbritanniens und der USA, genauer: auf dem US-amerikanischen *White-Plan* und dem Konzept des englischen Ökonomen *John Maynard Keynes*, dem *Keynes-Plan*. Gemeinsam war beiden Vorschlägen, dass eine *internationale Währungsorganisation* mit der Durchsetzung stabiler Wechselkurse betraut werden sollte.

Konzepte zur Gründung eines Internationalen Währungsfonds

Harry Dexter White, Assistent des amerikanischen Finanzministers *Henry Morgenthau*, schlug die Schaffung eines *Inter-Alliierten Stabilisierungsfonds* zur Bewältigung von Zahlungsbilanzproblemen vor, der keine Möglichkeiten haben sollte, neues Geld oder sonstige Reserven zu schöpfen. Im Wesentlichen sollten die Länder mit Leistungsbilanzdefiziten für die Beseitigung ihrer Defizite sorgen. Darüber hinaus sah sein Entwurf die Gründung einer *Inter-Alliierten Bank* zur Organisation von Krediten und Finanzhilfen an die Alliierten vor. *John Maynard Keynes*, einer der profiliertesten Ökonomen seiner Zeit, schlug die Schaffung einer *Internationalen Clearing Union* vor, die als eine Art Welt-Zentralbank in eher dirigistischer Weise Wechselkurse festlegen, Kredite an Länder mit Leistungsbilanzdefiziten vergeben und von Überschussländern Darlehen aufnehmen sollte. Da er die Verantwortung von internationalen Zahlungsbilanzungleichgewichten auch bei den Überschussländern sah, sollten diese stärker an deren Lösung beteiligt werden. Die Beschlüsse zur Struktur des Währungssystems und der Gründung des IWF *(International Monetary Fund, IMF)* können zwar als Kompromiss zwischen den beiden Vorschlägen von *Keynes* und *White* angesehen werden, folgten aber im Kern mehr dem *White-Plan*.[3]

2.3.1 Organisation, Aufgaben, Quoten

- **Organisation**

Nachdem das Abkommen in Bretton Woods im Juli 1944 beschlossen und bis Ende Dezember 1945 von 29 Mitgliedern unterzeichnet worden war, trat

---

3 Vgl. *Links*: Keynes und White.

2.3 · Der Internationale Währungsfonds (IWF)

es im Dezember 1945 in Kraft. Im März 1947 nahm der IWF mit nunmehr 39 Mitgliedsländern seine Arbeit auf. 1952 wurde auch die Bundesrepublik Deutschland als Mitglied aufgenommen. Heute hat der IWF 191 Mitglieder.

Oberstes Beschlussorgan des IWF ist der **Gouverneursrat**, in den jedes Mitgliedsland einen Vertreter, normalerweise den Finanzminister oder den Zentralbankpräsidenten, entsendet und der einmal jährlich zusammentritt. Für die laufende Geschäftsführung und die Entscheidung über Kreditvergaben ist ein **Exekutivdirektorium**, der *Board*, zuständig, der aus 24 gewählten Direktoren und einem *Managing Director* besteht. Abgesehen von den Direktoren jener Mitgliedstaaten, die über einen ständigen Sitz im Exekutivdirektorium verfügen (USA, Japan, China, Deutschland, Frankreich, Großbritannien, Russland, Saudi-Arabien), vertreten die anderen Direktoren jeweils mehrere Mitgliedsländer, die in Stimmrechtsgruppen zusammengefasst sind. Der **Internationale Währungs- und Finanzausschuss** (IMFC) wurde 1974 ins Leben gerufen und ist das wichtigste politische Gremium des IWF. Er berät den Gouverneursrat und das Direktorium, kontrolliert das Management und bereitet grundlegende Entscheidungen zur IWF-Politik vor. Seine Mitglieder sind überwiegend Finanzminister oder Zentralbankpräsidenten der 24 Länder, die Exekutivdirektoren entsenden. Der Ausschuss trifft sich bei der Frühjahrs- und Herbsttagung des Fonds. Er besitzt zwar keine formellen Entscheidungsbefugnisse, übt aber aufgrund seines politischen Gewichts praktisch die Rolle eines *Leitungsgremiums* aus.

Die Weisungen an den deutschen Exekutivdirektor erteilt der Bundesfinanzminister, während die finanziellen Beziehungen zum IWF durch die Deutsche Bundesbank wahrgenommen werden. Obwohl mit Beginn der Europäischen Währungsunion 1999 die Zuständigkeit für die Währungspolitik von den Mitgliedsländern auf die EU, in diesem Fall auf den Ministerrat, übergegangen ist, blieb das IWF-Übereinkommen unverändert. Damit bestehen die bisherigen Beziehungen der Mitgliedsländer zum IWF in vollem Umfang weiter. Auch die Konsultationen finden weiterhin mit den einzelnen Mitgliedsländern statt. Die EZB ist im IWF-Board nur durch einen Beobachter vertreten und hat damit kein Stimmrecht.

■ **Aufgaben**

Der IWF ist eine Sonderorganisation der UN und hat seinen Sitz in Washington, DC. Seine zentrale Aufgabe ist es, die internationale Zusammenarbeit auf dem Gebiet der Währungspolitik zu fördern, um die Funktionsfähigkeit und Stabilität des internationalen Währungssystems zu sichern. Dadurch soll der internationale Handel erleichtert und die Beschäftigung sowie nachhaltiges Wirtschaftswachstum gefördert werden. Aus diesen Zielen werden drei Kernaufgaben abgeleitet:[4]

- *Volkswirtschaftliche Überwachung* (*Surveillance*): Der IWF bewertet in Abstimmung mit den Mitgliedsländern deren Finanz-, Währungs- und Geldpolitik, die Entwicklung der Zahlungsbilanz und der Auslandsschulden. Bei diesen jährlichen „Gesundheitschecks" berät er die Länder in wirtschafts- und währungspolitischer Hinsicht und schlägt entsprechende politische Maßnahmen vor. Für einzelne Mitgliedsländer werden zusätzlich weitergehende Analysen zur Bewertung des Finanzsektors (*Financial Sector Assessment Program*) durchgeführt. Zusätzlich analysiert er im Rahmen der multilateralen Überwachung das internationale Währungssystem und die Wirtschaftsentwicklungen auf globaler und regionaler Ebene sowie die Auswirkungen einzelstaatlicher Politiken auf andere Länder (*Spillover-Effekte*).
- *Kreditvergabe*: Der IWF gibt Finanzhilfen (*Devisenkredite*) an Mitgliedsländer mit akuten Zahlungsbilanzproblemen. Die Kredite sollen den Ländern helfen, ihre Zahlungsbilanzprobleme zu bewältigen bzw. zukünftige Krisen zu verhindern, ihre Devisenreserven zu erhöhen und sie bei der Stabilisierung ihrer Wirtschaft und der Wiederherstellung der Voraussetzungen für ein nachhaltiges Wirtschaftswachstum unterstützen. Grundsätzlich werden zwei Arten von Krediten vergeben: Kredite zu *Marktzinsen* und *konzessionäre* Kredite, die zu niedrigen Zinsen oder auch zinsfrei vergeben werden.
- *Kapazitätsentwicklung*: Zusätzlich unterstützt der IWF Mitgliedsländer durch fachliche Beratung und Ausbildung in zentralen Themen der Wirtschafts- und Fiskalpolitik, wie öffentliche Finanzen, Stabilität des Finanzsektors, Zentralbankgeschäfte, makroökonomische Rahmenbedingungen, Wirtschaftsstatistiken u. a. Auf diese Weise sollen Teilnehmer von nationalen Institutionen, wie Zentralbanken, Statistikämtern, Finanzaufsichts- und Finanzverwaltungsbehörden in ihren Kompetenzen gestärkt werden, um die Wirksamkeit und Effizienz der Kreditvergabe und die Zusammenarbeit mit anderen internationalen Organisationen zu fördern.

---

4 Vgl. hierzu u. a. IWF (2023).

2.3 · Der Internationale Währungsfonds (IWF)

- **Quoten**

Die Gewährung von Finanzhilfen an seine Mitgliedsländer ist eine der wichtigsten Aufgaben des IWF. Die Mittel hierfür stammen im Wesentlichen aus den Kapitalanteilen (*Quoten*) der Mitgliedsländer am Fonds. Höhe und Zusammensetzung der **Quoten** werden etwa alle fünf Jahre überprüft. Im Rahmen dieser *Quotenüberprüfung* wird beurteilt, ob die Quoten erhöht werden sollten und ob ihre Aufteilung auf die Mitglieder noch angemessen ist. Im Rahmen einer Neuordnung der Quoten Ende der 2000er-Jahre wurde beispielsweise die Quote Chinas angesichts seiner gewachsenen weltwirtschaftlichen Bedeutung erheblich erhöht, was zu einer Verringerung der Quoten anderer Länder führte. Die letzte Quotenanpassung wurde 2010 beschlossen und trat 2016 in Kraft.

Die Quoten werden nach **gesamtwirtschaftlichen Indikatoren,** wie Bruttoinlandsprodukt, Währungsreserven oder Außenhandelsvolumen, festgelegt und entsprechen annähernd der Position des Landes in der Weltwirtschaft. Die Quoten bestimmen den Zugang zu Währungskrediten und zugleich die Stimmrechte der Länder. Die Länder mit den höchsten Quoten haben damit auch die meisten Stimmrechte. Nach wie vor die höchste Quote haben die USA mit 17,4 %. Damit verfügen sie bei statutenändernden Beschlüssen, für die eine Mehrheit von 85 % erforderlich ist, über eine Sperrminorität. Nach den USA haben Japan, China, Deutschland, Frankreich und Großbritannien die höchsten Quoten (Stand: 2025).[5] Diese sechs Länder repräsentieren zusammen 44 % der Stimmrechte des IWF, während beispielsweise die 80 Länder mit den niedrigsten Quoten zusammen nur über 8 % der Stimmrechte verfügen (vgl. ◘ Abb. 2.3).

Das Gesamtkapital des Fonds betrug bei seiner Gründung zunächst rund 20 Mrd. €. Durch verschiedene *Quotenerhöhungen* wurde es auf inzwischen rund 970 Mrd. US$ aufgestockt. Jedes Mitgliedsland zahlt 75 % der Quote in eigener Währung ein, während der restliche Anteil in Sonderziehungsrechten (SZR) oder in internationalen Reservewährungen eingezahlt werden muss.[6]

---

5 Vgl. IMF (2022).
6 Vgl. ▶ Abschn. 2.4, sowie *Links*: IWF-Quoten.

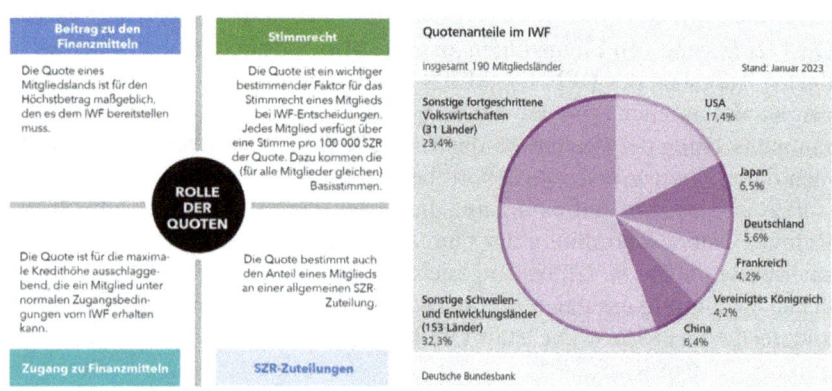

☐ **Abb. 2.3** Funktion und Höhe der Quoten. (Quellen: IWF (2023), Deutsche Bundesbank (o.J.))

2.3.2 Gewährung von Devisenkrediten (Ziehungen)

Wie erwähnt, bestimmt sich der Zugang eines Mitgliedslands zu Devisenkrediten grundsätzlich nach seiner *Quote*. Jedes Land muss mindestens 25 % seiner Quote in international konvertiblen Währungen in den Fonds einzahlen. Diese **Reservetranche** kann das Land jederzeit bei Bedarf im Tausch gegen die eigene Landeswährung „ziehen", d. h. es erhält diese Summe beispielsweise in US$ oder in Euro und zahlt den Gegenwert in nationaler Währung ein. Diese *Ziehung* stellt noch keine Inanspruchnahme eines Kredits dar, sie ist nicht gebührenpflichtig und unterliegt auch keiner Rückkaufserwartung oder Rückkaufspflicht. Bei den weiteren *Ziehungen* dagegen *kauft* das Land Devisen vom IWF gegen eigene Währung. Es zahlt die Finanzhilfe dann später zurück, indem es seine eigene Währung gegen eine internationale Reservewährung vom IWF „zurückkauft". Praktisch erhält das Land einen Devisenkredit, den es später wieder mit Devisen tilgt. Die Gesamtmittel des IWF ändern sich durch die gewährte oder zurückgezahlte Finanzhilfe buchhalterisch nicht, allerdings ändert sich die Zusammensetzung seines Fondskapitals.

Die wichtigste reguläre Kreditfazilität ist der **Bereitschaftskredit** *(stand-by arrangement)* zur Überbrückung von kurzfristigen Zahlungsbilanzschwierigkeiten, der allen IWF-Mitgliedern zusteht. Die Höhe des Bereitschaftskredits ist wiederum abhängig von der Quote des Landes sowie von dem konkreten Bedarf des Landes zur Verbesserung seiner Zahlungsbilanzsituation und seiner Fähigkeit zur Rückzahlung des Kredits. Übt ein Land sein *reguläres Ziehungsrecht* aus, so erhält es die benötigte Fremdwährung aus den Fondsbeständen ebenfalls im Tausch gegen seine Landeswährung. Dabei sind die Ziehungsrechte i. d. R. in einzelne *Tranchen* aufgeteilt. Bereitschaftskredite dürfen 145 % der Quote pro Jahr nicht überschreiten und müssen in maximal fünf Jahren zurückgezahlt werden.

Sind längerfristige strukturelle Maßnahmen zur Sanierung der Zahlungsbilanz erforderlich, so kann das betreffende Land weitere Devisenkredite im Rahmen der **Erweiterten Fondsfazilität** *(extended fund facility)* erhalten. Diese Mittel müssen i. d. R. in einem Zeitraum von maximal zehn Jahren zurückgezahlt werden. Insgesamt darf das Land bei diesen beiden Kreditfazilitäten jeweils 435 % der Quote nicht überschreiten (vgl. ◘ Abb. 2.4).

Die Zurverfügungstellung von Krediten knüpft der IWF an Auflagen (**Konditionen**), durch die das Land seine Zahlungsbilanzprobleme innerhalb eines akzeptablen Zeitraums lösen soll. Nimmt das Land beispielsweise Mittel der *Erweiterten Fondsfazilität* in Anspruch muss es ein maximal vierjähriges wirtschaftspolitisches Programm mit konkreten Maßnahmen für jeweils 12 Monate erstellen. Die Auszahlung der *Kredittranchen* erfolgt dann

Fazilität (Einführung)	Zweck	Laufzeiten (Jahre)	Gebühren	Zugangsgrenzen (% der Quote)
Reguläre Kredite11,5				
Stand-By Arrangement (SBA) (1952)	Kurz- bis mittelfristige Hilfe zur Überbrückung von kurzfristigen Zahlungsbilanzproblemen	3,25 bis 5	Basissatz plus Aufschlag: 200 Basispunkte (BP) bei Beträgen über 187,5 % der Quote, zusätzlich 100 BP, wenn der ausstehende Betrag 36 Monate über 187,5 % liegt	145 % jährlich 435 % kumulativ
Extended Fund Facility (EFF) (1974)	Mittelfristige Hilfe für Strukturreformen bei langfristigen Zahlungsbilanzproblemen	4,5 bis 10	Basissatz plus Aufschlag: 200 BP bei Beträgen über 187,5 % der Quote; zusätzlich 100 BP, wenn der ausstehende Betrag 51 Monate über 187,5 % liegt	
Flexible Credit Line (FCL) 2009				Keine definierten Ziehungsgrenzen
Precautionary and Liquidity Line (PLL) (2011)	Flexible Hilfe bei potentiellem oder tatsächlichem Zahlungsbilanzbedarf	3,25 bis 5	wie SBA	125 % bis maximal 250 % der Quote bis maximal 2 Jahre. Bis 500 % nach 12 Monaten zufriedenstellenden Fortschritts
Short-Term Liquidity Line (SLL) (2020)	Liquiditätsstütze bei potenziellen externen Schocks und moderaten Zahlungsbilanzproblemen	12 Monate	Basissatz plus Aufschlag: 200 BP bei Beträgen über 187,5 % der Quote	Bis 145 % der Quote
Rapid Financing Instrument (RFI) (2011)	Schnelle Hilfe bei akuten Zahlungsbilanzproblemen	3,25 bis 5	wie SBA	jährlich 50 % der Quote (80 % bei schweren Naturkatastrophen) kumulativ bis 100 % (133 %)
Konzessionäre Kredite (Poverty Reduction and Growth Trust, PRGT)				
Extended Credit Facility (ECF)	Hilfen für einkommensschwache Länder mit dem Ziel eine stabile makro-ökonomische Position zu erreichen und aufrechtzuerhalten, die dauerhaft Armutsbekämpfung und Wachstum ermöglichen	3 bis 5	0 %	100 % der Quote, kumulativ bis 300 % bzw. 400 %. (Ausnahmen möglich). Verschiedene weitere Voraussetzungen möglich, u.a. niedriges Pro-Kopf Einkommen, Zahlungsbilanzprobleme, Umsetzung einer „Poverty Reduction and Growth Strategy"
Standby Credit Facility (SCF)		3 bis 6		
Rapid Credit Facility (RCF)		2 x innerhalb von 2 Jahren		

◘ **Abb. 2.4** Kreditfazilitäten des IWF. (Quelle: IWF (2022))

entsprechend den Fortschritten bei der Umsetzung der Konditionen. Die Konditionen bestehen aus vom IWF vorgeschlagenen und kontrollierten wirtschaftspolitischen Anpassungsmaßnahmen, die sich lange Zeit am *Washington Consensus* orientierten und deren Intensität mit der Inanspruchnahme „höherer" Kreditfazilitäten zunimmt.

Washington Consensus
Unter dem Washington Consensus wird ein Paket von wirtschaftspolitischen Auflagen zusammengefasst, das vor allem von IWF und Weltbank in den 1980er- und 1990er-Jahren Entwicklungsländern mit Zahlungsbilanzproblemen „verordnet" wurde. Ziel dieser Konditionen war es, marktwirtschaftliche Prinzipien und Politiken in den Ländern zu stärken und die außenwirtschaftliche Liberalisierung voranzutreiben, um so Wachstum und Stabilität des Landes zu fördern. Kernelemente waren dabei u. a. die Reduzierung von Haushaltsdefiziten, die Förderung des Wettbewerbs, die Privatisierung staatlicher Unternehmen und die Liberalisierung des Handels. Kritisiert wurde, dass die realen politischen Gegebenheiten und damit die konkreten Umsetzungsmöglichkeiten zu wenig berücksichtigt wurden und die geforderte außenwirtschaftliche Liberalisierung die realen Möglichkeiten des Landes zu wenig einbezog. Zudem fanden soziale Aspekte und Armutsbekämpfung sowie ein notwendiger Aufbau von leistungsfähigen Institutionen zu wenig Berücksichtigung.

Obwohl die genaue Ausgestaltung der Konditionen auf IWF-Prognosen über den erforderlichen Anpassungsbedarf beruht, der naturgemäß bei jedem Land anders ausfällt, weisen sie ähnliche Grundmuster auf: Da es im Kern darum geht den öffentlichen und privaten Bedarf an Devisen zu verringern, verlangt der IWF i. d. R. eine Verringerung von Defiziten der *Leistungsbilanz* wie auch des *Staatshaushalts*. Dies soll üblicherweise dadurch erreicht werden, dass die Exporte bei gleichzeitiger Reduzierung der Importe gesteigert werden, der Staatshaushalt durch eine Steigerung der Steuereinnahmen und eine Senkung der Ausgaben saniert wird und die nationalen Finanzmärkte durch deregulierende Maßnahmen und eine Bekämpfung der Inflation effizienter werden (vgl. hierzu ausführlich ▶ Abschn. 7.4).

Neben diesen „regulären" Kreditmöglichkeiten stellt der IWF seinen Mitgliedern noch weitere **Kreditfazilitäten** zur Verfügung. Umfang, Bezeichnung und Bedingungen änderten sich im Zeitablauf: Einige Kreditfazilitäten wurden entweder abgeschafft oder in neue Fazilitäten integriert. Im Prinzip dienen jedoch alle nach wie vor primär der Bewältigung von Zahlungsbilanzproblemen und stellen für unterschiedliche Situationen und zu variierenden, marktorientierten Bedingungen Devisenkredite zur Verfügung. Zusätzlich zu Devisenkrediten zu marktorientierten Bedingungen stellt der IWF **konzessionäre Finanzhilfen** für einkommensschwache Länder zur Verfügung, die dazu beitragen sollen, diese Länder wirtschaftlich zu stabilisieren, dauerhaft Armut zu reduzieren und Wirtschaftswachstum zu ermöglichen.

Einen Überblick über die verschiedenen Kreditfazilitäten gibt ◘ Abb. 2.4.

Weitere konzessionäre Finanzhilfen
Neben den in ◘ Abb. 2.4 bereits aufgeführten konzessionären Finanzhilfen, die aus einem Treuhandfonds, dem *Poverty Reduction and Growth Trust* (PRGT) finanziert werden, wurde 2022 die Einrichtung eines zweiten Treuhandfonds beschlossen, des *Resilience and Sustainability Trust* (RST), über den Kredite einer weiteren konzessionären Fazilität, der *Resilience and Sustainability Facility* (RSF), finanziert werden. Diese Kredite sollen Maßnahmen gegen längerfristige strukturelle Herausforderungen, wie den Klimawandel oder Pandemien, finanzieren und damit das Risiko eines zukünftigen Zahlungsbilanzungleichgewichts mindern.

Geht der Devisenbedarf eines Landes über den durch diese zusätzlichen Fazilitäten geschaffenen Rahmen hinaus, kann der IWF in begründeten Ausnahmefällen auch Kredite in einem größeren Umfang bereitstellen. Darüber hinaus ist er Wegbereiter für multilaterale Kreditarrangements, indem er Kredit-Gesamtpakete schnürt, die auch öffentliche Mittel verschiedener nationaler Geber einschließen. Nicht alle Kredite müssen im Übrigen auch ausgezahlt werden. Häufig reicht einem devisenschwachen Land der zusätzliche Kreditrahmen, über den es im Bedarfsfall verfügen kann, sodass die Kredite gar nicht in Anspruch genommen werden müssen.

Die Höhe der in Anspruch genommenen IWF Kredite schwankt stark, lag aber in den letzten 20 Jahren mit wenigen Ausnahmen meist unter 20 Mrd. SZR (rund 30 Mrd. US$) pro Jahr, wobei etwa 60 bis 80 Länder pro Jahr Außenstände beim IWF haben. 2020 war bislang ein Ausnahmejahr: 113 Mrd US$ wurden an 23 Länder vergeben, davon 9 Mrd. US$ konzessionäre Kredite an 14 Länder (vgl. ◘ Abb. 2.5).

2.3.3 Überblick über die Aufgabenschwerpunkte des IWF

Wie erwähnt, sind die drei zentralen Aufgabenfelder des IWF die volkswirtschaftliche Überwachung der Mitgliedsländer, die Gewährung von Devisenkrediten und die Kapazitätsverbesserung. Abgesehen davon passt der IWF die **Schwerpunkte seiner Tätigkeit** dem jeweiligen weltwirtschaftlichen Umfeld an. In der folgenden Zusammenstellung wird in stark verkürzter Form versucht, anhand der weltwirtschaftlichen Entwicklungen einen Überblick darüber zu geben, welche Aufgaben in den genannten Perioden jeweils im Mittelpunkt der IWF-Tätigkeiten standen.[7]

---

[7] Vgl. hierzu vor allem die IWF-Jahresberichte der entsprechenden Jahre.

Finanzielle Unterstützung durch den IWF
(nach Jahr der Genehmigung; in Mrd. SZR)

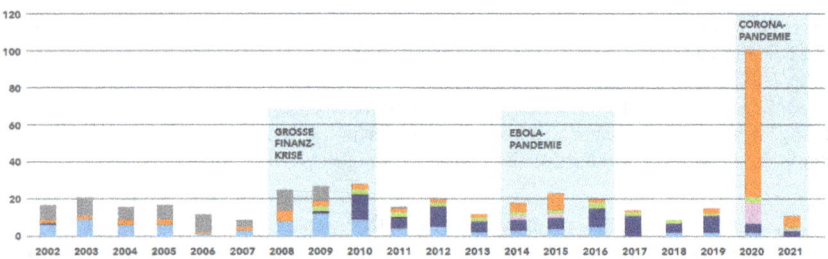

Quellen: IWF, MONA-Datenbank; Abteilung Finanzen des IWF; Abteilung Strategie, Grundsatzpolitik und Prüfung des IWF.

Hinweis: In den Daten für 2021 sind nur die Monate Januar bis April erfasst, nicht das gesamte Kalenderjahr. MONA = Monitoring of Fund Arrangements, ECF = Extended Credit Facility, EFF = Extended Fund Facility, FCL = Flexible Credit Line, PLL = Precautionary and Liquidity Line, RCF = Rapid Credit Facility, RFI = Rapid Financing Instrument, SBA = Stand-By Arrangement und SCF = Standby Credit Facility.

[1] In den Zahlen für PLL/FCL und RFI/RCF sind auch die Daten für Vorläuferinstrumente enthalten.

Abb. 2.5 IWF-Kredite. (Quelle: IWF Jahresbericht 2021)

(1) ab 1950: In den 1950er-Jahren unterstützte der IWF die Mitgliedsländer bei der Erreichung der *Konvertibilität* ihrer Währungen. Diese war Ende der 1950er-Jahre weitgehend erreicht. Anschließend konzentrierte er sich auf die Überwachung der *Stabilität* des Systems fester Wechselkurse von Bretton Woods und suchte zu verhindern, dass Mitgliedsländer ihre Währungen unkontrolliert abwerteten. Auch nach dem Zusammenbruch des BWS 1973 und der anschließenden Flexibilisierung der Wechselkurspolitik sind die IWF-Mitgliedstaaten verpflichtet, die Regeln des Fonds zur Wechselkursstabilisierung einzuhalten, Beschränkungen im zwischenstaatlichen Zahlungsverkehr zu vermeiden und sich zur Überwindung außenwirtschaftlicher Ungleichgewichte gegenseitig zu unterstützen.

(2) ab 1973: Ab 1973 konzentrierte sich der IWF stärker auf die Beratung der Mitgliedsländer. Im Rahmen der jährlichen *Konsultationen* mit den Mitgliedsländern analysieren IWF-Teams wirtschaftliche Situation, Ziele und Instrumente sowie die wirtschaftspolitischen Probleme der Länder, um so Zahlungsbilanzprobleme – in den 1970er-Jahren waren hiervon vor allem Industrieländer betroffen – schon im Vorfeld entschärfen zu können.

(3) ab 1982: Mit dem Beginn der Weltwirtschaftskrise 1982 bis zum Anfang der 1990er-Jahre spielte der IWF im Rahmen seiner Möglichkeiten,

also vor allem durch Vergabe von Devisenkrediten, eine wichtige Rolle bei der Bewältigung der *Schuldenkrise Lateinamerikas* (vgl. ▶ Abschn. 3.3). Da hierfür die üblichen kurzfristig orientierten Währungskredite nicht mehr ausreichten, wurden zusätzliche längerfristige Finanzierungsmöglichkeiten bereitgestellt und Umschuldungsinitiativen eingeleitet.

(4) ab 1989: Mit dem Zusammenbruch der zentralverwaltungswirtschaftlichen Systeme in Osteuropa Ende der 1980er-Jahre standen zunächst neue Kreditvereinbarungen mit den osteuropäischen und den GUS-Staaten[8] zur Unterstützung der Umgestaltung ihrer Wirtschaftssysteme im Mittelpunkt der IWF-Tätigkeit. Hierfür wurden zwischen 1993 und 1995 zusätzliche Kredite durch eine neu geschaffene Kreditfazilität, die *Systemic Transformation Facility* (STF), bereitgestellt. In der zweiten Hälfte der 1990er-Jahre standen Hilfsaktionen für Schwellenländer, zunächst für Mexiko (1994/95), später für Thailand, Korea und Indonesien (1997/98), Russland (1997/98) und Brasilien (1998) im Mittelpunkt der Tätigkeiten des IWF (vgl. ▶ Abschn. 3.3).

(5) ab 2000: Der Beginn der 2000er-Jahre war geprägt von internen *Reformbemühungen* des IWF. So wurde gefordert, die Überwachungsfunktion zu verbessern, um mögliche Finanz- und Währungsprobleme der Mitgliedsländer frühzeitiger erkennen und entschärfen zu können. Da sich in der Zwischenzeit der Zugang der meisten Schwellenländer zu den privaten Kapitalmärkten verbessert hatte und die Gefahr größerer Zahlungsbilanzkrisen einzelner Länder verringert schien, wurde zu diesem Zeitpunkt angenommen, dass die Finanzierungsfunktion des IWF weniger benötigt würde. Bis 2005 hatten die großen Schuldnerländer Brasilien, Russland und Argentinien ihre Schulden beim IWF entweder komplett oder zum großen Teil zurückgezahlt, sodass nur noch wenige Länder IWF-Kredite benötigten.

(6) ab 2005: In der zweiten Hälfte der 2000er-Jahre konzentrierte sich der IWF daher zunächst wieder stärker auf seine zentralen präventiven Funktionen: die Analyse der Kapitalmärkte sowie die Überwachung der Mitgliedsländer und deren Beratung. Während der *internationalen Finanzkrise* ab 2008 bis 2010 (vgl. ▶ Abschn. 4.4) versuchte der IWF die Folgen vor allem für die einkommensschwachen Länder abzufedern. Dafür legte er eine neue Kreditlinie, die *Flexible Credit Line* (FCL) auf,

---

8 In der „Gemeinschaft Unabhängiger Staaten" (GUS) schlossen sich 1991 verschiedene Nachfolgestaaten der früheren Sowjetunion (UdSSR) zusammen.

die diese Länder zu subventionierten Bedingungen nutzen konnten. Diese Kreditlinie wurde später durch eine zusätzliche *Vorsorgliche Kreditlinie (PCL)* ergänzt, die einer breiteren Gruppe von Ländern zur Verfügung stand.

(7) ab 2010: Zu Anfang der 2010er-Jahre ging die internationale Finanzkrise praktisch nahtlos in die *Eurokrise* über (vgl. ▶ Abschn. 6.1). Der IWF kooperierte bei der Krisenbewältigung mit der EU, er war Mitglied der „Troika" (zusammen mit EU-Kommission und EZB) und stellte Kredite für Griechenland, Irland und Portugal bereit, die zu diesem Zeitpunkt größten Schuldner des IWF. Die bilaterale und multilaterale Finanzüberwachung wurde daraufhin besser integriert, wiederum um Risiken frühzeitiger erkennen und auf diese schneller reagieren zu können.

(8) ab 2015: Da auch Mitte der 2010er-Jahre immer noch einige Länder von den Nachwirkungen der Finanzmarktkrisen und dem schwierigen Wirtschafts- und Finanzumfeld betroffen waren, wurden für diese Finanzhilfen in größerem Umfang bereitgestellt (112 Mrd. US$ für neun Länder). Zudem erhielten 20 einkommensschwache Länder, u. a. drei von einer Ebola-Epidemie betroffene westafrikanische Staaten, niedrig verzinste oder zinsfreie Darlehen. In den Folgejahren wurden weitere IWF-Instrumente verbessert. So wurde u. a. die Methodik zur Bewertung globaler Ungleichgewichte verfeinert, es wurden Prioritäten für Strukturreformen zur Förderung von nachhaltigem und inklusivem Wirtschaftswachstum, also einem Wachstum, das möglichst viele gesellschaftliche Gruppen und Schichten einschließt, gesetzt und ein neues Regelwerk für den Kampf gegen Korruption und schwache Regierungsführung erarbeitet. Zudem wurden die vorhandenen Rahmenwerke für die Bewertung der *Schuldentragfähigkeit* von Ländern umgestaltet.

(9) ab 2020: Mit Ausbruch der Corona-Pandemie standen die Bereitstellung von Krediten zu sehr günstigen Bedingungen sowie Schuldenerleichterungen für Länder im Mittelpunkt, die durch die Pandemiefolgen in wirtschaftliche Schwierigkeiten geraten waren. Der Zugang zu Notfall-Finanzierungsinstrumenten *(Rapid Credit Facility, RCF* und *Rapid Financing Instrument, RFI)* wurde verlängert, die Kreditfazilitäten aufgestockt und die Koordinierung mit der Weltbank für Kreditvergaben verbessert. Damit konnten in den ersten beiden Jahren der Dekade fast 300 Mrd. US$ an Krediten für mehr als 80 Länder bereit gestellt werden, zudem wurden 165 Länder volkswirtschaftlich überprüft und Maßnahmen zur Kapazitätsverbesserung intensiviert.

2.3 · Der Internationale Währungsfonds (IWF)

Sehr wichtig war auch die Entscheidung zusätzliche Sonderziehungsrechte (SZR) (vgl. ▶ Abschn. 2.4) im Wert von 650 Mrd. US$ (ca. 450 Mrd. SZR) zur Verfügung zu stellen, die größte Zuteilung in der Geschichte des IWF. Hierdurch konnten die Devisenreserven insbesondere der einkommensschwachen Länder ohne zusätzliche Schuldenbelastung aufgefüllt und ihre Liquiditätssituation erheblich verbessert werden.

- **Fazit**

Die Arbeit des IWF wurde in der Vergangenheit häufig kritisiert, u. a. wegen der Vermutung, dass sich die Dominanz der Industrieländer bei den Stimmrechten zu einer bevorzugten Wahrnehmung der Interessen der reicheren Länder auswirken würde. Ein Beleg schien zu sein, dass die Auflagen, die mit der Vergabe von Währungskrediten verknüpft waren, die Situation der betroffenen Entwicklungsländer zu wenig berücksichtige. Verschiedene in den letzten Jahren veröffentlichte Studien, konnten den „schlechten Ruf" des *Washington Consensus* jedoch nicht bestätigen.[9] Danach erhöhte sich in den untersuchten Ländern das BIP-Wachstum, z. T. nach anfänglichen Rückgängen, über einen längeren Zeitraum deutlich. Allerdings sind diese Effekte nicht eindeutig auf die IWF Auflagen zurückzuführen. Die Erfolgsaussichten einer liberalen marktorientierten Politik hängen vielmehr vor allem von dem Willen und der Kompetenz der Politiker ab eine solche Politik auch durchzuführen. Die IWF-Auflagen bewirkten aber mit Sicherheit in vielen Ländern ein Umdenken, wobei die entsprechende Implementierung nicht zwingend unmittelbar erfolgte, sodass sich auch Erfolge nicht sofort einstellten.

In jedem Fall hat sich der dreistufige Ansatz des IWF: „Gesundheitscheck" der Mitglieder, Finanzhilfen und Kapazitätsentwicklung offensichtlich bewährt, ebenso die Kombination aus regulären und konzessionären Währungskrediten. Wichtig ist hierbei auch die Funktion des IWF als „Türöffner" für weitere private und öffentliche Kredite. Schließlich zeigten die Schwerpunktsetzungen der vergangenen Jahrzehnte auch, dass sich der IWF schnell auf veränderte Weltwirtschaftssituationen einstellte und somit die Rolle einer funktionierenden „Finanz-Feuerwehr" übernehmen konnte. Es ist davon auszugehen, dass er diese Funktion auch zukünftig wahrnehmen und so zu einer Stabilisierung der Finanzmärkte beitragen wird. Dies wird auch deswegen wichtig sein, weil zukünftige Schuldenkrisen bereits absehbar sind (vgl. ▶ Kap. 7).

---

9 Vgl. Grier et al. (2021) und Archibong, B. et al. (2021).

2.4 Währungsreserven und Sonderziehungsrechte

Der weltweite Bedarf an Währungsreserven zur Deckung von Zahlungsbilanzdefiziten nahm gegen Ende der 1960er-Jahre und verstärkt nach dem Zusammenbruch des Bretton-Woods-Systems stark zu. So stiegen die offiziellen *Weltwährungsreserven* (ohne Gold) der Zentralbanken zwischen 1965 und 2022 von nur 71 Mrd. US$ auf über 12 Bio. US$. Wesentliche Ursachen für den starken Anstieg waren zunächst hohe Leistungsbilanzüberschüsse einiger Länder, der zunehmende Finanzierungsbedarf für Importe und internationale Finanztransaktionen aller Art, sowie der Interventionsbedarf der Zentralbanken zur Stützung ihrer Landeswährungen.

Rund 80 % der globalen Währungsreserven entfallen seit Anfang der 2000er-Jahre auf nur zwei Währungen, den US$ und den Euro. 2022 wurden 58 % in US$ und 21 % in Euro gehalten, die übrigen Währungsreserven entfielen vorwiegend auf den japanischen Yen, das britische Pfund Sterling und den chinesischen Yuan (zusammen 14 %). Die Vorrangstellung des US$ hängt u. a. damit zusammen, dass der amerikanische Kapitalmarkt die größte Auswahl an festverzinslichen Wertpapieren bietet und der US$ am effektivsten für Stützungskäufe auf den Devisenmärkten eingesetzt werden kann. Über die größten Devisenreserven verfügen seit Anfang der 2000er-Jahre Japan und China mit zusammen derzeit etwa 4,6 Bio. US$, also mehr als einem Drittel der gesamten Weltwährungsreserven (vgl. ◘ Abb. 2.6).

Um den US$ in der Endphase des BWS als Hauptreservewährung zu entlasten und so das Weltwährungssystem zu stabilisieren und um gleichzeitig einer seinerzeit diagnostizierten *internationalen Liquiditätsknappheit* zu begegnen, wurde 1969 beschlossen zusätzliche Währungsreserven in Form von **Sonderziehungsrechten (SZR)** (*Special Drawing Rights*, SDR) zu schaffen. Diese zusätzlichen, künstlich geschaffenen Währungsreserven werden allein vom IWF gesteuert und kontrolliert. Sie werden zwar für alle IWF-Mitglieder bereit gestellt, sollen aber vor allem den Ländern helfen, die unter einer chronischen Devisenknappheit infolge von Zahlungsbilanzungleichgewichten leiden. Durch die SZR erhalten die Mitglieder, unabhängig von ihrer Zahlungsbilanzentwicklung, ein „zusätzliches Ziehungsrecht", mit dem sie ihre Devisenreserven ergänzen können.

SZR stellen einen Anspruch gegenüber der Gesamtheit der IWF-Mitglieder auf Überlassung konvertibler Währung dar. Sie werden ohne vorherige Einzahlung auf der Grundlage der IWF-Quote als Buchgeld zugeteilt und im internationalen Zahlungsverkehr zwischen Zentralbanken wie konvertible Währungen akzeptiert. Für *direkte* Transaktionen auf den Devisen-

2.4 · Währungsreserven und Sonderziehungsrechte

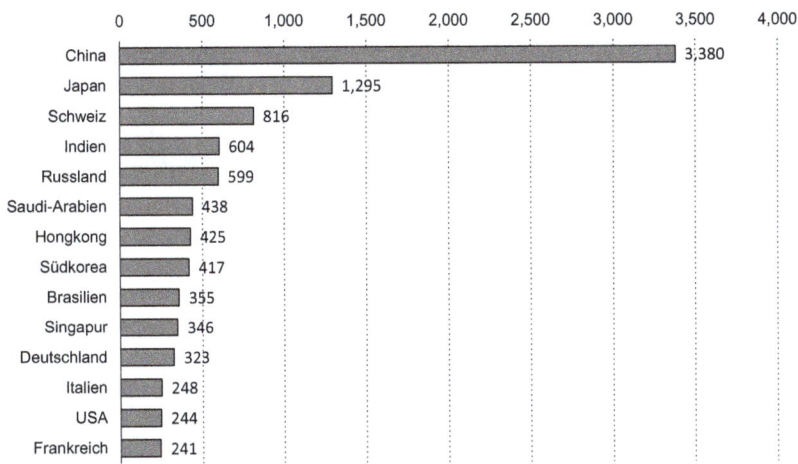

Abb. 2.6 Währungsreserven ausgewählter Länder (in Mrd US$, Stand: 2023). (Quelle: https://de.statista.com/statistik/daten/studie/157870/umfrage/waehrungsreserven-ausgewaehlter-laender/ (2025))

märkten können SZR nur verwendet werden, nachdem sie in die jeweils benötigte Währung eingetauscht wurden. Jedes Mitgliedsland ist daher verpflichtet, SZR von anderen Zentralbanken in einem begrenztem Umfang gegen konvertible Währung einzutauschen. Zwischen 1970 und 1997 erhielten die Mitgliedsländer in mehreren Zuteilungen insgesamt 43 Mrd. SZR. Die größten SZR-Zuteilungen stellte der IWF dann jedoch 2009 während der internationalen Finanzkrise und 2021 während der Corona-Pandemie bereit: 161 und 466 Mrd SZR. Damit belaufen sich die insgesamt zugeteilten Mittel auf rund 660 Mrd. SZR (knapp 900 Mrd. US$).

Der Wert eines SZR wird seit 1974 auf der Grundlage eines *Währungskorbs* ermittelt, dessen Zusammensetzung alle fünf Jahre überprüft wird. Entsprechend der Bedeutung der jeweiligen Währung für den Welthandel und für ihre Reservefunktion werden die jeweiligen Währungsanteile angepasst. Seit 2016 besteht der Korb aus fünf Währungen: dem US$, dem Euro, dem chinesischen Yuan, dem japanischen Yen und dem britischen Pfund Sterling. Die letzte Überprüfung der jeweiligen Anteile fand im Juli 2022 statt. Die derzeitige Aufteilung des Währungskorbs zeigt Abb. 2.7.

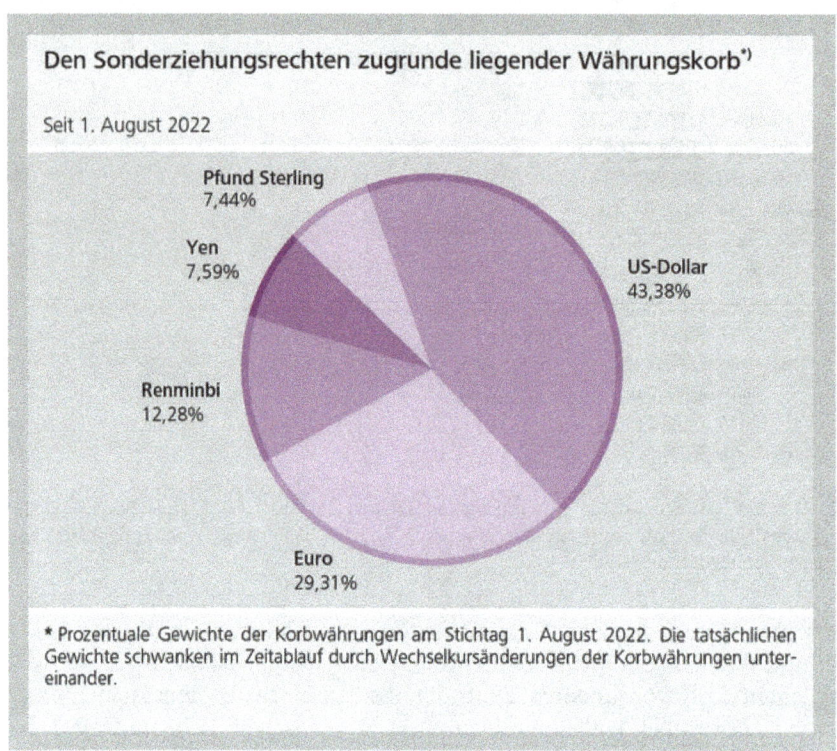

■ **Abb. 2.7** Der SZR-Währungskorb. (Quelle: Deutsche Bundesbank, o.J.)

Wegen der vergleichsweise geringen Wechselkursschwankungen ist das SZR auch die *Recheneinheit* des IWF und wird auch häufig auf internationaler Ebene als Recheneinheit benutzt. In den letzten 20 Jahren bewegte sich der SZR-Wert zwischen 1,25 US$ und 1,61 US$, Ende 2024 lag der Wert bei etwa 1,30 US$.

▶ **Beispiel SZR-Berechnung**

Der Wert eines SZR wird börsentäglich zunächst in US$ errechnet, indem die Gegenwerte der Währungen des Währungskorbes in US$ ermittelt und die Prozentanteile addiert werden. Der Wert eines SZR in einer nationalen Währung (z. B. in Euro) wird dann errechnet, indem der ermittelte SZR-Wert, z. B. 1,40 US$, mit dem Devisenkurs der jeweiligen Landeswährung (z. B. 1 US$ = 0,90 €) multipliziert wird (1,4 × 0,90 = 1,26 €). ◀

Auch wenn die Bedeutung von SZR für die Bereitstellung internationaler Liquidität verhältnismäßig gering geblieben ist, wird die Forderung Sonderziehungsrechte abzuschaffen nicht ernsthaft erhoben. Auch Kritiker sehen den Vorteil, dass SZR bei internationalen Währungskrisen zumindest die Basis eines internationalen währungspolitischen Sicherheitsnetzes bilden können. Insbesondere auch deswegen, weil für eine größere Gruppe von hoch verschuldeten Mitgliedsländern der Zugang zu den internationalen Kapitalmärkten in Krisensituationen schwierig sein wird.

2.5 Lernkontrolle

Kurz und bündig

Noch während des Zweiten Weltkriegs, im Juli 1944, wurde im Rahmen einer Währungs- und Finanzkonferenz der UN ein System fester Wechselkurse, das *Bretton-Woods-System*, beschlossen, zudem wurden zwei Organisationen gegründet, der *Internationale Währungsfonds* (IWF) und die *Weltbank*. Zentrale Elemente des Bretton-Woods-Systems (BWS) waren der *Gold-Devisenstandard*, die Rolle des US$ als *Leitwährung*, die Möglichkeit von *Paritätsänderungen* sowie die Bereitstellung von *Devisenkrediten* durch den neugegründeten IWF. Beim Gold-Devisen-Standard gab es keine festen Deckungsvorschriften, die Deckung wurde flexibel gehandhabt. Der US$ war *Leitwährung* und damit gleichzeitig *Hauptreservewährung* des Systems. Sein Wert wurde durch seine Relation zum Gold bestimmt. Wie bei einem System fester Wechselkurse üblich, waren die Mitglieder verpflichtet, durch Interventionen ihrer Zentralbank die Stabilität ihrer Währungen zu sichern. Im BWS durften die Wechselkurse innerhalb einer Bandbreite von zunächst ± 1 %, später ab 1971, um ± 2,25 % schwanken. Zur Überbrückung von dabei auftretenden Devisenproblemen sah das Abkommen ein System *multilateraler Finanzierungshilfen* vor, das über den IWF abgewickelt wurde, zudem waren fallweise *Paritätsänderungen* bei fundamentalen Ungleichgewichten der Zahlungsbilanzen vorgesehen. Voraussetzung für die Funktionsfähigkeit des Systems war die Einführung der *Leistungsbilanzkonvertibilität* durch die wichtigsten Welthandelsländer. Ab Mitte der 1960er-Jahre wurde das BWS allerdings zunehmend störanfälliger und zu Beginn der 1970er-Jahre praktisch funktionsunfähig. Nach mehreren Abwertungen des US$ verkündete *Richard Nixon* im März 1973 die völlige Freigabe des Dollarkurses. Das BWS war damit Geschichte, es entstanden globale Finanz- und Kapitalmärkte, die Zentralbanken erhielten neue zusätzliche Aufgaben, u. a. auch bei der Entschärfung neuer Finanzkrisen.

Im März 1947 nahm der Internationale Währungsfonds (IWF) seine Arbeit auf. Seine zentrale Aufgabe ist es, die internationale Zusammenarbeit auf dem Gebiet der Währungspolitik zu fördern, um die Funktionsfähigkeit und Stabilität des internationalen Währungssystems zu sichern. Dadurch soll der internationale Handel erleichtert und die Beschäftigung sowie nachhaltiges Wirtschaftswachstum gefördert werden. Aus diesen Zielen werden drei Kernaufgaben abgeleitet: *Volkswirtschaftliche Überwachung* der Mitgliedsländer, *Vergabe von Devisenkrediten* an Mitgliedsländer mit akuten Zahlungsbilanzproblemen und die Unterstützung der Mitgliedsländer durch *fachliche Beratung* und Ausbildung in zentralen Themen der Wirtschafts- und Fiskalpolitik.

Der Zugang eines Mitgliedslands zu Devisenkrediten bestimmt sich grundsätzlich nach seiner *Quote*, ist aber i. d. R. auch an *Konditionen* geknüpft, durch die das Land seine Zahlungsbilanzprobleme innerhalb eines akzeptablen Zeitraums lösen soll. Zusätzlich zu Devisenkrediten zu marktorientierten Bedingungen stellt der IWF *konzessionäre Finanzhilfen* für einkommensschwache Länder zur Verfügung, die dazu beitragen sollen, die Länder wirtschaftlich zu stabilisieren, dauerhaft Armut zu reduzieren und Wirtschaftswachstum zu ermöglichen. Insgesamt hat sich der dreistufige Ansatz des IWF bewährt. Zudem zeigten die Schwerpunktsetzungen der vergangenen Jahrzehnte auch, dass sich der IWF schnell auf veränderte Weltwirtschaftssituationen einstellte und somit die Rolle einer funktionierenden „Finanz-Feuerwehr" übernehmen konnte.

Um den US$ in der Endphase des Bretton-Woods-Systems als Hauptreservewährung zu entlasten und so das Weltwährungssystem zu stabilisieren wurden ab 1969 zusätzliche, künstliche Währungsreserven in Form von *Sonderziehungsrechten (SZR)* eingeführt, die allein vom IWF gesteuert und kontrolliert werden. Sie werden zwar für alle IWF-Mitglieder bereit gestellt, sollen aber vor allem den Ländern helfen, die unter einer chronischen Devisenknappheit infolge von Zahlungsbilanzungleichgewichten leiden.

Let's check

1. Worin liegt der Unterschied zwischen einem *Gold-Standard* und einem *Gold-Devisen-Standard*?
2. Warum wird der US$ im BWS als *Leitwährung* bezeichnet?
3. Welche Entwicklungen führten zum *Zusammenbruch* des *BWS*?

4. Welche Vorteile haben die Mitgliedsländer durch die *Volkswirtschaftliche Überwachung*?
5. Worin unterscheiden sich Finanzmittel, die im Rahmen der *Reservetranche* bzw. als *Bereitschaftskredite* von Mitgliedsländern in Anspruch genommen werden?
6. Stellen Sie in drei selbst gewählten Perioden die *Schwerpunkte der IWF-Tätigkeit* dar und begründen diese kurz.
7. Welche Rolle spielen *Sonderziehungsrechte* (SZR) und wie wirksam sind sie?

Vernetzende Aufgabe – recherchieren, analysieren, beurteilen

Die Rolle des IWF wird sehr unterschiedlich beurteilt. Was spricht für, was gegen den IWF und seine Rolle in der internationalen Währungspolitik?

Literatur

Literatur Kapitel 2[10]

Archibong, B. et al. (2021) Washington Consensus Reforms and Lessons for Economic. Performance in Sub-Saharan Africa. Journal of Economic Perspectives. No. 35 (3), p. 133–156. https://pubs.aeaweb.org/doi/pdfplus/10.1257/jep.35.3.133

Deutsche Bundesbank (o.J.) Geld und Geldpolitik. https://www.bundesbank.de/resource/blob/606038/b481a5a4c7c3df8608802fcc212004d2/ 472B63F073F071307366337C94F8C870/geld-und-geldpolitik-data.pdf

Grier, K. et al. (2021) The Washington Consensus Works: Causal Effects of Reform, 1970–2015; in: Journal of Comparative Economics. September 2020, p. 59–72.

IMF (2022) Members' Quotas and Voting Power, and IMF Board of Governors, update: 30.10.2024. https://www.imf.org/en/About/executive-board/members-quotas

IWF (2022) Jahresbericht 2022. https://www.imf.org/external/pubs/ft/ar/2022/downloads/imf-annual-report-2022-german.pdf

IWF (2023) Jahresbericht 2023. https://www.elibrary.imf.org/display/book/9798400240539/9798400240539.xml

Jarchow/Rühmann (2002) Monetäre Außenwirtschaft, Teil II: Internationale Währungspolitik; Göttingen, 5. Aufl.

---

10 Letzter Zugriff auf die unter „Literatur" und „Links" genannten Internetquellen jeweils 03/2025.

Links

IWF-Quoten: https://www.bundesbank.de/resource/blob/692088/2bf1b347d748a57f6d19ad-d4aba95410/mL/2002-09-stimmrechtsanteile-data.pdf
Keynes und White: https://www.fuw.ch/article/nmtm-die-ueberraschende-gruendungs geschichte-des-iwf
Weltwirtschaftskrise 1929: https://www.youtube.com/watch?v=X5ZMD6dvXew

Neuordnung des internationalen Währungssystems

Inhaltsverzeichnis

3.1 Internationale währungspolitische Kooperation – 59

3.2 Vorschläge zur Stabilisierung der Wechselkurse – 63

3.3 Internationale Währungs- und Finanzkrisen in den 1980er- und 1990er-Jahren – 65

3.4 Vorschläge und Ansätze zur Verhinderung von Währungs- und Finanzkrisen – 71

3.5 Fallstudie USA: Die neue Unordnung der Weltwirtschaft – eine aktuelle Momentaufnahme – 76

3.6 Lernkontrolle – 84

Literatur – 86

© Der/die Autor(en), exklusiv lizenziert an Springer Fachmedien Wiesbaden GmbH, ein Teil von Springer Nature 2025
E. Koch, *Internationale Währungs- und Finanzbeziehungen*, Studienwissen kompakt, https://doi.org/10.1007/978-3-658-48712-6_3

> **Lernagenda**
>
> **Folgende Fragen werden in Kapitel 3 beantwortet:**
> - Welche neuen *währungspolitischen Spielräume* eröffneten sich den Ländern nach dem Zusammenbruch des festen Wechselkurssystems von Bretton Woods?
> - Warum wurden nun neue *währungspolitische Kooperationen* notwendig?
> - Welche Rolle spielen in diesem Zusammenhang die *G7* und die *G20*?
> - Warum können die 1990er-Jahre als das Jahrzehnt der *Währungs- und Finanzkrisen* bezeichnet werden?
> - Was waren *Ursachen* für die Entstehung von Währungs- und Finanzkrisen und mit welchen *Instrumenten* wurden sie entschärft?

Der Zusammenbruch des weltweiten festen Wechselkurssystems zwang die Länder, neue Lösungen zur Gestaltung ihrer Währungsbeziehungen zu finden. Während einige Länder bzw. Ländergruppen sich weiterhin für feste Wechselkursbeziehungen gegenüber ihren Haupthandelspartnern entschieden, bevorzugten andere Länder *flexible Wechselkurse*, von denen sie sich verschiedene Vorteile erhofften. So sollten *abrupte Kursschwankungen* vermieden werden und Angebot und Nachfrage, also die Marktkräfte, den „richtigen" Wechselkurs finden. Zugleich wollte man wieder nationale wirtschafts- und *geldpolitische Autonomie* erreichen, indem man nun nicht mehr gezwungen war, feste Paritäten durch Interventionen zu verteidigen. Weiterhin sollten inflationäre Tendenzen, die durch den erzwungenen Ankauf von Fremdwährung entstehen, vermieden werden und eine ungewollte Verringerung der eigenen Devisenreserven aufgrund von notwendigen Stützungskäufen musste nun nicht mehr hingenommen werden. Flexible Wechselkurse sollten eigenständige, auf die nationalen Verhältnisse abgestimmte konjunktur- und wachstumspolitische Entscheidungen ermöglichen. Schließlich erwartete man eine Verringerung von Ungleichgewichten der *Leistungsbilanzen*: Bei Leistungsbilanzdefiziten sollten sich durch eine „natürliche" Abwertung der nationalen Währung die Exporte verbilligen, während bei Leistungsbilanzüberschüssen eine Aufwertung der eigenen Währung die Importe verbilligen würden. Durch diesen *Zahlungsbilanzautomatismus* sollte sich eine quasi automatische Tendenz zum Zahlungsbilanzausgleich ergeben.

3.1 Internationale währungspolitische Kooperation[1]

Der Zusammenbruch des festen Wechselkurssystems von Bretton Woods eröffnete also den Ländern neue Möglichkeiten und Spielräume. Es zeigte sich aber sehr schnell, dass mit den neuen Chancen auch Risiken und Gefahren verknüpft waren, die neue Formen internationaler währungspolitischer Kooperation erforderten, wobei diese aber gleichzeitig die neu gewonnenen Freiheiten wieder einschränkten.[2] Durch eine Änderung des IWF-Abkommens, die 1978 in Kraft trat, war es jedem IWF-Mitgliedsland grundsätzlich freigestellt, selbst über die Art der Wechselkursregelung zu bestimmen. Bis zum Jahr 2000 waren daraufhin fast 80 Länder zu einem kontrollierten oder freien Floating ihrer Währung übergegangen.[3] Mit der Zunahme der Bedeutung flexibler Wechselkurse stieg aber auch der internationale Koordinierungsbedarf, wobei zunächst konkrete währungspolitische Abstimmungsnotwendigkeiten im Vordergrund standen.

Die weltwirtschaftliche Entwicklung der 1970er-Jahre war maßgeblich bestimmt durch die Erhöhung der Rohölpreise 1973 (vgl. *Links:* Ölpreiskrise), die sich anschließende Weltrezession 1974/75 und die nachfolgenden Versuche, durch nationale wirtschaftspolitische Programme die eigenen Wirtschaften wieder anzukurbeln. Neben einigen anderen Ländern waren insbesondere die USA gezwungen, ihre Währung durch Interventionen auf den Währungsmärkten zu „verteidigen", um den Wechselkurs ihrer Währungen aufgrund des Devisenzuflusses in die USA nicht allzu stark ansteigen zu lassen. Die erhoffte Steigerung der Handlungsautonomie stellte sich also nicht ein. Es zeigte sich damit sehr schnell, dass der generelle Übergang zum Floating instabile Wechselkursverhältnisse und größere Wechselkursschwankungen keineswegs beseitigte. Ab Mitte der 1970er-Jahre nahmen daher die Bemühungen zu, die Wechselkurse, und hierbei vor allem den Kurs des US$, durch internationale Kooperations- und Interventionsvereinbarungen wieder zu stabilisieren. 1975 trafen sich zum ersten Mal die Staats-

---

1 Vgl. zu diesem Abschnitt: Eichengreen (1999).
2 Eine Ausnahme machten die europäischen Staaten. Schon 1972 vereinbarten sie mit dem *Europäischen Wechselkursverbund* ein festes Wechselkurssystem. Auf den ambivalenten Erfahrungen des Wechselkursverbundes aufbauend, wurde das *Europäische Währungssystem* (EWS) gegründet, das dann direkt in die *Europäische Wirtschafts- und Währungsunion* (EWWU) überging (vgl. ▶ Kap. 5).
3 Nach unterschiedlichen Erfahrungen kehrte sich dieser Trend in den Folgejahren jedoch um: 2022 hatten nur noch 65 Länder ein flexibles Währungssystem, vgl. Deutsche Bundesbank (2024).

und Regierungschefs der führenden Wirtschaftsnationen im Rahmen eines *Weltwirtschaftsgipfels* mit dem Ziel Wirtschafts- und Finanzprobleme zu erörtern und nach gemeinsamen Lösungen zu suchen.

Weltwirtschaftsgipfel / G7

Diese neue Form der Zusammenarbeit war von den beiden früheren Regierungschefs Frankreichs und Deutschlands *Valérie Giscard d'Estaing* und *Helmut Schmidt* initiiert worden. Eigentliches Ziel dieser Initiative war es, angesichts des inzwischen eingetretenen Verfalls des US$, die USA zu einer auf Stabilität ausgerichteten Wechselkurspolitik zu verpflichten. Beim ersten Weltwirtschaftsgipfel 1975 in *Rambouillet*, Frankreich, trafen sich die Regierungschefs sowie die Außen- und Finanzminister der fünf führenden Wirtschaftsnationen USA, Japan, Deutschland, Frankreich und Großbritannien (G5). Als Vorsitzender des *Europäischen Rats* nahm Italien als sechstes Mitglied teil. Später wurde neben Italien auch Kanada Mitglied der *Group of Seven* (**G7**), die sich in den nächsten Jahrzehnten zu einem informellen Steuerungsgremium der Weltwirtschaft entwickelte.[4] Die Gipfeltreffen stellten insofern eine entscheidende Neuerung dar, als hier zum ersten Mal Wirtschaftskoordinationsgespräche auf höchster Ebene stattfanden. Zuvor waren Wirtschaftsthemen meist nur auf der Ebene der Finanzminister und Notenbankchefs besprochen worden.

Ansätze für weitergehende konzertierte währungspolitische Aktionen gab es zu diesem Zeitpunkt noch nicht, sodass nach wie vor nationale geld- und währungspolitische Alleingänge dominierten. So war man auch nicht in der Lage, die weltwirtschaftlichen Trends zu hohen Inflationsraten und steigenden Zinsen zu stoppen. Damit wuchs auch die Gefahr der Zahlungsunfähigkeit vieler inzwischen hoch verschuldeter Entwicklungsländer und damit die Gefahr einer Krise des internationalen Finanzsystems. Die sich aus diesen Entwicklungen ergebenden Folgen sowie die zu Beginn der 1980er-Jahre in den meisten Industrieländern einsetzende Neuorientierung der Wirtschaftspolitik, mit der man zugleich die Inflation bekämpfen und die Wirtschaft liberalisieren wollte, verbesserte in den folgenden Jahren die Voraussetzungen für eine effizientere internationale wirtschafts- und währungspolitische Zusammenarbeit.

Plaza-Abkommen

Als *Plaza-Abkommen* (benannt nach dem Veranstaltungsort der Konferenz, dem damaligen *Plaza Hotel* in New York) wurde eine 1985 erzielte Übereinkunft bekannt, durch die sich auch die USA nach einer Phase der Nicht-Einmischung in Währungsfragen *(benign neglect)* zu Interventionen bereit erklärten. Folge der Anstoßwirkung dieser Konferenz war eine Abwertung des US$ um etwa 40 % innerhalb von etwa eineinhalb Jahren, die verbunden war mit einem starken Anstieg anderer Wechselkurse, vor allem der D-Mark und des japanischen Yen.

---

4   Mitte der 1990er-Jahre bis zur Annexion der Krim durch Russland 2014 war Russland zeitweise reguläres Mitglied der zwischenzeitlich als G8 bezeichneten Ländergruppe; vgl. *Links*: G7.

3.1 · Internationale währungspolitische Kooperation

Auf dem *Weltwirtschaftsgipfel 1986* in Tokio wurde der Kooperationsprozess weiter intensiviert: Die Teilnehmer verständigten sich auf ein Konzept der regelmäßigen *multilateralen Überwachung* der Wirtschaftspolitik und arbeiteten hierbei eng mit dem IWF zusammen. So wurde vereinbart, die Wirtschaftsentwicklung in diesen Ländern anhand von W*irtschaftsindikatoren* regelmäßig zu überprüfen, um so zur Stabilisierung der internationalen Wirtschaftsentwicklung im Allgemeinen und der Wechselkurse im Besonderen beizutragen. Die Länder verpflichteten sich, bei signifikanten Abweichungen von gewünschten, aber geheim gehaltenen Zielwerten korrigierend einzugreifen.

Louvre Akkord
Zuvor waren die Bemühungen um mehr Stabilität im internationalen Währungsgefüge im Februar 1987 durch den Pariser *Louvre-Akkord* – mit dem der weitere Verfall des Dollarkurses gestoppt und die Wechselkurse im Bereich des aktuellen Niveaus stabilisiert werden sollten – fortgesetzt worden. Hierzu wurde sowohl ein als „richtig" angesehener *Gleichgewichtswechselkurs* für den US$ von etwa 1,82 DM sowie eine zunächst geheim gehaltene Bandbreite von ± 2,5 % festgelegt. Innerhalb dieses Bereichs sollte der Kurs durch konzertierte, freiwillige Interventionen der beteiligten Länder abgesichert werden.

Zwar wurde auf den Weltwirtschaftsgipfeln *1988 (Toronto) und 1989 (Paris)* weiterhin die Notwendigkeit wirtschafts- und währungspolitischer Abstimmung betont und verschiedene Konzepte zur Stabilisierung der Kurse diskutiert (vgl. ▶ Abschn. 3.2), eine Einigung auf eines der Konzepte erfolgte jedoch nicht. Hauptsächlich auch deswegen, weil der Verfall des US$ von den USA als Mittel zur Verbesserung ihrer internationalen Wettbewerbsfähigkeit nicht ungern gesehen wurde und diese eher zu einer Fortsetzung ihrer Politik des *benign neglect* veranlasste. Zunehmend trat nun die Erkenntnis in den Vordergrund, dass eine solide nationale Finanz- und Wirtschaftspolitik die beste Voraussetzung für angemessene Währungsverhältnisse schaffe. Nach der Bewältigung einer weiteren Finanzkrise, der *Mexiko-Krise* (1994/95) (vgl. ▶ Abschn. 3.3), wurden weitere Instrumente zur effektiven Krisenprävention diskutiert. So sollten u. a. Standards zur Eindämmung von Finanzmarktrisiken entwickelt werden.

Von den Schwellenländern war angesichts ihrer zunehmenden weltwirtschaftlichen Bedeutung die dominierende Rolle der Industrieländer und der G7 kritisiert worden. Ende 1999 wurde daher auf einer Weltwirtschaftskonferenz in Berlin ein neues internationales Koordinationsforum, die *Gruppe der 20* (G20), gegründet. *Mitglieder* sind 19 Industrie- und Schwellenländer: die G7, die 5 BRICS-Staaten (Brasilien, Russland, Indien, China, Südafrika), Argentinien, Australien, Indonesien, Mexiko, Saudi-Arabien,

Südkorea, Türkei, sowie der jeweils amtierende Ratspräsident der EU (vgl. *Links*: G20). Die G20 repräsentiert über 85 % des globalen BIP, etwa 75 % des Welthandels und rund zwei Drittel der Weltbevölkerung. Zu den jährlichen Treffen werden weitere Länder sowie Vertreter von IWF, Weltbank, der UN und der OECD eingeladen. Ziel der G20 ist die Stabilisierung der Finanzmärkte, um die Entstehung von globalen Währungs- und Finanzkrisen schon im Vorfeld zu entschärfen und die Schwellenländer in viel stärkerem Maße als zuvor mit einzubinden. Während der Finanzkrise 2007/08 wurde die G20 zu dem wichtigsten Koordinierungsgremium auf internationaler Ebene und trug wesentlich zur Stabilisierung der Finanzmärkte bei.

- **Fazit**

Betrachtet man die Entwicklung des US$-Wechselkurses, die weiterhin großen weltwirtschaftlichen Ungleichgewichte und die sehr hohe und immer weiter zunehmende Auslandsverschuldung der USA und vieler Entwicklungsländer, so waren die Erfolge der internationalen Währungspolitik sehr begrenzt. Vor allem führte die neue Wechselkursflexibilität keineswegs automatisch zu einem Abbau der *Ungleichgewichte* in den *Leistungsbilanzen* und einer Verringerung der Importüberschüsse vieler Länder. Flexible Wechselkurssysteme konnten damit die in sie gesetzten Erwartungen nicht bzw. nicht in vollem Umfang erfüllen (vgl. ▶ Abschn. 1.3.1). Große Schwankungen der Kurse sowie hohe Leistungsbilanzdefizite und die damit einhergehende Auslandsverschuldung gefährden jedoch die weltwirtschaftliche Stabilität. Bewegungen der Wechselkurse waren zwar erwartet worden, aber nicht die heftigen, zum Teil abrupten Kursschwankungen, die durch die umfangreichen spekulativen internationalen Finanzströme ausgelöst wurden. Selbst irrationale Erwartungen und Informationen veranlassen die Finanzanleger äußerst schnell und heftig zu reagieren *(overshooting)*, um Gewinnchancen zu realisieren oder Verluste zu vermeiden. Devisentransaktionen in Größenordnungen von – in Extremsituationen – mehreren Billionen US$ pro Tag *(hot money movements)* sind keine Seltenheit. Hierdurch können extreme Schwankungen der Devisen- und Wertpapierkurse *(Volatilitäten)* ausgelöst werden, die unmittelbar die Realwirtschaft beeinflussen und entweder bestehende Probleme vergrößern oder neue Probleme hervorrufen. Notwendige Reaktionen auf politisch-ökonomische Fehlentwicklungen werden so erschwert oder unmöglich gemacht.

Bubble-Theorie
Die spekulationsbedingten Wechselkursschwankungen werden z. T. auch mit „Seifenblasen" *(bubbles)* verglichen. Nach der *„Bubble-Theorie"* entfernt sich der Wechselkurs infolge spekulationsbedingter Währungstransaktionen, die durch Erwartungen über die Entwicklung des Wechselkurses ausgelöst wurden, immer weiter von einem *Gleichgewichtskurs*, der sich aufgrund von fundamentalen Marktdaten ergeben müsste. Erweisen sich die Erwartungen dann als falsch, bricht der Kurs plötzlich zusammen. Häufig entstehen die *bubbles* aufgrund einer *self-fulfilling prophecy:* Je mehr Spekulanten aufgrund ihrer Erwartungen die betreffende Währung kaufen, desto größer ist die Wahrscheinlichkeit, dass sich die „falschen" Erwartungen auch schnell realisieren. Solange sich diese erwartungsgetriebenen Aktionen der Marktteilnehmer fortsetzen, ist ein Platzen der Blase unwahrscheinlich. Dies wird erst dann der Fall sein, wenn sich die Erwartungen nicht erfüllen.

Im BWS war die nationale Geldpolitik eher auf ein externes Gleichgewicht ausgerichtet und der internationale Kapitalverkehr war durch eine Vielzahl von Beschränkungen stark begrenzt. Es gab zwar auch Währungsungleichgewichte, jedoch keine bedeutenden Phasen der Finanzinstabilität.[5] Nun aber war deutlich geworden, dass das Instrumentarium zur Verhinderung allzu großer Wechselkursschwankungen erheblich verbessert werden musste. Trotzdem wurden auch die im nächsten Abschnitt kurz vorgestellten Ansätze zu einer Stabilisierung der Wechselkurse allenfalls nur ansatzweise umgesetzt.

3.2 Vorschläge zur Stabilisierung der Wechselkurse

Die Erfolgsaussichten von währungspolitischen Interventionen sind also offensichtlich begrenzt. Während einerseits nicht alle Länder in gleichem Umfang bereit sind, mehr oder weniger verbindliche währungspolitische Vereinbarungen umzusetzen, sind andererseits auch die verfügbaren Interventionsinstrumente nur eingeschränkt wirksam: Angesichts des gewaltigen Volumens der spekulativen Finanzströme sind die begrenzten staatlichen Interventionsmittel nicht in der Lage, eine Stabilisierung der Wechselkurse *gegen* den Markttrend zu bewirken. Allerdings sind die Anstöße, die von einer gemeinsam getragenen Wechselkurspolitik ausgehen, wenn die Zentralbankinterventionen entschlossen und koordiniert durchgeführt werden, zweifellos in der Lage, in labilen Situationen *Signaleffekte* zu geben. Sie können dann die Richtung von

---

5 vgl. BIZ (2015) S. 102. Eine wichtige Quelle für die Entwicklung der internationalen Währungs- und Finanzpolitik sind die einschlägigen Kapitel der Jahresberichte der BIZ insbesondere ab 2009.

Wechselkursentwicklungen mitbestimmen, indem sie bestehende Entwicklungen verstärken oder sogar auslösen. Auf diese Weise können währungspolitische Auswirkungen von welt- und wirtschaftspolitischen Ereignissen abgeschwächt werden. Die Chance für die Durchsetzung von *Wechselkurszielen* liegt also darin, durch dosierte koordinierte Interventionen und ein geschicktes Timing die Erwartungen und die daran gekoppelten Transaktionsentscheidungen im Sinne der politischen Zielsetzungen zu beeinflussen. Bleiben diese Effekte aus oder wird bekannt, dass einzelne Länder Interventionen nicht durchführen werden, so kann dies aber auch gegenteilige Effekte auslösen und vorhandene Ungleichgewichte verstärken.

Zielzonen
In unregelmäßigen Abständen werden *Zielzonen (target zones)* für ausgewählte Währungen als mögliche Lösung vorgeschlagen. Meist wurden hierfür relativ große *Toleranzzonen*, wie etwa ± 10 %, vorgeschlagen, wobei dann ebenfalls koordinierte Interventionen der Zentralbanken notwendig sind, um ein Ausbrechen der Währungen aus den Zielzonen zu verhindern. Von Systemen fester Wechselkurse mit Bandbreiten unterscheiden sich Zielzonen vor allem durch ihre geringere Verbindlichkeit: Neben dem relativ großen Schwankungsbereich gibt es keine offiziellen Paritäten und Interventionsverpflichtungen. Die Wirksamkeit von Zielzonenvereinbarungen hängt damit u. a. ab von der Festlegung des Ausgangswechselkurses, der Breite der Zielzone und der Wahrscheinlichkeit und Intensität der Interventionen – und natürlich von der Umsetzung einer stabilitätsorientierten Wirtschaftspolitik der beteiligten Länder.

Bereits 1994 schlug die *Bretton-Woods-Kommission* ein *regelgestütztes System der internationalen Politik-Koordinierung* als Voraussetzung für neue flexible Bandbreiten zwischen den Währungen vor, das unter der Aufsicht des IWF umgesetzt werden sollte. Weitere Vorschläge zielten ab auf die *Besteuerung* internationaler Finanztransaktionen *(Keynes, Tobin, Dornbusch)*, meist als *Tobin-Steuer* bezeichnet (vgl. ▶ Abschn. 3.4), auf die Einrichtung eines *internationalen Interventionsfonds*, der zur Stabilisierung gefährdeter Wechselkurse eingesetzt werden könnte *(Hosomi)*, oder auf international vereinbarte *maximale Wachstumsraten der nationalen Geldmengen*, um so überraschende Änderungen der nationalen Geldpolitiken als Ursache für Wechselkursänderungen zu verhindern *(McKinnon, Brunner)*. Alle Überlegungen setzen die Beteiligung zumindest der überwiegenden Anzahl aller Länder und damit die weitgehende Interessenidentität der Teilnehmerstaaten voraus, eine Annahme, die nur in wenigen Fällen gegeben war. Bei einigen Vorschlägen kämen zudem noch erhebliche administrative Kosten als Hinderungsgrund für eine Einführung hinzu.[6]

---

6   S. a. Konrad (2000), Kulessa (1996).

3.3 Internationale Währungs- und Finanzkrisen in den 1980er- und 1990er-Jahren[7]

Die Zeit zwischen der Aufkündigung der Währungsvereinbarungen von Bretton Woods und der Jahrtausendwende war nicht nur von dem Versuch die Währungspolitik zu koordinieren geprägt, sondern auch von diversen Währungs- und Finanzkrisen – einige wurden bereits kurz angesprochen – die wesentliche Schwachstellen der globalen Währungs- und Finanzordnung offenlegten. Gingen die Krisen von Entwicklungs- oder Schwellenländern aus, so wurden diese häufig von in diesem Umfang unerwartet schnellen Zu- und Abflüssen von internationalem Kapital überrascht. Waren sie zuvor noch als *Emerging Markets* begehrtes Ziel internationaler Anleger, zogen diese nun überraschend schnell ihr Kapital wieder ab.

Emerging Markets / BRICS-Staaten
Unter *emerging markets* werden Schwellenländer verstanden, die sich durch überdurchschnittliche Wachstumsraten auszeichnen und dadurch auch lukrative Anlagemöglichkeiten bieten. Eine wichtige Untergruppe, die gerade in den letzten Jahren sprunghaft an Bedeutung gewonnen hat, sind die BRICS-Staaten (Brasilien, Russland, Indien, China und Südafrika) sowie die Mitglieder der ASEAN-Gruppe (vgl. *Links*: ASEAN). Die Bezeichnung BRICS ist eine Erfindung des früheren Goldman-Sachs-Ökonomen *Jim O'Neill*, der 2001 damit einige für Anleger besonders interessante Länder griffig zusammenfasste. Später schlossen sich diese Länder auch politisch stärker zusammen und beschlossen 2023 weitere Schwellenländer (Iran, Vereinigte Arabische Emirate, Ägypten und Äthiopien) aufzunehmen und sich in *BRICS plus* umzubenennen. Auf diese Weise soll ein gewisses Gegengewicht zur Dominanz des Westens, insbesondere zu den G7, etabliert werden und gleichzeitig größeren Einfluss bei der Neugestaltung der internationalen – inzwischen multipolaren – Ordnung zu erhalten (vgl. *Links*: BRICS).

Internationale Kapitalströme ändern schonungslos ihre Richtung, wenn wirtschaftliche Probleme auftauchen, strukturelle Defizite erkannt werden oder politische Fehlentscheidungen die Gefahr von Abwertungen oder Kursverlusten auf den Wertpapiermärkten wahrscheinlich werden lassen. Dies hat nicht nur Folgen für die Finanz- und Währungssituation der betroffenen Länder, sondern beeinflusst auch deren reale Wirtschaft massiv: Sinkendes Wirtschaftswachstum führt zur Zurückhaltung bei Investitionen, die Ar-

---

[7] Siehe hierzu auch Deutsche Bundesbank (1999), *Links*: Finanzkrisen. Eine der gravierendsten Verschuldungs- und Währungskrisen war die *Eurokrise* (2009–2013), die sich unmittelbar aus der internationale Finanzkrise (*Subprime-Krise*) 2007/2008 entwickelte. Beide Krisen werden in einem jeweils anderen Kontext in den ▶ Abschn. 6.1 und 4.4 behandelt.

beitslosigkeit nimmt zu, Einkommen und Nachfrage sinken. Damit verschlechtert sowohl die wirtschaftliche Situation der direkt betroffenen Unternehmen, als auch diejenige der Zulieferer und einer breiten Palette sonstiger Produktions- und Dienstleistungsunternehmen. Vielfach sind Konkurse und damit eine weitere Verschärfung der Wirtschaftssituation die Folge. Zudem kann diese Entwicklung auch schnell auf andere Länder übergreifen. Gläubigerländer sind unmittelbar von Zahlungsausfällen oder Auftragsstornierungen betroffen. Auch Nachbarländern und Ländern, die aus externer Sicht sehr ähnliche Bedingungen aufweisen, kann dann ebenso wie anderen Schwellenländern pauschal das Vertrauen der Anleger entzogen werden.

Währungs- und Finanzkrisen treten seit dem Ende des BWS verstärkt auf. Die Liberalisierung der internationalen Finanzmärkte (vgl. ▶ Kap. 4) trug einerseits dazu bei, dass einzelne Staaten anfälliger für Finanzkrisen wurden und andererseits, dass Auswirkungen auch in anderen Ländern, zum Teil sogar weltweit, spürbar waren. So registrierte der IWF allein zwischen 1970 und 2007 insgesamt 124 Bankenkrisen, 326 Währungskrisen und 64 Staatsverschuldungskrisen auf nationaler Ebene.[8]

Börsen- und Bankenkrisen
Finanzkrisen können u. a. durch Schocks an den Wertpapiermärkten, etwa durch das Platzen von Spekulationsblasen (*Börsenkrisen*), entstehen. Ein sich verschlechterndes wirtschaftliches Umfeld kann schnell eine problematische Geschäftspolitik von Banken offenlegen, wie etwa eine zu laxe Kreditpolitik oder zu hohe Risiken im Zusammenhang mit dem Eigenhandel (Investmentbanking) der Banken bei ungenügendem Risikomanagement und zu niedriger Risikovorsorge (*Bankenkrisen*). Erleiden Banken Verluste, verlieren sie schnell das Vertrauen ihrer Kunden, und es kann zu einem *bank run* kommen, bei dem viele Bankkunden sehr schnell ihre Einlagen zur gleichen Zeit abziehen wollen. Können die Banken die hierfür nötige Liquidität nicht bereitstellen, werden sie hierdurch oder in Folge ausbleibender Kreditrückzahlungen insolventer Kreditnehmer, selbst schnell insolvent. In der Praxis wird dies häufig – aber keineswegs immer – durch Übernahmen oder eine problematische staatliche Einflussnahme abgewendet.

Versucht man eine gemeinsame Ursache für *Finanzkrisen der Entwicklungsländer* zu finden, so kann man sie unter der gemeinsamen Bezeichnung **Staatsschuldenkrisen** bzw. Verschuldungskrisen von Entwicklungs- und Schwellenländern zusammenfassen. Der leichtere Zugang vieler Länder zu den internationalen Finanzmärkten einerseits und eine häufig wenig disziplinierte Haushalts- und Wirtschaftspolitik andererseits führten zu einer

---

8 Vgl. Laeven/Valencia (2012).

	Kurze Beschreibung	Ausgewählte Maßnahmen
Lateinamerikakrise 1982	Infolge stark gestiegener Rohstoffpreise als Folge der Ölpreiskrisen 1973 und 1979 stieg die Auslandsverschuldung einzelner Staaten, die dann nicht mehr in der Lage waren ihre Devisenkredite zu bedienen und zahlungsunfähig wurden.	Durch Umschuldungsaktionen (*Brady Bonds*) wurden die Darlehensschulden in handelbare US$-Schuldverschreibungen konvertiert.
Mexiko (1994/95) Russland (1998/99) Brasilien (1998/99)	Währungs- und Schuldenkrisen. Starke Abwertungen, meist verursacht durch hohe Haushaltsdefizite, Verschuldung in Fremdwährung und eine Kapitalflucht ausländischer Anleger, führten zu Problemen bei der Schuldentilgung mit der Folge inländischer Wirtschaftskrisen.	Bereitstellung von Devisenkrediten durch private und öffentliche Gläubiger zusammen mit IWF und Weltbank. Zusätzlich: Moratorien und Schuldenerlasse sowie Sparpakete und Zinserhöhungen im Inland.
Asienkrise 1997/98	Verschuldungskrise, insbesondere privater Schuldner, in mehreren Schwellenländern Asiens. Angesichts von Rückzahlungsproblemen zogen ausländische Finanzinvestoren sehr schnell ihr Kapital ab. Folgen waren u.a. hohe Abwertungen der Währungen, ein Einbruch der Immobilienpreise, zunehmende Problemkredite der Banken, Unternehmensinsolvenzen und ein erheblicher Rückgang der inländischen Konsumnachfrage.	Bereitstellung von Finanzhilfen, die an makroökonomische Bedingungen, wie eine straffere Geldpolitik, restriktivere Haushaltspolitik und die Umsetzung von Strukturreformen gebunden waren.

◻ **Abb. 3.1** Ausgewählte Schuldenkrisen der 1980er- und 1990er-Jahre. (Überblick)

Überschuldung und damit der mangelnden Fähigkeit die in ausländischer Währung (!) aufgenommenen Kredite vertragsgemäß zurückzuzahlen. Leistungsbilanzdefizite, hohe Verschuldung und mangelnde Rückzahlungsfähigkeit, etwa infolge eines steigenden internationalen Zinsniveaus, führten zu den genannten Vertrauensverlusten und schnellen Kapitalabflüssen aus dem betreffenden Land mit der Folge einer schnellen drastischen Abwertung der betreffenden Währung. Im Folgenden werden einige der bereits angesprochenen Schuldenkrisen der 1980er- und 1990er-Jahre kurz dargestellt (vgl. auch ◻ Abb. 3.1).

■ **Schuldenkrise Lateinamerikas 1982**

Die steigenden Rohstoffpreise als Folge der Ölpreiskrisen 1973 und 1979 trafen nicht nur die Industrieländer, sondern gerade auch viele Entwicklungsländer und vor allem die Öl importierenden Schwellenländer. Sie verschuldeten sich im Ausland vorwiegend in US$, um ihre Leistungsbilanzdefizite zu finanzieren. Als die US-Zentralbank (*Fed*) 1980 begann die Leitzinsen zu erhöhen und daraufhin die Nachfrage nach US$ und damit der US$-Wechselkurs stiegen, stiegen auch die Zinsen für den Schuldendienst der Entwicklungsländer, die bald nicht mehr in der Lage waren die hierfür benötigten Devisen bereitzustellen. Zwischen 1975 und 1983 vervierfachten sich die Auslandsschulden insbesondere der hoch verschuldeten lateinamerikanischen Staaten, wie Brasilien, Argentinien und Mexiko, auf 315 Mrd. US$, etwa 50 % des BIP der gesamten Region, und der jährliche Schuldendienst stieg 1982 auf 66 Mrd. US$. 1982 erklärte zunächst Mexiko seine Zahlungsunfähigkeit. Der mexikanischen Entscheidung schlossen sich in rascher Folge weitere hoch verschuldete Staaten an. Daraufhin reduzierten die meisten kommerziellen Banken ihre Kreditvergabe an die lateinamerikanischen Staaten: Viele Kredite, die sonst üblicherweise verlängert wurden, wurden damit sofort fällig. Die schnell einsetzende massive Kapitalabwanderung führte zu einer starken Abwertung der Währungen, sodass die Zinsen und auch die Inflationsraten stark anstiegen, während die Pro-Kopf-Einkommen in den betroffenen Ländern sanken. Die Krise wurde 1989 durch die Schaffung von *Brady Bonds*, benannt nach dem ehemaligen US-amerikanischen Finanzminister, entschärft.

Brady Bonds
Die aktuellen Darlehensschulden wurden in handelbare lang laufende US$-Schuldverschreibungen umgewandelt und durch US-Anleihen besichert. Die Schuldnerländer kauften diese Bonds mit Hilfe von neuen Krediten, die der IWF und die Weltbank bereitstellten. Für die Gläubiger waren diese Bonds durch die Standardisierung der Schulden und die Besicherung nun deutlich attraktiver, sodass diese leichter auf den internationalen Kapitalmärkten gehandelt werden konnten.

- **Mexiko-Krise 1994/95**

Als Folge der Unruhen in *Chiapas*, einer Provinz im Süden Mexikos, und steigender US-Zinsen begannen im Frühjahr 1994 US-amerikanische Investoren mexikanische Wertpapiere zu verkaufen. Da Mexiko sein großes Leistungsbilanzdefizit größtenteils mit diesen Geldern finanziert hatte, führte dies zu einer Finanzierungslücke und einem konstanten Verlust von Währungsreserven. Die mexikanische Zentralbank gab deshalb im Dezember 1994 den festen Wechselkurse der Landeswährung Peso zum US$ auf. Darauf sank der Wert des mexikanischen Peso und als Folge auch der Wert der mexikanischen Wertpapiere (in US$) zunächst innerhalb von drei Tagen um fast 40 %, um dann insgesamt um etwa 50 % nachzugeben. Diese Abwertung und die damit einhergehenden Inflationsbefürchtungen sowie gesunkenen Wirtschaftswachstumserwartungen lösten weitere ausländische Wertpapierverkäufe aus. Zudem stiegen die Kreditkosten der Unternehmen, die sich in US$ verschuldet hatten, und damit auch der Zahlungsausfälle bei den Banken. Diese heftigen Verluste führten dazu, dass ausländische Investoren auch die Stabilität anderer lateinamerikanischen Währungen anzuzweifeln begannen, sodass diese ebenfalls von Abwertungsspekulationen erfasst wurden. Ein Zusammenbruch der beteiligten großen Banken und Investmentfonds konnte letztlich mit einem internationalen Kreditpaket in Höhe von 50 Mrd. US$, das von den USA, dem IWF und der Weltbank bereitgestellt wurde, vermieden werden.

Asienkrise 1997/98

Die Asienkrise unterschied sich von anderen Währungs- und Finanzkrisen in einem wesentlichen Punkt: Während zuvor Staaten als Kreditnehmer und -geber die wichtigste Rolle gespielt hatten, war hier der private Sektor der wichtigste Akteur sowohl bei der Nachfrage nach als auch bei der Bereitstellung von Devisen. Leistungsbilanzdefizite und eine hohe Auslandsverschuldung der Banken und privater Unternehmen führte zu einem Vertrauensverlust zunächst in die thailändische Wirtschaft, später auch in die Leistungsfähigkeit anderer südost- und ostasiatischer Staaten, wie Südkorea, Indonesien, Malaysia und den Philippinen. Alle Länder zeichneten sich aus durch weitgehend liberalisierte nationale Kapitalmärkte mit Finanzsystemen, die noch erhebliche strukturelle Schwächen aufwiesen. Dadurch konnten sie auf externe Einflüsse, wie internationale Zinserhöhungen, Aufwertungen des US$ sowie spekulative Kapitalzuflüsse und später Kapitalabflüsse, die auch hier außerordentlich schnell aufgrund tatsächlicher oder vermeintlicher Schwächen erfolgten, nicht entsprechend reagieren.

Die strukturellen Schwächen der nationalen Finanzmärkte hatten ein im internationalen Vergleich hohes Zinsniveau zur Folge, sodass sich nationale Investoren und Banken wegen der niedrigeren Zinskosten lieber in US$ verschuldeten. Am Ende einer Boomphase bei den Wertpapiermärkten und Immobilien sowie bei ausländischen Investitionen in den asiatischen Ländern verschlechterten sich ab 1996 die Rahmenbedingungen und in der Folge auch die binnenwirtschaftliche Situation der Länder. Ausländische Anleger und Investoren zogen daraufhin ihr Kapital aus diesen Ländern ab, sodass diese zu Abwertungen gezwungen waren und damit die enge Bindung ihrer Währungen an den US$ aufgaben. Damit verteuerte sich der Schuldendienst für Fremdwährungskredite, sodass die Unternehmen und Banken erheblich mehr Inlandswährung für die Bedienung dieser Kredite aufbringen mussten. Ende 1997 hatten die betroffenen Währungen zum Teil über 50 % an Wert verloren und auch die Aktienindizes waren bis zu 50 % gesunken. Das zuvor hohe Wirtschaftswachstum ging stark zurück, die Gewinne sanken, die Immobilienpreise brachen ein, die Problemkredite der Banken und Insolvenzen von Unternehmen nahmen zu, die Arbeitslosenquote stieg und die inländische Konsumnachfrage sank.

Wie zuvor Mexiko mussten auch Thailand, Südkorea und Indonesien durch umfangreiche Hilfsaktionen unterstützt werden. In der zweiten Jahreshälfte 1997 wurden den asiatischen Krisenstaaten unter Leitung des IWF multilaterale Beistandspakete zwischen 17 Mrd. US$ (Thailand) und 57 Mrd. US$ (Südkorea) zur Verfügung gestellt. Wie üblich, wurden diese mit makroökonomischen Auflagen verknüpft, wie eine straffere Geldpolitik, eine restriktivere Haushaltspolitik sowie die Umsetzung finanzpolitischer Strukturreformen.[9]

- **Russlandkrise 1998**

Der durch die Asienkrise ausgelöste Kursverfall der Rohstoffpreise traf auch die hoch verschuldete rohstofforientierte russische Wirtschaft schwer, da nun nicht nur die Exportpreise, sondern auch die Staatseinnahmen, die zu einem großen Teil aus Abgaben auf Rohstoffexporte bestanden, sanken. Bereits 1997 begann daher das Vertrauen in den russischen Rubel zu sinken, sodass viele Anleger ihre in Rubel notierten Wertpapiere verkauften. Anfang 1998 war Russland daher gezwungen, die Zinsen auf seine Rubelanleihen von 20 % auf bis zu 70 % heraufzusetzen, um weiterhin ausländische Mittelzuflüsse zu erhalten. Ungeachtet der akuten Risiken kauften Hedgefonds und Banken daher weiterhin Rubelanleihen und spekulierten darauf, dass der IWF bei einer evtl. Zahlungsunfähigkeit der russischen Regierung einspringen würde *(moral hazard)*. Tatsächlich hatte Russland erhebliche Schwierigkeiten, den Schuldendienst für seine Auslandskredite aufzubringen und stellte im August 1998 alle Schuldendienstzahlungen ein. Gleichzeitig wertete es – ohne seine Kreditgeber vorab zu informieren – den Rubel ab. Russland sah sich nun gezwungen, weitere Kredite des IWF und anderer Geber zu akzeptieren, die alle an Auflagen geknüpft waren: So sollte u. a. ein Antikrisenprogramm umgesetzt, das Haushaltsdefizit verringert und die Steuereinnahmen erhöht werden. Tatsächlich waren die Probleme Russlands jedoch vor allem struktureller Natur, wie einem kaum funktionsfähigen Bankensystem, einer inkompetenten, ineffektiven und korrupten Staatsbürokratie, untätigen Aufsichtsbehörden, einer massiven Steuerhinterziehung, dem Nichtvorhandensein einer unabhängigen Rechtsprechung, einem die Wirtschaft kontrollierenden Geflecht aus Mafia und Staatsfunktionären, einem intransparenten finanzindustriellen Komplex, einer – abgesehen vom Rüstungssektor – nicht weltmarktfähigen Industrie und zu hohen Zinssätzen. In der Folge wurde der Wechselkurs des Rubel nochmals freigegeben, der schließlich um bis zu 60 % abgewertet wurde. Ab 1999 begann sich die russische Wirtschaft langsam zu erholen und auch das Vertrauen in die Finanzmärkte stieg wieder an.

---

9   Vgl. zur Kritik an den strukturpolitischen Maßnahmen sowie an den Prioritäten der Auflagen ▶ Abschn. 7.4.

Brasilienkrise 1998/99

Nach dem Ausbruch der Russlandkrise wurden die brasilianischen Währungsreserven durch eine Kapitalflucht der ausländischen Anleger drastisch reduziert. Um den Devisenabfluss zu stoppen, erhöhte die Zentralbank die Zinsen auf bis zu 40 %. Da der *Plano Real* eine feste Bindung des *Real*, der Landeswährung, über ein *Currency Board* an den US$ vorsah, kam eine Abwertung der Landeswährung nicht in Betracht. Zwar gingen hierdurch die hohen Inflationsraten leicht zurück, trotzdem stieg das Leistungsbilanzdefizit laufend an. Die hohen Zinsen führten zu einem Wirtschaftsabschwung und einem – infolge der hohen Zinsbelastung – steigenden Haushaltsdefizit. Als sich zusätzlich noch ein Schuldenmoratorium der zweitreichsten brasilianischen Provinz abzeichnete, beschleunigte sich die bisherige Kapitalflucht auf bis zu zwei Mrd US$ täglich. Innerhalb von 6 Monaten schrumpften die Devisenreserven des Landes um über die Hälfte auf nur noch 30 Mrd. US$. Zur Überbrückung der dadurch ausgelösten Zahlungsschwierigkeiten erhielt Brasilien im November 1998 Zusagen für Währungskredite in Höhe von 30 Mrd. US$ mit dem Ziel die Währungsreserven des Landes zu erhöhen. Nach den für Mexiko 1995 bereitgestellten 48 Mrd. US$ war dies das zweithöchste vom IWF geschnürte Kreditpaket. Bedingungen waren u. a. die Sanierung des Staatshaushalts, Steuer-, Renten- und Verwaltungsreformen, eine Liberalisierung und Privatisierung der Binnenwirtschaft, eine straffere Geldpolitik, eine Reform des Rentensystems und ein Festhalten an dem festen Wechselkurs zum US$.

3.4 Vorschläge und Ansätze zur Verhinderung von Währungs- und Finanzkrisen

Die Krisenbekämpfung bestand also vorwiegend in umfangreichen angepassten *Kreditpaketen*, mit denen aktuelle Leistungsbilanzprobleme bzw. konkrete Rückzahlungsprobleme der betroffenen Länder möglichst schnell überbrückt werden sollten. Gleichzeitig wurden die Länder mit Vorschlägen und Bedingungen zur *Reform ihrer Wirtschaftspolitik* unterstützt, um so die Voraussetzungen dafür zu schaffen, die Auslandsverschuldung wieder auf eine tolerable Größenordnung zurückzuführen. Damit sollten auch die realökonomischen Auswirkungen der Finanzkrisen reduziert werden: In Krisensituationen werden Banken restriktiver in ihrer Kreditvergabe an Privatpersonen und Unternehmen, damit fehlt Geld für Investitionen und Konsum, die Umsätze sinken und Zahlungsausfälle, Insolvenzen und Arbeitslosigkeit nehmen zu.

Das Verhindern und Bekämpfen derartiger Krisen wurde immer wichtiger und rückte spätestens ab Ende der 1990er-Jahre in den Mittelpunkt der internationalen finanz- und währungspolitischen Kooperation. Offensichtlich reichten jedoch die bisherigen Mechanismen und Instrumente zur Früherkennung und Prävention, aber auch zum Krisenmanagement nicht aus, um die Entwicklung von Währungs- und Finanzkrisen frühzeitig zu erkennen und zu verhindern. Es mussten daher neue Mechanismen für eine globale Währungs- und Finanzarchitektur entwickelt werden. Diese sollten einerseits den freien globalen Kapitalverkehr und damit die Entwicklung der Weltwirtschaft nicht behindern und andererseits die negativen Folgen für die Stabilität des internationalen Finanzsystems kontrollierbarer und beherrschbarer machen. Kurz: Sie sollten die optimale – globale – *Allokation des Kapitals* sicherstellen und gleichzeitig für ein hohes Maß an *Systemsicherheit* und *Finanzstabilität* sorgen. Diese komplexen Anforderungen führten zu verschiedenen Vorschlägen und Ansätzen zur weiteren Ausgestaltung der globalen Finanzarchitektur.

- **Reform der IWF Strategie**

Es ist weitgehend unbestritten, dass die umfangreichen Finanzhilfen des IWF gekoppelt mit wirtschaftspolitischen Auflagen – bis 1997/98 für mehr als 90 Länder – mit hoher Wahrscheinlichkeit einen internationalen Finanzkollaps durch eine Zahlungsunfähigkeit der Krisenländer nach dem drastischen Verfall ihrer Währungen verhinderten. Damit wurde auch die Gefahr eines Übergreifens auf andere Länder und die mögliche Auslösung einer Weltfinanzkrise wesentlich reduziert. Grundsätzlich wird daher die Notwendigkeit, bei Krisen schnell und effizient Liquiditätshilfen bereitzustellen, nicht in Frage gestellt. Hierfür wurden bereits ab 1999 neue IWF-Kreditlinien mit abgeschwächten Konditionen eingerichtet (vgl. ▶ Abb. 2.4). Diese können entweder schnell für eine Überbrückung akuter Krisen bereitgestellt werden oder stehen Ländern zur Verfügung, die ohne eigenes Verschulden als Folge internationaler Finanzkrisen unter Kapitalabflüssen und damit unter Zahlungsbilanzproblemen leiden. Auf diese Weise sollen Krisen möglichst schon im Vorfeld entschärft werden.

Allerdings wurde immer wieder kritisiert, dass die auf dem *Washington Consensus* beruhenden „Standardkonditionen" des IWF in vielen Fällen nicht sinnvoll seien. Sie wurden deswegen auch vom IWF revidiert und besser an die wirtschaftliche Situation der kreditnehmenden Länder angepasst. Wenn der private Sektor Hauptverursacher eine Finanzkrise ist, sind jedoch Maßnahmen, die die staatliche Seite betreffen, wie Haushaltskürzungen oder Zinsanhebungen, nicht nur wirkungslos, sondern wirken sogar destabilisierend und damit krisenverschärfend. So erfüllten vom IWF oktroyierte Zinssteigerungen zur Verhinderung eines weiteren Kapitalabflusses aus den asiatischen und lateinamerikanischen Ländern Ende der 1990er-Jahre ihr Ziel, eine massive Kapitalflucht zu verhindern, nicht. Vielmehr verteuerten sie die von den Unternehmen benötigten Mittel zur Schuldenrückzahlung erheblich, sodass die so erhöhte Wahrscheinlichkeit von Unternehmensinsolvenzen die Wirtschaftssituation in den Ländern weiter verschlechterte. Diese Einschätzung ist aber umstritten, da die Wiederherstellung des Vertrauens in die nationalen Finanz- und Devisenmärkte häufig erst dann möglich wird, wenn politische Stabilisierungsmaßnahmen durchgesetzt werden können. Hierzu zählen die Reduzierung der Staatsverschuldung, Zinserhöhungen zur Abschwächung von als zu hoch eingeschätzten Wachstumsraten, eine Verbesserung der Bankenstruktur, Einlagensicherungssysteme, die Umsetzung international akzeptierter Richtlinien und eine wirksame Finanzmarktaufsicht.

Tatsächlich wurden die realen binnenwirtschaftlichen Folgen der Krisenbekämpfung bis Ende der 1990er-Jahre bei der inhaltlichen Ausgestaltung der Auflagen zu wenig berücksichtigt. Länder wurden beispielsweise zu sozial problematischen Maßnahmen im Rahmen der Haushaltskonsolidierung gezwungen, etwa zum Abbau von Subventionen für Grundnahrungsmittel oder zur Reduzierung von Ausgaben für das Bildungssystem. Wenn eine Stärkung der Einnahmenseite nicht möglich ist und geringere Staatsausgaben zwingend notwendig sind, müssen entsprechende Maßnahmen die sozialen und ökonomischen Bedingungen der Empfängerländer aber viel stärker berücksichtigen, gerade auch um soziale Unruhen und politische Instabilität zu vermeiden. Wichtige Ansatzpunkte sind zudem die Stärkung wirtschaftlicher und politischer Institutionen, wie die Schaffung eines unabhängigen Justizsystems zur Verbesserung des Investorenvertrauens und der Eigentumsrechte sowie zur Verringerung von Korruption. Hinzu kommen die Steigerung der Effektivität von Aufsichts- und Kontrollsystemen für die nationalen Finanzmärkte, die Einführung eines Wettbewerbsrechts zur Verhinderung von Monopolstrukturen, die Flexibilisierung der Arbeitsmärkte sowie adäquate Infrastrukturinvestitionen und die Einführung eines effektiven Steuersystems.

■ **Weitere Verbesserung der Frühwarnsysteme**

Nationale Währungskrisen entstehen meist durch die sprunghafte Abnahme der Währungsreserven des betreffenden Landes. Dies geschieht jedoch i. d. R. nicht ohne Vorwarnung, vielmehr gehen den meisten Krisen bestimmte ökonomische Konstellationen voraus, die zwar nicht zwangsläufig in eine Krise münden, aber die Gefahr des Entstehens einer Krise begünstigen. Es wird daher versucht, aus diesen Konstellationen Frühwarnindikatoren herauszufiltern, um so Prognosen erstellen zu können. So liegen Finanz- und Währungskrisen meist fundamentale Finanz- und Währungsungleichgewichte zugrunde, die wiederum Folge einer übermäßig expansiven Geld- und Fiskalpolitik sind und einhergehen mit Leistungsbilanzdefiziten bei stagnierenden oder rückläufigen Direktinvestitionen. Daraus kann abgeleitet werden, dass verschiedene *binnenwirtschaftliche Indikatoren* beobachtet werden müssen: Die bereits erwähnte absolute Höhe und Entwicklung des Haushaltsdefizits, sowie die Entwicklung der Geldmenge und der Inflationsrate, der Kapitalmarktzinsen und des Wechselkurses der nationalen Währung, der Stand der Währungsreserven und vor allem die private und öffentliche Auslandsverschuldung.

Hinzu kommen *qualitative Faktoren*, wie die Steuerungskompetenz der politischen Führung und die Qualität des Bankensystems. Auch spielen *externe Faktoren*, wie die Entwicklung des internationalen Zinsniveaus oder die globale Konjunkturlage eine wichtige Rolle. Obwohl die meisten dieser Größen als *Frühwarnindikatoren* weitgehend akzeptiert sind, bleibt die konkrete krisenrelevante Ausprägung der Indikatoren ebenso umstritten wie die Wirkung von Verknüpfungen bestimmter Ausprägungen. Die Verbesserung des *Frühwarnsystems* ist vorwiegend Aufgabe des IWF, der hierzu seine Informationsstandards laufend verbessert. Die Qualität ist dann davon abhängig, dass die Daten korrekt erhoben und zeitnah bereit gestellt werden und anschließend auch zeitnah ausgewertet werden, um *frühzeitig präventive Gegenmaßnahmen* ergreifen zu können. Dann könnten – unter Berücksichtigung der jeweiligen politischen und sozialen Situation – etwa maßvolle Zinserhöhungen oder schrittweise Abwertungen für die betroffenen Länder empfohlen werden.

■ **Temporäre Kapitalverkehrsbeschränkungen**

Während langfristig orientierte Kapitalanleger meist eher besonnen auf mögliche oder erwartete Veränderungen der wirtschaftspolitischen Konstellationen in dem Anlageland reagieren, tendieren kurzfristig, spekulativ orientierte internationale Kapitalanleger zu Überreaktionen. Diese Entwicklung wurde durch die Liberalisierungspolitik der 1990er-Jahre erst ermöglicht oder wesentlich erleichtert. Vielfach wurden die notwendigen Bedingungen für eine funktionierende Kapitalmarktliberalisierung aber zu wenig beachtet. Voraussetzungen sind u. a. – wie bereits erwähnt – ein effizient und effektiv funktionierendes Finanzsystem, nach internationalen Standards arbeitende und auch kontrollierte Banken, ein verantwortungsbewusstes staatliches Wirtschafts- und Finanzmanagement sowie eine „liberalisierungsfeste" Währungspolitik. Diese Rahmenbedingungen waren und sind bei vielen Entwicklungs- und Schwellenländern jedoch noch nicht in vollem Umfang gegeben. Solange dies (noch) nicht der Fall ist, kann es sinnvoll sein, den grenzüberschreitenden Kapitalverkehr in Krisensituationen temporär wieder zu regulieren, um kurzfristige, spekulative Finanzströme zu verringern, möglichst ohne dabei langfristig orientierte Kapitalzuflüsse zu beeinträchtigen.

Eine solche Beschränkung kann *direkt* erfolgen über ein Verbot bestimmter Kapitalbewegungen, etwa Gewinne ins Ausland zu transferieren, oder *indirekt* über eine Verteuerung von kurzfristigen Kapitalbewegungen, beispielsweise durch die Erhebung von Finanz-Transaktionssteuern. Dies wiederum kann entweder auf nationaler Ebene geschehen, oder es kann versucht werden, durch internationale Vereinbarungen eine globale Reduzierung zu erreichen.

▶ **Beispiele**

Durch direkte Beschränkungen des grenzüberschreitenden Kapitalverkehrs, die beispielsweise von *Malaysia* auf dem Höhepunkt der Asienkrise 1998 erfolgreich eingeführt wurden und erst 2005 wieder vollständig aufgehoben wurden, gelang es dem Land einen dramatischen Abzug von Auslandskapital zu verhindern und die negativen Folgen der Währungs- und Finanzkrise zu verringern. *China* gelang es, durch die Verpflichtung chinesischer Exporteure Devisenerlöse zu bestimmten Kursen an die Zentralbank abzuliefern, den Wechselkurs der einheimischen Währung zunächst fest, später in einer engen Bandbreite zum US$ zu halten. In beiden Fällen handelte es sich um einseitige nationale Maßnahmen mit dem Ziel, die Instabilität der nationalen Wirtschaft und der nationalen Finanzmärkte zu reduzieren und gleichzeitig nationale Autonomie zurück zu erhalten, allerdings um den Preis eines gestörten Vertrauensverhältnisses gegenüber internationalen Anlegern und Kapitalgebern. ◀

Tobin-Steuer
Der bekannteste Vorschlag, internationale Kapitalbewegungen zu verteuern und damit auch zu reduzieren, stammt von dem amerikanischen Ökonomen und Nobel-Preisträger *James Tobin*. *Tobin* schlug schon in den 1970er-Jahren vor, durch eine Devisenumsatzsteuer mit einem Steuersatz von weniger als einem Prozent „Sand in das Getriebe spekulativer Kapitalbewegungen" zu streuen. Durch diese *Tobin-Steuer (Tobin Tax)* sollen im Wesentlichen kurzfristige, an marginalen Zins- und Währungsdifferenzen orientierte Finanzgeschäfte an Attraktivität verlieren und damit eine Reduzierung des weltweiten Devisenumsatzes bewirken. Nach der Finanzkrise 2007/08 wurde die Tobin-Steuer wieder intensiv diskutiert und sollte zunächst in Europa bereits bis 2014 eingeführt werden. Inzwischen ist das Interesse an einer Einführung zurückgegangen,

es ist daher wenig wahrscheinlich, ob dieser Ansatz tatsächlich einmal umgesetzt wird, da er nur dann, wenn dies auf globaler Ebene geschieht, auch wirksam wäre, da sonst Finanztransaktionen zum großen Teil auf Finanzplätze ohne eine Tobin-Steuer verlagert würden.

3.5 Fallstudie USA: Die neue Unordnung der Weltwirtschaft – eine aktuelle Momentaufnahme

- **Trump 2.0 – Strategische Annahmen**

Angeleitet durch das Project 2025 der *Heritage Corperation* (vgl. *Links*: Project 2025, Graham 2025) ist US-Präsident *Donald Trump* bereits zu Beginn seiner zweiten Präsidentschaft dabei, die Grundlagen sowohl der demokratischen Struktur der USA als auch der derzeitigen Weltwirtschaftsordnung dramatisch zu verändern. Die verfolgte „Strategie" lässt sich grob wie folgt gliedern, wobei die einzelnen Bereiche ineinandergreifen und auch keineswegs alle neuen Dekrete und Ankündigungen berücksichtigen:

Nach innen scheinen zwei Aspekte wichtig zu sein: Die innenpolitisch ausgerichtete Veränderung oder Deformation der USA zielt vor allem in zwei Richtungen:

– Zum einen zielt sie auf einen „Staatsumbau". Durch eine Ausweitung der Macht der Exekutive zu Lasten der Legislative und eines funktionierenden Rechtssystems sowie des föderalen Staatsaufbaus soll die demokratische Ordnung zu einer neo-totalitären oder autoritaristischen Ordnung ausgebaut werden. Demokratie und Rechtsstaat sollen zunehmend ihre Inhalte verlieren und nur noch als Fassade bestehen bleiben. Zudem wird die föderale Struktur durch übergriffige Maßnahmen, wie u.a. den unerwünschten Einsatz der Nationalgarde in Bundesstaaten, schrittweise beschädigt. Diese Politik erlaubt auch erweiterte Möglichkeiten der Selbstbereicherung und neuer unkontrollierter finanzieller Privilegien für Oligarchen und Befürworter dieser Politik (vgl. *Links*: Kleptocracy). Weitere Maßnahmen sind u. a. der Kampf gegen den *deep state* mit Massenentlassungen und dem drastischen Umbau der Bundesverwaltung, der Erlass entsprechender Dekrete, die Aussetzung von Kontrollgesetzen sowie Attacken gegen unabhängige Medien und Mittelkürzungen für liberale Universitäten und Forschungseinrichtungen.

– Im Rahmen des „gesellschaftspolitischen Projekts" soll durch einen „Kulturkrieg" die Errichtung einer anti-liberalen Gesellschaft vorangebracht werden. Vielfalt, Gleichstellung und Inklusion werden abgelehnt („Anti-DEI": *diversity, equity, inclusion*), reaktionärevangelistische Werte und „Anti-Wokeness" sowie traditionelle

Geschlechterrollen und weiße Dominanz wiederbelebt werden. Die Verfolgung dieser Politik soll durch Einschüchterung, Drohungen und die mit brutalen Mitteln unter Mißachtung geltenden Rechts durchgeführte Abschiebung von „illegalen" vorwiegend aus Lateinamerika stammenden Einwanderern erreicht werden. Eine gegen „DEI" gerichtete Geschäftspolitik wird auch von in- und ausländischen Unternehmen und Geschäftspartnern verlangt und im Nichtbefolgungsfall mit Sanktionen bedroht.

Nach außen zielt die Politik, soweit dies angesichts des derzeitigen Ankündigungs-Dauerfeuers bereits abzusehen ist, ebenfalls vorwiegend in zwei Richtungen:
- Einen isolationistischen Kurs verfolgend wird die Unterstützung internationaler Organisationen drastisch eingeschränkt und die dominante und kostspielige Rolle eines „Weltpolizisten" nur eingeschränkt weiter verfolgt. Das Sicherheitsgefüge des „Westens" wird zur Disposition gestellt, sodass Europa sicherheitspolitisch – vor allem gegen Russland – zukünftig auf sich selbst gestellt sein und „europäische Probleme" weitgehend allein lösen wird. Die USA werden sich verstärkt dem vermeintlichen Hauptkonkurrenten auf dem Weltmarkt, China, zuwenden, sowohl in sicherheits- als auch wirtschaftspolitischer Hinsicht. Dies wird u. a. dazu führen, dass die in Europa neu entstehenden Sicherheitsstrukturen den internationalen Wettbewerb im Rüstungs-, Forschungs- und Digitalbereich neu strukturieren werden.
- Zum zweiten wird die bestehende, einst durch die USA initiierte und maßgeblich mitgestaltete regelgebundene Weltwirtschaftsordnung durch eine neue machtdominierte protektionistische, neomerkantilistische Politik in weiten Teilen außer Kraft gesetzt. Dabei geht es darum, die USA in einem als feindlich gesinnt empfundenen außenwirtschaftlichen Umfeld wieder „*great again*" zu machen. Hierfür wurde vor allem eine erratische, brachiale, allen internationalen Regeln widersprechende Strafzollpolitik verkündet, die die geltenden Freihandelsregeln durch einen neuen willkürlichen Protektionismus ersetzt. Als hauptsächlichen Grund für die Zölle gibt *Trump* an, er wolle Arbeitsplätze in die USA zurückholen und damit vor allem Industriejobs, die im Zuge der Globalisierung in andere Länder ausgelagert wurden.

Eine weiterer nicht unwichtiger Aspekt wird hier nicht weiter vertieft, spielte aber bei den meisten Aktivitäten bereits eine wichtige Rolle: Von einer Verknüpfung politischer und persönlicher Interessen soll das Trump'sche

Familienvermögen profitieren. Hierbei geht es u. a. um Wertsteigerungen von Trump-Unternehmen, Einnahmen aus Immobilien und neue Investitionsmöglichkeiten, umfangreiche und vielfältige Geschäfte mit Kryptowährungen, mögliche Insidergeschäfte mit Wertpapieren und die Nutzung des politischen Einflusses für weitere lukrative Geschäftsbeziehungen. Innerhalb nur eines Jahres hat sich so das Trump-Vermögen bereits auf über 5 Mrd US$ verdoppelt (vgl. *Links*: Trump Vermögen).

- **Ökonomischer Hintergrund**

Der **Hintergrund** für die desaströsen und verwirrenden Zollankündigungen und -erhebungen sowie die weiteren außenwirtschaftlich relevanten Äußerungen und Maßnahmen sind die permanenten hohen und in den letzten Jahren sogar noch steigenden Handelsbilanz- und Leistungsbilanzdefizite der USA. Während das **Leistungsbilanzdefizit** zwischen 2009 und 2019 noch regelmäßig bei bereits hohen 400 Mrd. US$ pro Jahr lag, stieg es bis 2025 laufend auf über 1 Bio. US$ pro Jahr oder etwa 4 % des BIP an. Damit sind die USA schon seit den 1980er-Jahren (!) nicht in der Lage, ihre Importe (Waren und Dienstleistungen) durch ihre Exporteinnahmen zu finanzieren.[10]

Aufgrund der Größe ihres Binnenmarktes sind die USA in einem weit geringeren Umfang in den Weltmarkt integriert, als dies bei kleineren Staaten der Fall ist. Dies trifft sowohl für die Importe als auch für die Exporte zu, bei den Exporten jedoch in weit größerem Ausmaß. Während sich die geringere Bedeutung bei den Importen grundsätzlich eher günstig auf die Handels- und Dienstleistungsbilanz auswirkt, gilt dies bei den Exporten nicht. Im Vergleich der größten Außenhandelsnationen liegt der US-amerikanische Anteil der **Importe** (Waren und Dienstleistungen) am BIP, die *Importquote*, mit einem Wert um die 15 % extrem niedrig (Deutschland 42 %).

Bei den **Exporten**, der *Exportquote*, ist die Ausnahmestellung der USA noch wesentlich ausgeprägter und vor allem problematischer. Der Anteil der Exporte (Sachgüter- und Dienstleistungen) am BIP schwankte in den letzten 10 Jahren meist um 11 %, auch ein im Vergleich mit anderen Industrienationen extrem niedriger Wert (Deutschland 48 %).[11] Damit sind die Exporterlöse dauerhaft viel zu gering, um die Importe zu finanzieren. Das zentrale Problem ist daher weniger in zu hohen Importen, sondern vielmehr in zu niedrigen Exporten zu sehen. Diese **Exportschwäche** ist vor allem auch deswegen bemerkenswert, weil die in der Vergangenheit hohen ausländischen Direktinvestitionen (FDI) in den USA zu einer Modernisierung des

---

10 vgl. zu diesem gesamten Abschnitt: Koch 2024, Kapitel 2; vgl. *Links*: US-Leistungsbilanz.
11 vgl. *Links*: US-Exporte; US-Importe.

Produktionspotenzials und des Warenangebots (und auch zur Qualifizierung der Beschäftigten) wesentlich beitrugen und damit die Voraussetzungen für zunehmende Exporte erhöhten. Die hohen laufenden Defizite im internationalen Güter- und Dienstleistungsverkehr müssen durch **Kapitalimporte** finanziert werden. Dies geschieht vor allem durch ausländische Anleger, die festverzinsliche US-amerikanische Staatsanleihen erwerben.

Hinzu kommt, dass die US-amerikanische **Staatsverschuldung** vor allem aufgrund hoher Haushaltsdefizite bereits seit 1982 laufend ansteigt. 2025 lag sie bereits bei knapp 38 Bio US$ und damit bei fast 125 % des BIP mit der Folge sehr hoher jährlicher Zinszahlungen und einer Herabstufung der Kreditwürdigkeit durch die wichtigsten Ratingagenturen. In extrem kurzer Zeit wurden die USA von der einst größten Gläubigernation der Welt inzwischen zur mit weitem Abstand größten Schuldnernation.[12] Die hohe Nachfrage nach Kapital aufgrund des **Zwillingsdefizits** (Leistungsbilanz- und Haushaltsdefizit) trifft auf dem einheimischen Kapitalmarkt jedoch auf ein zu geringes Kapitalangebot, so dass ein großer Teil der Kapitalnachfrage durch **Kapitalimporte** ausgeglichen werden muss.

Als Folge lagen die gesamten **Auslandsschulden**, in die auch Unternehmens- und Privatschulden einfließen, 2025 bereits bei ca. 26 Bio. US$ (vgl. *Links*: US-Auslandsverschuldung). Die ausländischen Gläubiger, dies sind vor allem China und Japan, die den größten Teil ihrer Währungsreserven in US-Schuldverschreibungen, zusammen derzeit ca. 2 Bio. US$, investiert haben, erwarten jedoch – außer der Tatsache, dass sie in eine stabile und die größte und liquideste Weltwährung investiert haben – auch eine **angemessene Verzinsung**. Damit liegen prinzipiell vergleichsweise höhere Kapitalmarktzinsen im Interesse der US-Regierung und der amerikanischen Zentralbank (*Fed*), um auf diese Weise die benötigten Kapitalimporte sicherzustellen.

Höhere Zinsen stimulieren allerdings auch die Nachfrage nach US$. Die durch eine tendenzielle Überbewertung des US$ verursachte Verteuerung der amerikanischen Produkte wirkt sich aber wieder ungünstig auf die US-amerikanischen Exportmöglichkeiten aus, während sich zugleich die Importe verbilligen und tendenziell weiter ansteigen. Dies wurde jedoch bisher in Kauf genommen, um die ökonomischen Anreize – Zinsen und Wechselkurs – weiterhin bestehen zu lassen und den ausländischen Kapitalzufluss aufrecht zu erhalten.

---

12 vgl. US-Bureau of Economic Analysis, zit. bei Sinn (2009), ▶ Abb. 2.2; Zum Vergleich: Deutschland ist nach Japan die zweitgrößte Gläubigernation mit einem Auslandsvermögen von ca. 3,1 Bio. US$ (vgl. Milesi-Ferretti 2021). Hierfür mussten 2024 bereits über 1,1 Bio. US$ Zinsen, etwa 13 % der Haushaltsausgaben, bezahlt werden und die Tendenz ist steigend. s.a. *Links*: US-Staatsverschuldung.

Ankündigungen und Folgen

Diesen offensichtlichen Fehlentwicklungen der vergangenen Jahrzehnte scheint *Donald Trump* nun vor allem mit einer „*deal*-orientierten" Machtpolitik mit erheblichen und weitreichenden Folgen auch für die internationalen Währungs- und Finanzbeziehungen entgegentreten zu wollen.

Weltwirtschaftsordnung

Abgesehen davon, welche Zölle in welcher Höhe letzten Endes tatsächlich erhoben werden, wurden durch einseitige Maßnahmen und Drohungen die Grundlagen und Prinzipien der bisher geltenden Weltwirtschaftssordnung zerstört. Die weltweite allgemeine Verunsicherung ist schon nach wenigen Monaten so groß, dass sich dramatische, auch langfristige Folgewirkungen abzeichnen. Das Vertrauen in die wichtigste Wirtschaftsmacht der Welt, den weltgrößten Aktienmarkt und die Ankerwährung US$ erodiert.

- Dies gilt einerseits für die Anleger und Investoren, die hohe Verluste nach einem der größten Börsencrashs seit der internationalen Finanzkrise im April 2025 zu verzeichnen hatten.
- Es gilt andererseits für exportierende Unternehmen in amerikanischen Partnerländern, die ihre Partnerschaften neu ausrichten, neue Geschäftsbeziehungen etablieren und ihre Investitionspläne überdenken müssen.
- Es gilt für US-Unternehmen, die aufgrund eines möglicherweise entstehenden Handelskrieges Gewinneinbußen haben werden und ihre bestehenden Lieferketten wohl neu ordnen müssen.
- Es gilt für „ehemalige" Partnerländer, die nicht nur Gegenmaßnahmen erwägen, sondern bereits dabei sind neue regionale Abkommen und Allianzen in Asien, Afrika und Lateinamerika zu schließen.
- Es gilt aber vor allem auch für US-Bürger, die sich aufgrund höherer Kosten für weiterhin benötigte Importprodukte, auf steigende Preise und eine mögliche Rezession mit wohl steigenden Arbeitslosenzahlen einstellen müssen.

Hohe Zölle

Die Exportschwäche müsste gezielt durch exportfördernde Maßnahmen sowohl im Sachgüter- als auch im Dienstleistungsbereich überwunden werden. Stattdessen wird versucht, die bereits niedrige US-Importquote durch vollkommen willkürlich „berechnete" Zölle, gekoppelt mit massiven Drohungen gegen die US-Handelspartner, weiter zu senken (vgl. *Links*: Rose Garden). Durch erpresserische Maßnahmen, die in sog. *deals* verpackt werden, sollen die gleichen Handelspartner dazu gezwungen werden, ihre Exporte in die USA zu verringern und gleichzeitig ihre Importe aus den USA zu erhöhen, um so das amerikanische Leistungsbilanzdefizit zu senken. Da die importierten Güter zu einem großen Teil weiterhin benötigt werden und die unter Druck gesetzten Handelspartner ihrerseits protektionistische Gegenmaßnahmen ergreifen werden, wird dieses Ziel mit Sicherheit nicht erreicht werden.

Wahrscheinlicher sind vielmehr massive Produktionsstörungen aufgrund der nun künstlich gestörten Lieferketten und damit Engpässe bei weiterhin benötigten Importen, etwa von Vorprodukten, sowie erhebliche Preissteigerungen, die die US-Bürger durch die partiell weitergereichten höheren Zölle tragen müssen. Die US-Inflationsrate dürfte daher tendenziell zunehmen, und die US-Zentralbank wird gezwungen sein, die US-Zinsen eher zu erhöhen -bzw. hoch zu halten - als zu senken. Zudem dürften auch zusätzliche Industriearbeitsplätze auf diese Weise – zumindest auf kürzere und mittlere Sicht – nicht geschaffen werden. Gleichzeitig zeichnet sich eine weltweite Wirtschaftskrise aufgrund eines generellen Rückgangs des internationalen Handels, der ökonomisch-politischen Verunsicherung, von Gewinnrückgängen, der erzwungenen höheren Preise und weltweit wachsender Inflationstendenzen ab.

Wesentlich wirksamer scheint der bereits 2022 unter dem früheren demokratischen Präsidenten *Joe Biden* beschlossene *Inflation Reduction Act* (IRA) (vgl. *Links*) mit einem Volumen von rund 430 Mrd. US$ zu sein.

Inflation Reduction Act
Durch den IRA sollte die Wirtschaft angekurbelt, die Investitionen gesteigert und die Exporte stimuliert und möglicherweise auch Importe substituiert werden. Er sieht Steuergutschriften, zinsgünstige Kredite und direkte staatliche Zuschüsse für Investitionen in die regenerative Energieproduktion, in Klimaschutzmaßnahmen und Zukunftsbranchen vor. Gefördert werden allerdings nur in den USA investierende Unternehmen bzw. Produkte, die einen bestimmten *local content* aufweisen, wie E-Autos, deren Endmontage in den USA erfolgt oder Batterien, die zumindest teilweise in den USA produziert wurden. Kurz vor dem Inkrafttreten des IRA wurde, ebenfalls 2022, der *CHIPS and Science Act* (vgl. *Links*) mit einem Volumen von 280 Mrd US$ verabschiedet. Ziel dieses Gesetzes ist es ebenfalls u. a. Investitionen in inländische Produktionskapazitäten für Halbleiter, saubere Energie und Nanotechnologie zu fördern und neue regionale Hightech-Drehkreuze zu schaffen. Beide Ansätze haben, auch wenn sie tendenziell protektionistisch sind, das Potenzial die Exportbilanz der USA deutlich zu verbessern. Allerdings ist es keineswegs sicher, ob die erforderlichen Maßnahmen – wegen ihrer von *Trump* abgelehnten Ausrichtung auf alternative regenerative Energien – unter der neuen Regierung in dieser Form weiter verfolgt werden.

- **Abwertung des US-Dollar**

Die Exportschwäche bei Sachgütern ist mit der „Holzhammerpolitik" der Androhung hoher Zölle also nicht zu überwinden. Die Politik zielt daher parallel gleichzeitig auf eine Abwertung der amerikanischen Währung und auf eine Senkung der US-Zinsen. Der Wechselkurs des US$ soll gezielt geschwächt werden, um so die Preise für US-Exporte zu senken und Importe zu verteuern. Dies soll dazu beitragen das extrem hohe Handelsbilanzdefizit der USA zu senken. In Folge der wirtschaftlichen Verunsicherung u. a. durch die genannten Zollankündigungen ist dies bereits ansatzweise gelungen. Der Wechselkurs des US$ gegenüber dem Euro sank inzwischen um fast 10 %, ein mögliches Anzeichen dafür, dass der Status des US$ als „sicherer Währungshafen" hinterfragt wird und sein Status als wichtigstes *Wertaufbewahrungsmittel* tendenziell sinkt. Durch einen niedrigeren US$-Kurs steigen aber - wie erwähnt - die Importpreise und damit auch die Verbraucherpreise in den USA.

Ein weiterer Versuch wird US-intern schon seit Längerem diskutiert: In Anlehnung an das frühere Plaza-Abkommen (vgl. ▶ Abschn. 3.1) wird über ein neues Abkommen zur *koordinierten Abwertung* des US$ diskutiert. Durch einen „*Mar-a-Lago Accord (MALA)*" (vgl. *Links*) könnte die US-Regierung ausländische Gläubiger dazu veranlassen, einen Teil ihrer US$-Reserven zu verkaufen. Die in ihrem Besitz verbleibenden US-Staatsanleihen sollten dann in Anleihen mit sehr langer Laufzeit umgewandelt werden und zusätzlich sollte auf eine Verzinsung weitgehend verzichtet werden. Hierdurch müssten jährlich weniger neue US-Anleihen emittiert werden, sodass die Nachfrage nach neuen Anleihen und damit nach US$ sinken würde. Ländern, die einer solchen – für sie nachteiligen – Regelung nicht zustimmen würden, könnten seitens der Trump-Regierung Strafzölle und eine Verweigerung des amerikanischen militärischen Sicherheitsschirms drohen. Ob die Gläubigerländer einem solchen Abkommen, das eher als „Schutzgelderpressung" bezeichnet werden kann, freiwillig zustimmen werden, ist wenig wahrscheinlich. Sie könnten sich allerdings dazu gezwungen sehen, sodass dann eine Reduzierung der Nachfrage nach festverzinslichen US-Wertpapieren als Folge wahrscheinlich wäre.

Um den US$ weiter oder nachhaltiger zu schwächen ist es auch nicht ausgeschlossen, dass *Trump* in den anstehenden Zollverhandlungen Druck auf seine Handelspartner ausübt. Er könnte diese beispielsweise auffordern, ihre Zentralbanken zu einer Erhöhung ihrer Leitzinsen zu veranlassen, um deren Währungen zu stärken und so die Preise für Importgüter zu verteuern.[13]

---

13 Die Tatsache, dass die EZB für eine gerade erfolgte Leitzinssenkung „gelobt" wurde, dürfte in Unkenntnis des hierdurch bewirkten Preisdämpfungseffekt für EU-Exportgüter erfolgt sein.

- **Niedrigere Zinsen**

Die Notwendigkeit durch vergleichsweise höhere Zinsen für ausreichende Kapitalimporte zu sorgen – wie oben erläutert wurde – bedeutet aber für alle Gläubiger, also für Unternehmen, Privatpersonen, aber vor allem auch für den Staat höhere Kosten. Neben dem Leistungsbilanzdefizit steigt aber – wie erwähnt – auch das bereits chronische Haushaltsdefizit des Staates laufend weiter an. 2025 liegt es bei rund 2 Bio. US$ und damit bei rund 6 % des BIP (vgl. *Links*: US-Haushaltssaldo).

Entgegen der Notwendigkeit ausländische Anleger durch höhere Zinsen weiterhin zu Kapitalimporten zu motivieren versucht der US-Präsident jedoch niedrigere (!) Zinsen durchzusetzen, um hierdurch der schwächer werdenden US-Wirtschaft neue Impulse zu verleihen. Da dies wegen der Unabhängigkeit der Zentralbank, der Fed, nicht auf dem direkten Weg möglich ist, wählte *Trump* die bewährte Methode, durch Beleidigungen[14] und direkte Forderungen den Fed-Chef *Jerome Powell* zu schwächen oder sogar abzusetzen, um so eine Entscheidung entsprechend seinen Wünschen durchzusetzen. Der Angriff auf die Unabhängigkeit der Fed und die kurze Zeit später erfolgende Rücknahme der Drohung den Fed-Chef abzusetzen vergrößert die Unsicherheit internationaler Anleger, da den Aussagen des Präsidenten kaum noch getraut werden kann. Die Einflussnahme war bis Mitte 2025 noch nicht erfolgreich – die Fed senkte die Zinsen nicht wunschgemäß. Der Hauptgrund hierfür dürften die Folgewirkungen der Zollankündigungen, der dadurch ausgelösten ausländischen Gegenreaktionen und die unsicheren wirtschaftlichen Entwicklungen sein. *Trump* wird daher weiterhin versuchen Einfluss auf die Entscheidungen der Fed zu nehmen, was die Finanzmärkte auch zukünftig verunsichern wird (s. a. *Links*: Machtkampf).

Tatsächlich werden an den Finanzmärkten langfristige US-Staatsanleihen (US-Treasuries) seit April 2025 stärker *verkauft* („sell America") und nicht gekauft, da das Vertrauen in die Zahlungsfähigkeit- bzw. -willigkeit der US-Regierung sinkt. In der Folge sanken die Kurse der festverzinslichen Anleihen, während die Zinsen stiegen. Es ist abzusehen, dass die zu erreichenden Ziele, falls diese in den Überlegungen der Trump-Administration tatsächlich eine Rolle spielen sollten, mit dieser sehr widersprüchlichen Politik nicht erreicht werden. So werden beispielsweise die höheren Zolleinnahmen, die

---

14 In Posts auf seiner sozialen Medienplattform *Truth Social* nannte *Trump* den Fed-Chef *Powell* u. a. „Mr. Too Late", weil die Zentralbank seiner Meinung nach zu spät auf Inflation und Konjunkturabschwünge reagiert habe, „a major looser" und nach der Zinsentscheidung „a fool".

durch steigende Ausgaben und sinkende Steuereinnahmen, die das im Juli 2025 erlassene „One Big Beautiful Bill" verursachen wird, keinesfalls kompensieren können. Ein Gegenentwurf könnte u.a. folgende Elemente enthalten: Eine an internationalen Regeln orientierte maßvolle einheitliche Zollpolitik von etwa 10 % auf alle Importe, eine Fortsetzung der unter *Biden* begonnenen Stärkung der US-Sachgüterexporte vor allem im Bereich regenerativer Energien, maßvolle Steuererhöhungen für höhere Einkommen und umfangreiche, aber gezielte Maßnahmen zur Sanierung des Staatshaushalts. Eine auf diese Weise reduzierte Verunsicherung und eine Vertrauensstärkung in die US-Wirtschaft und den US$ würde auch die Möglichkeit die US$-Zinsen zu senken deutlich erhöhen.

3.6 Lernkontrolle

Kurz und bündig

Der Zusammenbruch des weltweiten festen Wechselkurssystems von *Bretton Woods* zwang die Länder, neue Lösungen zur Gestaltung ihrer Währungsbeziehungen zu finden. Während einige Länder sich weiterhin für feste Wechselkursbeziehungen gegenüber ihren Haupthandelspartnern entschieden, bevorzugten andere Länder *flexible Wechselkurse*, von denen sie sich verschiedene Vorteile erhofften. Insbesondere sollten durch flexible Wechselkurse abrupte *Kursschwankungen* vermieden und durch gleitende Übergänge ersetzt werden. Es zeigte sich aber schnell, dass der generelle Übergang zum Floating instabile Wechselkursverhältnisse und größere Wechselkursschwankungen keineswegs beseitigte.

Neben einigen anderen Ländern waren vor allem die USA gezwungen, ihre Währung durch Interventionen auf den Währungsmärkten zu „verteidigen". Zudem wurde durch neue Formen internationaler währungspolitischer Kooperation, u. a. im Rahmen von *Weltwirtschaftsgipfeln*, immer wieder versucht, die Wechselkurse zu stabilisieren. Angesichts der Schwankungen der Wechselkurse, der großen weltwirtschaftlichen Ungleichgewichte und der damit einhergehenden steigenden Auslandsverschuldung vieler Länder waren die Erfolge der internationalen Währungspolitik allerdings begrenzt. Bewegungen der Wechselkurse waren zwar erwartet worden, nicht jedoch die heftigen, zum Teil abrupten Kursschwankungen, die durch die umfangreichen spekulativen internationalen Finanzströme ausgelöst wurden. Weitergehende Überlegungen zur Stabilisierung der Wechselkurse, etwa durch die Vorgabe von Wechselkurszielen, wie etwa *Zielzonen*, wurden nicht umgesetzt.

3.6 · Lernkontrolle

Die 1980er- und 1990er-Jahre waren zudem von diversen Währungs- und Finanzkrisen geprägt. Gingen die Krisen von Entwicklungs- oder Schwellenländern aus, so wurden diese häufig von in diesem Umfang unerwartet schnellen Zu- und Abflüssen von internationalem Kapital überrascht. Waren sie zuvor noch als *Emerging Markets* begehrtes Ziel internationaler Anleger, zogen diese nun überraschend schnell ihr Kapital wieder ab: Dies hatte nicht nur Folgen für die Finanz- und Währungssituation der betroffenen Länder, sondern beeinflusste auch deren reale Wirtschaft massiv: Sinkendes Wirtschaftswachstum führt zur Zurückhaltung bei Investitionen, die Arbeitslosigkeit nimmt zu, Einkommen und Nachfrage sinken. Einige der wichtigsten Krisen waren die Schuldenkrisen Lateinamerikas (1982), Mexikos (1994/5) und Brasiliens (1998/99), bei denen diese Länder ihre Fremdwährungskredite u. a. infolge allgemeiner Zinserhöhungen und zu hoher Staatsausgaben nicht mehr ordnungsgemäß bedienen konnten.

Damit rückte das Verhindern und Bekämpfen derartiger Krisen spätestens seit Ende der 1990er-Jahre in den Mittelpunkt der internationalen finanz- und währungspolitischen Kooperation. Die vorhandenen Mechanismen und Instrumente zur Früherkennung und Prävention sowie zum Krisenmanagement reichten offensichtlich nicht aus, um die Entwicklung von Währungs- und Finanzkrisen frühzeitig zu erkennen und zu verhindern. Daher reformierte der IWF seine Instrumente zur Vermeidung der Zahlungsunfähigkeit der Krisenländer und stellt beispielsweise neue Kreditlinien bereit, die besser an die wirtschaftliche Situation der kreditnehmenden Länder angepasst waren. Zudem wurden die Frühwarnsysteme zur frühzeitigen Erkennung von möglichen Finanzkrisen angepasst und auch temporäre Kapitalverkehrsbeschränkungen in Betracht gezogen.

Vor dem Hintergrund eines stark steigenden Leistungsbilanzdefizits und einer ebenfalls steigenden Staatsverschuldung wurde die Weltwirtschaft durch widersprüchliche, erratische und kaum nachvollziehbare Ankündigungen des US-Präsidenten *Donald Trump* erheblich verunsichert. Mit der Ankündigung willkürlich „berechneter" Zölle gegen praktisch alle Handelspartner der USA wurde zudem versucht durch „Deals" einseitige Vorteile auszuhandeln. Ferner wird versucht die Position des US$ zu schwächen und die US-Zinsen zu senken, obwohl die USA nach wie vor auf erhebliche Kapitalimporte angewiesen sind.

Let's check

1. Mit welchen *Erwartungen* führten viele Länder nach dem Zusammenbruch des BWS Systeme *flexibler Wechselkurse* ein?
2. Welche *Rolle* spielten *Weltwirtschaftsgipfel* bei der Bewältigung währungspolitischer Turbulenzen Ende des letzten Jahrhunderts?
3. Vergleichen Sie *Ursachen und Lösungsansätze zweier Schuldenkrisen* miteinander.
4. Warum und wie wurde die *IWF-Strategie reformiert?*
5. Skizzieren Sie eine Situation, in der Sie *temporäre Kapitalbeschränkungen* empfehlen würden.
6. Wie und warum versucht der derzeitige *US-Präsident Donald Trump* den Wechselkurs der *US-Währung* zu beeinflussen?

Vernetzende Aufgabe – recherchieren, analysieren, beurteilen

Entwerfen Sie ein Frühwarnsystem zur Vermeidung einer Währungs- und Finanzkrise und überprüfen Sie Ihren Ansatz anhand der vorliegenden Daten für ein Land Ihrer Wahl.

Literatur

Literatur Kapitel 3[15]

Bank für Internationalen Zahlungsausgleich (BIZ) Jahresbericht, verschiedene Jahrgänge: 1998, 2009, 2012, 2015, 2018, Basel

Deutsche Bundesbank (1999): Zur Bedeutung von Fundamentalfaktoren für die Entstehung von Währungskrisen in Entwicklungs- und Schwellenländern; in: Monatsberichte April 1999

Eichengreen, B. (1999) Vom Goldstandard zu Euro. Die Geschichte des internationalen Währungssystems. Berlin

Graham, D.A. (2025) Der Masterplan der Trump-Regierung, Frankfurt

Koch, E. (2024) Internationale Wirtschaftsbeziehungen II. Das Weltfinanzsystem – Währungsordnungen, globale Finanzmärkte und Finanzkrisen, 4. Aufl.

Konrad, A. (2000) Alternative Formen der Währungsbindung; in: WiSU 1/2000, S. 106–111

Kulessa, M. (1996) Die Tobinsteuer zwischen Lenkungs- und Finanzierungsfunktion; in: Wirtschaftsdienst 1996 II

Krugman, P. / Obstfeld, M. / Melitz, M. (2019) Internationale Wirtschaft, 11. Aufl. München

Laeven, L./ Valencia, F. (2012) Systemic Banking Crises Database: An Update. IMF Working Paper WP 12/163

---

15 Letzter Zugriff auf die unter „Literatur" und „Links" genannten Internetquellen jeweils 06/2025.

Milesi-Ferretti, G.M. (2021) The US is increasingly a net debtor nation. Should we worry? April 14, 2021; https://www.brookings.edu/blog/up-front/2021/04/14/the-us-is-increasingly-a-net-debtor-nation-should-we-worry

Sinn, H.-W. (2009) Kasino-Kapitalismus, Berlin

Links

ASEAN: https://asean.org/
BRICS: https://www.swp-berlin.org/publikation/eine-neue-entwicklungsphase-der-brics
Finanzkrisen: https://www.bpb.de/kurz-knapp/zahlen-und-fakten/globalisierung/52625/groessere-finanzkrisen-seit-1970/
G7: https://www.bundesfinanzministerium.de/Web/DE/Themen/Internationales_Finanzmarkt/Internationale-Zusammenarbeit/G7/g7.html
G20: www.g20.org
Ölpreiskrise: https://www.br.de/radio/bayern2/sendungen/radiowissen/soziale-politische-bildung/oelkrise-1970er-wirtschaft-fahrverbot-opec-100.html

Links zur Fallstudie USA

Chips and Science Act: https://www.kooperation-international.de/aktuelles/nachrichten/detail/info/us-praesident-setzt-chips-and-science-act-in-kraft-erhebliche-budgeterhoehungen-fuer-bundesforschungseinrichtungen
Inflation Reduction Act: https://www.iwkoeln.de/fileadmin/user_upload/Studien/Kurzberichte/PDF/2024/IW-Kurzbericht_2024-US-Inflation-Reduction-Act.pdf
Kleptocracy: https://foreignpolicy.com/2025/03/25/america-kleptocracy-trump-musk-corruption/
Machtkampf: https://www.sueddeutsche.de/projekte/artikel/wirtschaft/fed-powell-trump-entmachtung-e749100/?reduced=true
Mar-a-Lago Abkommen: https://www.flossbachvonstorch.de/de/impulse/artikel-und-meinungen/detail/mar-a-lago-abkommen-viel-laerm-um-nichts
Project 2025: https://www.heritage.org/conservatism/commentary/project-2025; https://www.pbs.org/newshour/show/the-project-explores-project-2025s-origins-and-goals-to-reshape-american-culture; https://www.deutschlandfunk.de/trump-project-2025-100.html
Rose Garden: https://www.welt.de/politik/ausland/article255853144/Trumps-neue-Zoelle-Unser-Land-wurde-gepluendert-und-vergewaltigt.html; https://www.dw.com/de/erste-phase-von-trumps-zoll-erh%C3%B6hungen-in-kraft/a-72148078
Trump Vermögen: https://de.statista.com/statistik/daten/studie/920851/umfrage/vermoegen-des-us-praesidenten-donald-trump/
US-Exporte: https://www.statista.com/statistics/258779/us-exports-as-a-percentage-of-gdp/
US-Haushaltssaldo: https://de.statista.com/statistik/daten/studie/165796/umfrage/haushaltssaldo-der-usa/
US-Importe: https://www.statista.com/statistics/259096/us-imports-as-a-percentage-of-gdp/
US-Leistungsbilanz: https://de.statista.com/statistik/daten/studie/1344655/umfrage/leistungsbilanzsaldo-in-den-usa/
US-Staatsverschuldung: https://de.statista.com/statistik/daten/studie/1975/umfrage/staatsverschuldung-der-usa
US-Auslandsverschuldung: https://www.ceicdata.com/en/indicator/united-states/external-debt

Globalisierung der Finanzmärkte

Inhaltsverzeichnis

4.1 Internationale Finanzmärkte und internationale Finanztransaktionen – 92

4.2 Merkmale der Globalisierung der Finanzmärkte – 98
4.2.1 Liberalisierung des Kapitalverkehrs – 99
4.2.2 Deregulierung der Finanzmärkte – 100
4.2.3 Finanzinnovationen – 101

4.3 Ansätze einer Neuregulierung der internationalen Finanzmärkte – 104

4.4 Fallstudie: Die Internationale Finanzkrise 2007/2008 – 106

4.5 Basel III – Kernelemente der neuen Finanzmarktregulierung – 111

4.6 Zusammenfassende Beurteilung – 117

© Der/die Autor(en), exklusiv lizenziert an Springer Fachmedien Wiesbaden GmbH, ein Teil von Springer Nature 2025
E. Koch, *Internationale Währungs- und Finanzbeziehungen*, Studienwissen kompakt, https://doi.org/10.1007/978-3-658-48712-6_4

4.7 Fallstudie: Bankenkrise 2023 – 119

4.8 Lernkontrolle – 121

Literatur – 123

4 Globalisierung der Finanzmärkte

Lernagenda
Folgende Fragn werden in Kapitel 4 beantwortet:
- Was sind *internationale Finanzmärkte*?
- Wie haben sich die *internationalen Finanztransaktionen* entwickelt?
- Welche *politischen Entscheidungen* haben die Globalisierung der Finanzmärkte begünstigt?
- Welche Bedeutung hatten die Vereinbarungen „*Basel I*", „*Basel II*" und „*Basel III*" für die Regulierung der internationalen Finanzmärkte?
- Welche wesentlichen Ursachen waren maßgebend für das Entstehen der *internationalen Finanzkrise 2007/2008*?
- Welches sind Kernelemente der „*neuen Finanzmarktregulierung*"?

Im Bretton-Woods-System (BWS) hatte die Stabilität der Wechselkurse als wichtige Voraussetzung für die Entwicklung des internationalen Handel Priorität, während freier Kapitalverkehr eher als Quelle von Instabilität gesehen und daher auch stark eingeschränkt wurde. Mit dem Ende des BWS und dem Beginn der Liberalisierung der Finanzströme setzte sich zunehmend die Erkenntnis durch, dass durch die Beseitigung von Kapitalverkehrskontrollen Verzerrungen bei der Allokation der Ressourcen abgebaut und damit eine wesentliche Voraussetzung für eine weitere Handelsausweitung geschaffen werden konnte. Die internationalen Finanzströme stiegen daraufhin sprunghaft an, sodass die nationalen Finanzmärkte zu einem globalen Finanzmarkt zusammen wuchsen. Eine wichtige Rolle für die Entwicklung des internationalen Finanzsystems spielte dabei das SWIFT-Netzwerk (*Society for Worldwide Interbank Financial Telecommunication*), das 1977 seinen Betrieb aufnahm.

SWIFT
... verbindet Finanzinstitute weltweit miteinander und ermöglicht es ihnen standardisierte sichere Informationen über Finanztransaktionen auszutauschen. SWIFT ist eine internationale Genossenschaft mit Sitz in Belgien, deren Anteilseigner Banken und Finanzinstitute sind. Es wird von mehr als 11.000 Banken, Wertpapierfirmen und Konzernen in über 200 Ländern genutzt. Jede teilnehmende Bank hat einen speziellen SWIFT-Code (*Bank Identifier Code*, BIC), der diese zweifelsfrei identifiziert. Soll eine Überweisung durchgeführt werden, sendet die Bank des Absenders eine SWIFT-Nachricht an die Bank des Empfängers, die die Nachricht verarbeitet und den Betrag dem Konto des Empfängers gutschreibt. Wenn die Banken keine direkte Geschäftsbeziehung haben, wird die Transaktion über vermittelnde Korrespondenzbanken durchgeführt.

Aus wirtschaftlichen oder politischen Gründen, meist im Zusammenhang mit Sanktionen, kann ein Land aus dem SWIFT-System ausgeschlossen werden, sodass internationale Finanztransaktionen erschwert werden. Der Ausschluss erfolgt durch das Sperren der SWIFT-Codes der Banken des betroffenen Landes, sodass diese keine SWIFT-Nachrichten mehr senden oder empfangen können. Beispiele hierfür sind der Ausschluss des Iran 2012 oder Russlands 2022 (vgl. *Links*: SWIFT). Als Alternative zu SWIFT wird allerdings derzeit bereits das chinesische Zahlungssystem *Cross-Border Interbank Payment System* (CIPS) ausgebaut, um auf Dauer unabhängig von Zahlungssystem SWIFT zu werden.

Die Globalisierung der Finanzmärkte erhöhte allerdings auch die *Krisenanfälligkeit* der Finanzmärkte. Durch die sinkenden *Aufsichts- und Einflussmöglichkeiten* der nationalen politischen Aufsichtsorgane konnte vor allem die Fülle der von den Finanzmarktakteuren entwickelten und zum Teil hoch riskanten *Finanzinnovationen* kaum noch kontrolliert werden. Zudem wurden Transaktionen zunehmend auch in *Steueroasen* (vgl. ▶ Abschn. 4.2.2) abgewickelt, die dem Einflussbereich von Finanzkontrollen entzogen waren.

4.1 Internationale Finanzmärkte und internationale Finanztransaktionen

Finanzgeschäfte werden auf Finanzmärkten abgewickelt, auf denen Angebot und Nachfrage nach Geld und Kapital zusammentreffen, internationale Finanztransaktionen werden demnach auf *internationalen Finanzmärkten* durchgeführt. Weltweit werden mehr als 50 Währungen gehandelt, wobei sich der Devisenhandel (*Forex Trading*) aber auf nur wenige Handelsplätze und wenige Hauptwährungen konzentriert: In den fünf wichtigsten Finanzzentren, New York, London, Singapur, Hongkong und San Franzisco, findet fast 80 % des gesamten Devisenhandels statt (vgl. ◘ Abb. 4.1).

Fast 75 % des Devisenhandels entfällt auf nur vier Währungen: US$, Euro, den japanischen Yen und das britische Pfund Sterling. Weitere häufiger gehandelte Währungen sind der chinesische Yuan, der australische und der kanadische Dollar und der Schweizer Franken. Der US$ ist für die meisten Zentralbanken die wichtigste *Reservewährung* und damit auch das wichtigste *Wertaufbewahrungsmittel*. Sein Anteil an den Währungsreserven ging in den letzten 20 Jahren von über 70 % (2001) auf knapp 60 % (2022) jedoch leicht zurück. Da er weltweit akzeptiert ist, wird er auch häufig als alternatives Zahlungsmittel und als Währungsanker für die eigene nationale Währung verwendet. Seit Beginn der 2000er-Jahre ist er unverändert an

Ranking	Finanzplatz
1	New York
2	London
3	Hongkong
4	Singapur
5	San Franzisko
6	Chicago
7	Los Angeles
8	Shanghai
9	Shenzhen
10	Frankfurt

Quelle: https://www.longfinance.net/programmes/financial-centre-futures/global-financial-centres-index/gfci-36-explore-the-data/gfci-36-rank/

Abb. 4.1 Die wichtigsten globalen Finanzplätze (2024). (Quelle: *Links*: GFCI 36 (2024))

knapp 90 % aller Devisentransaktionen beteiligt, wobei sich die Gesamtzahl der Devisentransaktionen bei dieser Darstellung auf 200 % addiert, die Bedeutung des Euro ist von 39 % (2010) auf 31 % gesunken, die des japanische Yen liegt unverändert bei 17 %.[1]

Die weltweiten Finanzströme begannen ab Mitte der 1970er-Jahre zunächst zögernd und dann immer rascher zu wachsen. Anfang der 1990er-Jahre hatten praktisch alle wichtigen Länder ihre Kapitalverkehrskontrollen beseitigt, sodass sich neue vielfältige Finanzierungs- und Anlagemöglichkeiten eröffneten. Die täglichen (!) Umsätze auf den Welt-Devisenmärkten verdreifachten sich bereits zwischen 1989 und 2004 von knapp 600 Mrd. US$ auf fast 1,9 Bio. US$ – trotz eines erheblichen Einbruchs in den Jahren 2001 und 2002 und trotz der zwischenzeitlichen Einführung des Euro, der die intraeuropäischen Devisentransaktionen erheblich reduzierte. In den letzten ca. 20 Jahren vervierfachten sich die täglichen (!) Devisenmarktumsätze dann noch einmal nach Erhebungen der BIZ auf inzwischen 7,5 Bio. US$ im

---

1 Vgl. Bank for International Settlements (2022).

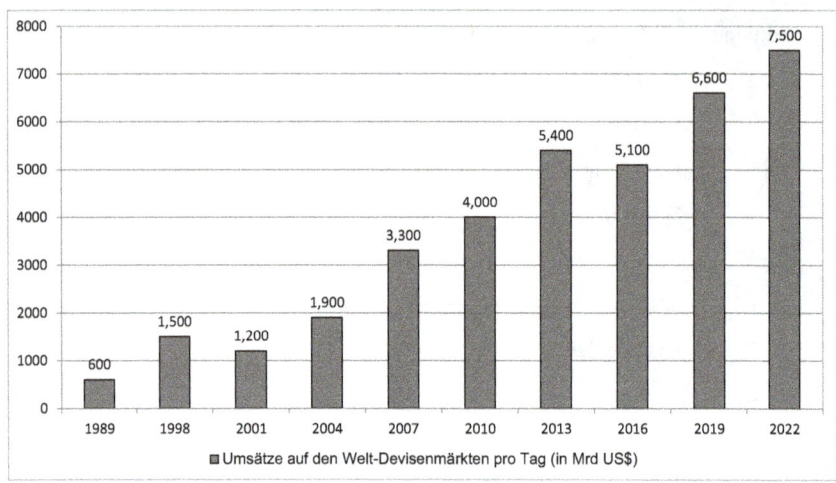

Abb. 4.2 Umsätze auf den Welt-Devisenmärkten pro Tag (in Mrd US$). (Quelle: BIS (2022))

April 2022 (vgl. **Abb. 4.2**). Damit wuchsen die Devisentransaktionen in diesem Zeitraum erheblich schneller als der Welthandel oder gar das Welt-BIP.

BIZ – Triennial Survey
Die *Bank für Internationalen Zahlungsausgleich*, BIZ, (*Bank for International Settlements*, BIS) wurde 1930 von Zentralbanken in Europa, Nordamerika und Japan mit Sitz in Basel gegründet. Als „Bank der Zentralbanken" ist sie für die Zentralbanken ein wichtiges Zentrum der internationalen Zusammenarbeit im Währungs- und Finanzbereich. Anfang 2025 gehörten ihr 63 Zentralbanken aus Europa, Nordamerika und einer wachsenden Anzahl von Schwellenländern an, zudem verwaltet sie Währungsreserven von über 140 Zentralbanken und Währungsbehörden. Die Devisenumsätze ermittelt die BIZ alle drei Jahre in einem *Triennial Survey* für 56 Währungen bei Banken in 52 Ländern. Der letzte im Frühjahr 2022 durchgeführte Survey stützt sich auf die Daten von 1200 am Devisenhandel beteiligten Finanzinstitutionen.[2]

Der informelle *Baseler Prozess*, die Kooperation zwischen Zentralbanken, Finanzaufsichtsbehörden sowie Bankenaufsichts- und Regulierungsgremien, bildet einen wesentlichen Pfeiler der internationalen Zusammenarbeit im Bereich der Finanzstabilität. Die Beratungen legten u. a. die Basis für die verschiedenen Basel-Abkommen, einschließlich der Basel III-Regularien nach der Finanzkrise 2007/08 (vgl. ▶ Abschn. 4.4).

---

2 Vgl. Bank for International Settlements (2022).

Induzierte Finanztransaktionen

Unter *induzierten* Finanztransaktionen werden Geld- und Kapitalströme verstanden, die in unmittelbarem Zusammenhang mit „leistungsbezogenen" Aktivitäten stehen. Dies sind beispielsweise Zahlungen als Folge von grenzüberschreitenden Vereinbarungen und Verträgen, wie etwa von Exporten und Importen von Waren und Dienstleistungen, es sind Zahlungen für Löhne und Gehälter für grenzüberschreitende Arbeitstätigkeit oder Zins- und Dividendenzahlungen für grenzüberschreitende Kapitalanlagen. Schließlich fallen hierunter auch regelmäßige Zahlungen an internationale Organisationen bzw. von diesen erhaltene Leistungen. Diese Beziehungen führen i. d. R. zu einer Nachfrage nach ausländischen Währungen und beeinflussen das Volumen der internationalen Devisentransaktionen. So führen Außenhandelsbeziehungen beispielsweise zu einer Nachfrage nach der Währung des Exportlandes durch das Importland, sodass ein Anstieg der Exporte eine steigende Nachfrage nach der Währung des Exportlandes durch die Importländer zur Folge hat.

Während internationale Finanztransaktionen in den 1970er-Jahren noch zu etwa 90 % aus induzierten Transaktionen bestanden, liegt dieser Anteil selbst bei günstigsten Schätzungen heute nur noch bei 2 bis 3 % des derzeitigen Gesamtvolumens aller internationaler Finanztransaktionen, also der induzierten und der autonomen Transaktionen (vgl. ◘ Abb. 4.3).

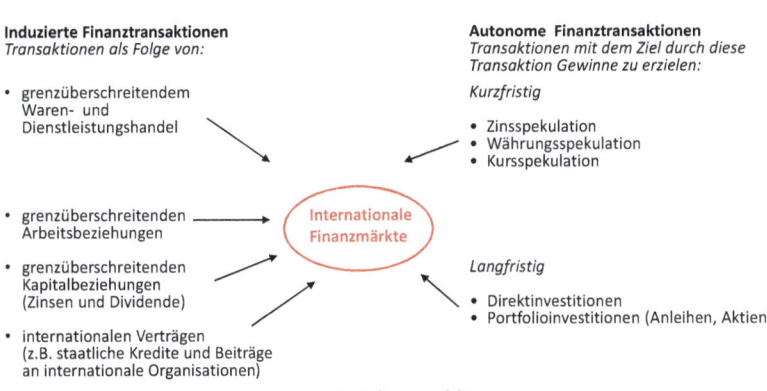

◘ Abb. 4.3   Internationale Finanztransaktionen

- **Autonome Finanztransaktionen**

Unter *autonomen Finanztransaktionen* werden Anlage- und Spekulationsgeschäfte in Fremdwährungen verstanden, die aufgrund von direkt mit diesen Transaktionen verknüpften Gewinnerwartungen getätigt werden. Grundsätzlich lassen sich diese in kurzfristige, spekulativ orientierte, und mittel- bis langfristige, eher anlageorientierte Transaktionen unterteilen.

Kurzfristige Finanztransaktionen stellen den mit weitem Abstand größten Teil der internationalen Finanzströme dar. Richtung und Umfang dieser Transaktionen werden im Wesentlichen von *Erwartungen* bestimmt, in die eine Vielzahl von Informationen eingehen. So sind beispielsweise Wechselkursentwicklungen bzw. Erwartungen bezüglich deren Entwicklung eine bedeutende Ursache für Richtung und Volumen der internationalen Kapitalströme. Im Rahmen einer *Aufwertungsspekulation* kann es beispielsweise interessant sein, eine Währung zu kaufen, von der erwartet wird, dass ihr Wechselkurs steigen wird, um sie später zu einem höheren Kurs verkaufen zu können. Wird umgekehrt erwartet, dass eine Währung Kursverluste erleidet, werden Positionen in dieser Währung aufgelöst bzw. Darlehen in dieser Währung aufgenommen, die dann später zu günstigeren Devisenkursen zurückgezahlt werden *(Abwertungsspekulation)*. Für die Devisenspekulation spielen also sowohl die Analyse und Interpretation der ökonomischen Fakten als auch Erwartungen und Prognosen über die Entwicklung dieser Daten eine zentrale Rolle. Wichtig sind hierbei u. a. auch Informationen über die konjunkturelle Entwicklung des Landes, die Entwicklung der Leistungsbilanz, der Staatsverschuldung sowie des Inflations- und Zinsniveaus des betreffenden Landes.

Währungsspekulation

In Abhängigkeit von diesen Daten bilden sich kurz- oder mittelfristige Trends, die sich schnell verselbstständigen können. Fällt der Kurs einer Währung, wird die Spekulation zunächst auf einen weiteren Kursverfall setzen und durch den Abzug von Kapital aus dieser Währung den Trend verstärken. Die fundamentalen Daten verlieren in einer solchen Situation zugunsten der Eigendynamik der Finanzmärkte an Bedeutung. Damit können die Devisenmärkte, die Wechselkursentwicklungen aus den bisherigen Wechselkursbewegungen ableiten, kurzfristig von den ökonomischen Grunddaten unabhängige Wechselkurse erzeugen. Bleiben korrigierende entgegengesetzte Währungstransaktionen zunächst aus, können die Märkte sehr heftig reagieren, sie „schießen über das Ziel hinaus" *(overshooting)*. Die Finanzmarktakteure reagieren dann mit kurzfristigen Verlagerungen von Finanzströmen *(hot money movements)* und vergrößern so den Druck auf die betreffende Währung. Aufgrund der großen Volumina kommt es in einer solchen Phase zu der erwarteten Reaktion einer Abwertung.

Carry Trades
… sind eine beliebte Variante spekulativer Devisentransaktionen. Hierbei werden Kredite in einer vergleichsweise stabilen Währung „A" zu niedrigen Zinsen aufgenommen und in einer Währung mit höheren Zinsen „B" angelegt. Das Risiko, dass sich der Wechselkurs der Währung „A" zum Zeitpunkt der Rückzahlung des Kredits erhöht hat oder die Währung „B" abgewertet wird, wird dabei in Kauf genommen und soll durch den Zinsgewinn kompensiert werden (vgl. *Links*).

Auch wenn die Wirtschaftsdaten von den Finanzmarktakteuren falsch interpretiert wurden, kann es aufgrund der beschriebenen Reaktionen trotzdem zu einer *self-fulfilling prophecy* kommen, also einer Situation, in der sich die (falschen) Erwartungen tatsächlich erfüllen. Die zum Teil enorme Kurzfristigkeit der spekulativen Kapitalströme kann zu heftigen kurzfristigen Kursschwankungen führen und ist auch mitverantwortlich für die Instabilitäten von Wechselkursen. Auch dies ist eine wesentliche Ursache dafür, dass sich die in flexible Wechselkurse gesetzten Erwartungen häufig nicht erfüllen. Zudem können spekulative Kapitalströme auch Auslöser für Probleme bei festen Wechselkursen sein, vor allem wegen des zu geringen Interventionsvolumens der Zentralbanken, die Kursstützungen gegen Markttrends über längere Zeiträume häufig nicht aufrechterhalten können.

Langfristige Finanztransaktionen lassen sich von kurzfristigen Transaktionen nicht immer zweifelsfrei unterscheiden. Dies gilt für Wertpapieranlagen, die sowohl kurzfristig spekulationsorientiert oder langfristig renditeorientiert als *Portfolioinvestitionen* erfolgen können. Mittel- bis langfristige Kapitalengagements liegen dagegen i. d. R. bei *Direktinvestitionen* vor. Diese werden mit dem Ziel getätigt, unmittelbaren, tendenziell dauerhaften Einfluss auf die Geschäftstätigkeit des kapitalempfangenden Unternehmens im Ausland zu nehmen, zumindest aber durch die Aktivitäten des betreffenden Unternehmens Gewinne zu erzielen. Direktinvestitionen umfassen den Erwerb von Kapitalbeteiligungen in größerem Umfang bzw. von ganzen Unternehmen, die Gründung von Unternehmen, gegebenenfalls zusammen mit ausländischen Partnern *(joint ventures)*, die Errichtung von Produktionsstätten, Tochtergesellschaften o. ä., wie auch die Erhöhung des Eigenkapitals von Tochterunternehmen bzw. die Re-Investition von Gewinnen.[3]

---

3   Vgl. hierzu Koch (2022), ▶ Abschn. 6.3.

4.2 Merkmale der Globalisierung der Finanzmärkte

Die Neugestaltung der internationalen Währungsbeziehungen führte neben der *Liberalisierung* des grenzüberschreitenden Kapitalverkehrs auch zu einer zunehmenden *Deregulierung* der nationalen Finanzmärkte. Elektronische Medien erhöhten die *Informations- und Kommunikationsgeschwindigkeit* und reduzierten so Reaktionszeiten und Kosten für internationale Finanztransaktionen. Schließlich trug die rasche Entwicklung von neuen Finanzinstrumenten *(Finanzinnovationen)*, die gerade für kurzfristige Devisenspekulationsgeschäfte eingesetzt wurden, zu einem sprunghaften Wachstum der weltweiten Finanztransaktionen bei.

Informations- und Kommunikationstechnologie
Anlagerelevante Informationen wurden immer schneller unmittelbar nach ihrem Entstehen verfügbar. Elektronische Informationsdienste stellen Kurse von Wertpapieren, Waren und Devisen, Marktübersichten, Analysen und Kommentare in Echtzeit zur Verfügung. Die Daten werden analysiert, bewertet, in Anlageentscheidungen umgesetzt und über spezielle Terminbörsen, wie die *EUREX* oder die *Chicago Mercantile Exchange* abgewickelt (vgl. *Links*: EUREX). Die hohe Informations- und Kommunikationsgeschwindigkeit macht die Märkte transparent und erlaubt extrem hohe Reaktionsgeschwindigkeiten bei niedrigen Transaktionskosten. Der inzwischen globale Finanzmarkt lässt jedoch die Gewinnmöglichkeiten pro Einheit sinken, sodass eine permanente Tendenz zur Ausweitung des Volumens der Einzeltransaktionen besteht.

Die internationalen Kapitalströme begannen daher in immer größerem Umfang dorthin zu fließen, wo die größten Renditen bei überschaubaren Risiken zu erwarten waren. Die dadurch entstehende intensive Vernetzung der nationalen Finanzmärkte behinderte aber auch eine effiziente Wahrnehmung von *Kontroll- und Aufsichtsaufgaben* durch nationale Aufsichtsbehörden. Gleichzeitig nahm mit der *Reaktionsverbundenheit der Märkte* auch deren *Krisenanfälligkeit* zu, da durch die gestiegene Kapitalmobilität und die großen gehandelten Volumina die geld- und währungspolitischen Handlungsspielräume der Nationalstaaten abnahmen und damit ebenfalls deren Möglichkeiten, wirtschaftlichen Schieflagen wirkungsvoll zu begegnen. Dies gilt insbesondere, aber nicht nur, für kleinere bzw. wirtschaftsschwächere Staaten.

Dabei fließen die internationalen Kapitalströme keineswegs gleichmäßig. Vielmehr konzentriert sich das internationale Anlagekapital auf die großen Industriestaaten, die den größten Teil des internationalen Kapitals absorbieren, sowie die wachsende Gruppe der *emerging markets*. Auf diese Weise gehen die Privatkapitalströme an vielen Entwicklungsländern vorbei oder werden bei der Erwartung von Krisen oder vermeintlichen Krisen zum Teil extrem schnell von dort abgezogen (vgl. ► Kap. 7).

Euromärkte
Bereits in den späten 1950er-Jahren entstanden in verhältnismäßig kurzer Zeit zunächst in Europa und später auch in Asien Finanzmärkte, auf denen in größerem Umfang Finanztransaktionen in US$ stattfanden. Diese internationalen Finanzmärkte, auf denen formal mit Währungen außerhalb ihrer nationalen Geltungsbereiche als gesetzliche Zahlungsmittel gehandelt wurde, wurden als *Euromärkte* bezeichnet. Der Euromarkt umfasste in der Anfangszeit zunächst ausschließlich kurzfristige *Eurogeldmarkt-Geschäfte* zwischen Banken, später wurden Euroanleihen emittiert und damit ein *Eurokapitalmarkt* geschaffen, auf dem festverzinsliche Wertpapiere außerhalb des Landes, auf dessen Währung sie lauten, gehandelt wurden. Zu Beginn der 1970er-Jahre begann sich auch ein *Eurokreditmarkt* zu entwickeln, auf dem im Wesentlichen mittel- bis langfristige Kredite in Größenordnungen von mehreren Milliarden D-Mark an Großunternehmen oder Regierungen vergeben wurden.

4.2.1 Liberalisierung des Kapitalverkehrs

Durch die internationalen Kapitalbewegungen kann aber auch nationale Wirtschaftspolitik unterlaufen und damit Bemühungen um wirtschaftliche Stabilität und Entwicklung unterminiert werden: Stabilitätsmaßnahmen greifen nur noch dann, wenn gleichzeitig geldpolitische Gegenmaßnahmen, wie eine geeignete Zinspolitik, ergriffen wird, die aber auch aus konjunkturpolitischer Sicht häufig unterbleibt. Lange Zeit versuchten die meisten Staaten daher ihre nationale Wirtschafts- und Währungspolitik durch *Kapitalverkehrsbeschränkungen* zu unterstützen. Diese wurden durch mengenmäßige Beschränkungen der Kapitalbewegungen, durch nach staatlichen Prioritäten festgelegte unterschiedliche Wechselkurse (*gespaltene Wechselkurse*) oder durch die Erhebung von Steuern auf grenzüberschreitende Finanztransaktionen realisiert.[4] Spätestens seit dem Zusammenbruch des BWS nahmen aber die Anreize durch grenzüberschreitende Finanztransfers Devisen- und Zinsgewinne zu erzielen zu, sodass nationale Kapitalverkehrskontrollen (illegalerweise) umgangen wurden. Da zudem die Wirksamkeit von Kapitalverkehrskontrollen nur unter Inkaufnahme erheblicher Kosten gesteigert werden konnte, entschlossen sich viele Regierungen, im Zuge einer generellen *Liberalisierung* ihrer Wirtschafts- und Außenhandelspolitik auch ihre *Kapitalmärkte zu liberalisieren*. Dadurch sollte der Zufluss von internationalem Anlagekapital gesteigert und durch den zunehmenden Wettbewerb mit ausländischen Anbietern die Effizienz des jeweils inländischen Finanzmarktes und der einheimischen Wirtschaft erhöht werden, während

---

4 Vgl. hierzu und zum Folgenden Mathieson/Rojas-Suarez (1992).

gleichzeitig der Zugang von Staat und Privatwirtschaft zu den internationalen Finanzmärkten erleichtert wurde.

4.2.2 Deregulierung der Finanzmärkte

Diese Entwicklungen verschärften den Wettbewerb zwischen den nationalen Finanzmärkten, die sich nun auch gegenüber den überregional ausgerichteten *Euromärkten* und der zunehmenden Anzahl von *Offshore Finanzzentren* (OFCs) behaupten mussten. Dadurch verschärfte sich der Zwang, administrative Kontrollen weiter abzubauen und die nationalen Finanzmärkte zu *deregulieren*.

Offshore Financial Centers (OFCs)
… sind Länder oder Territorien mit einer speziellen Gesetzgebung und geringer Finanzmarktregulierung, wie niedrigen Steuern und einer zu vernachlässigenden Finanzmarktaufsicht. Sie gelten als „*Steueroasen*" und werden daher von Unternehmen und Privatpersonen genutzt, um ihre Vermögensverhältnisse zu verschleiern, etwa durch die Gründung von Briefkastenfirmen, oder gegebenenfalls auch zur *Geldwäsche* illegal erworbener Gelder. In vielen Fällen – aber keineswegs ausschließlich – handelt es sich dabei tatsächlich um Inseln und Insel-Staaten, wie die britischen Kanalinseln *Guernsey* und *Jersey*, die britische *Isle of Man*, die karibischen *British Virgin Islands*, die *Bermudas* oder die *Cayman Islands*. Etwa 30 unabhängige Staaten, Überseegebiete oder, wie die Kanalinseln, britischer Kronbesitz gelten als OFCs. Allein für Deutschland werden die durch Steueroasen verursachten Verluste auf 40 Mrd. US$ pro Jahr geschätzt. In den letzten Jahren haben sich allerdings etliche OFCs aufgrund des internationalen Drucks und um der Aufnahme in „schwarze Listen" zu entgehen bemüht ihr Image zu verbessern. Sie sind dabei internationale Standards umzusetzen und Maßnahmen zur Verhinderung von Geldwäsche und Terrorismusfinanzierung zu ergreifen (vgl. *Links*: Steueroasen).

Im Laufe der Zeit war in vielen Wirtschaftsbereichen eine Tendenz zur Überregulierung entstanden, die den Wirtschaftsverkehr durch umständliche zeitintensive Genehmigungsprozeduren behinderte, erhöhte Kosten für die Unternehmen mit sich brachte, Behördenwillkür förderte und zu Überbürokratisierung führte, eine Tendenz, die in vielen Bereichen auch weiterhin zu beobachten ist. Die mit der Regulierung angestrebten Effekte traten dadurch nicht ein: Das Schutzniveau verbesserte sich nicht in der gewünschten Weise, Leistungsanreize wurden geringer, Innovationen begannen zurückzugehen, Kosten stiegen, während Produktivität und Effizienz nachzulassen begannen und die ausländische Konkurrenz Wettbewerbsvorteile erzielte. Mit unterschiedlicher Intensität und unterschiedlichem Erfolg wurde daher in vielen Ländern versucht, durch *Deregulierungsmaßnahmen* die bestehenden Verkrustungen zu beseitigen, Märkte zu öffnen, die Unternehmen von Kosten und bürokratischen Schranken zu entlasten, kreative wirtschaftliche Aktivität zu fördern und die nationalen Märkte international konkurrenzfähiger zu machen.

Regulierungen
... haben meist die Form von Gesetzen und Verordnungen und beinhalten Ver- und Gebote sowie Kontroll- und Aufsichtsrechte staatlicher Organe. Wichtigste Ziele von Regulierungen sind die Verhinderung von unfairen, nicht marktkonformen Geschäftspraktiken. Dadurch sollen Menschen und Umwelt vor negativen Auswirkungen des Marktes geschützt werden. Beispiele finden sich in wirtschaftsrelevanten Rechtsregeln, etwa im Steuer-, Gewerbe-, Vertrags-, Wettbewerbs- sowie im Bank- und Kapitalmarktrecht. Das Problem von Regulierungen besteht darin, dass sie i. d. R. mit zusätzlichen Belastungen und Einschränkungen für die Akteure, wie etwa ausufernden Berichtspflichten, verbunden sind und damit Zusatzkosten verursachen und Gewinne schmälern können. Diese Folgewirkungen werden bei der Konstruktion der Schutzwirkungen häufig zu wenig berücksichtigt. Hinzu kommt, dass neue erschwerende Regulierungen die Belastungen verstärken, sodass – wie auch die derzeitigen Politikdiskussionen zeigen – eine Überbürokratisierung konstatiert wird, die abgebaut werden muss.

Neben der *Liberalisierung* des internationalen Kapitalverkehrs, also vorwiegend der Reduzierung von Kapitalverkehrskontrollen, war daher die konsequente Durchsetzung von *Deregulierungsmaßnahmen* auf den Finanzmärkten wesentliche Ursache für die Globalisierung der Finanzmärkte: Von den Zentralbanken geforderte Sicherheiten (*Mindestreserven*) wurden in vielen Ländern entweder ganz abgeschafft oder die Sätze wurden verringert, steuerliche Belastungen von Finanztransaktionen wurden reduziert, staatliche Widerstände gegen neue Finanzprodukte, wie beispielsweise Finanzderivate, nahmen ab und die Finanzmarktaufsicht wurde gelockert.

4.2.3 Finanzinnovationen

Die Liberalisierung und Deregulierung der Finanzmärkte förderte auch die Entwicklung neuer und zunehmend spezialisierter Finanzinstrumente *(Finanzinnovationen)*, die die Kosten und Risiken für die Marktteilnehmer senken sollten und gleichzeitig neue Spekulations- und Gewinnmöglichkeiten eröffneten. Diese werden entweder als standardisierte börsennotierte Produkte gehandelt oder außerbörslich im freien Verkehr als OTC-Produkte (*over the counter*). Zu diesen neueren Finanzinstrumenten zählen beispielsweise *Geldmarktfonds*, die Einlagen in kurzfristigen Geldmarktpapieren anlegen, *Floating Rate Notes (Floater)* – Anleihen mit einer sich periodisch anpassenden Verzinsung – oder *Null-Kupon-Anleihen (Zero-Bonds)*, die als Anleihen ohne Zinskupon, also abgezinst, ausgegeben werden, wobei die Zinszahlungen am Ende der Laufzeit zusammen mit der Tilgung anfallen.

Besonders wichtig wurden hierbei *Finanzderivate*, ein Sammelbegriff für Finanzinnovationen, deren Wert von der Wertentwicklung eines anderen Finanzprodukts, des Basiswerts *(underlying)*, abgeleitet *(derived)* wird. Die Basis-Finanzprodukte können reale Produkte sein, wie Devisen, Wertpapiere, Edelmetalle, Rohstoffe oder Zinssätze, abstrakte Produkte wie Aktienindizes oder wiederum Finanzderivate. Finanzderivate werden zur Absicherung von Risiken *(hedging)*, etwa bei der Wechselkurs- oder Zinsentwicklung oder der Kursentwicklung von Aktien, vor allem aber zur Erzielung von Spekulationsgewinnen eingesetzt. So werden aus *spekulativen* Überlegungen gezielt Risiken übernommen, da wegen des Hebeleffekts *(leverage effect)* mit Derivaten erheblich höhere Gewinne als mit den zugrunde liegenden Basis-Finanzprodukten erzielt werden können. Eine *Option (warrant)* ist ein Beispiel für ein verbrieftes, standardisiertes Finanzprodukt, mit dem der Käufer das Recht erhält, ein originäres (Finanz-)Produkt, wie beispielsweise Aktien, Anleihen, Devisen oder auch Waren, zu einem späteren Zeitpunkt zu einen bestimmten Preis zu kaufen. Der Kauf der Option berechtigt ihn lediglich, er verpflichtet ihn jedoch nicht die Option auch auszuüben (vgl. *Links*: Aktienoptionen).

Im Gegensatz zu den Optionen sind *Futures*, die sich ebenfalls auf Waren oder auf Finanzprodukte beziehen können, immer *unbedingte* Verträge und damit für beide Vertragspartner verbindlich. Bei Futures verpflichten sich beide Handelspartner, eine festgelegte Menge des Basiswerts zu einem bestimmten Preis und zu einem festgelegten standardisierten Zeitpunkt abzunehmen bzw. zu liefern. Während die Konditionen des Vertrags also schon zum Zeitpunkt des Vertrags festgelegt werden, findet die Vertragserfüllung erst zu einem späteren Datum statt. Die standardisierten Futures haben den Vorteil, dass Käufer und Verkäufer Verkaufs-(*Short-*) bzw. Kauf-(*Long-*) Positionen durch entsprechende Gegengeschäfte ausgleichen und so ihr Risiko, allerdings auch ihre Gewinnmöglichkeiten, reduzieren können.

Swaps sind individuelle zukunftsgerichtete Transaktionen, bei denen Zahlungsströme mit unterschiedlichen Konditionen getauscht werden. Auch bei dem Einsatz von Swaps schätzen die Vertragspartner das Risiko oder die zukünftige Entwicklung unterschiedlich ein. Swaps sind ebenfalls verbindlich, beinhalten also für beide Vertragspartner Verpflichtungen.

▶ Beispiel Swap

Eine Kreditverpflichtung wurde in einer bestimmten Fremdwährung eingegangen, weil die Konditionen besonders günstig erschienen. Der Kreditnehmer kann nun entweder auf einen gleichbleibenden oder sinkenden Wechselkurs der Fremdwährung hoffen oder seine Verpflichtung durch einen *Devisenswap* in eine andere Währung tauschen. Andererseits können durch Devisenswaps auch langfristige Devisentermingeschäfte durch einen Tausch in andere Währungen abgesichert werden. ◀

Bei allen Derivaten ist es im Grunde ohne Bedeutung, auf welche Entwicklung die *Wette* zielt, sobald am Markt Partner vorhanden sind, die bereit sind, die Wette anzunehmen. Typisch für Derivate ist es, dass mit einem vergleichsweise niedrigen Kapitaleinsatz an der Preisentwicklung des Basiswertes überproportional partizipiert werden kann. Dieser *leverage effect* macht das Geschäft mit Derivaten außerordentlich spekulativ. So spekulieren beispielsweise Index-Optionen auf die (positive oder negative) Entwicklung etwa eines Aktienindex. Eine Call-Option wird mit steigendem Index wertvoller, während sie mit sinkendem Index im schlimmsten Fall wertlos wird („die Wette ist verloren"). Grundlage für spekulative Finanztransaktionen sind dabei i. d. R. Kauf- und Verkaufsdaten der Vergangenheit, die mit Hilfe quantitativ-statistischer Kursauswertungen zu *Trading Rules*, mathematisch kalkulierbaren Mustern, führen und wiederum die Basis für Prognosen über Kursbewegungen bilden. Natürlich gibt es aber keine Garantie, dass diese Prognosen auch eintreffen. Vielfach werden diese Risiken nicht erkannt und können zu spektakulären Verlusten einzelner Unternehmen führen mit zum Teil dramatischen Folgen für die internationalen Finanzmärkte. Ein Beispiel ist der Zusammenbruch der britischen *Barings Bank*, die nicht mehr in der Lage war ihre eingegangenen Verpflichtungen zu erfüllen. Dies führte im Februar 1995 zu deutlichen Erschütterungen der internationalen Finanzmärkte mit Auswirkungen auf den Kurs des britischen Pfund Sterling sowie der internationalen Aktienkurse.

Barings Bank
Durch den Handel mit Finanzderivaten hatte die *Barings Bank* in extrem kurzer Zeit Verluste in Höhe von etwa einer Mrd Euro akkumuliert. Der bei der *Barings Bank* Filiale in Singapur angestellte Investmentbanker *Nick Leeson* hatte in Singapur und Osaka über 20.000 Terminkontrakte auf den japanischen Börsenindex *Nikkei* (*Nikkei-Futures*) im Werte von umgerechnet 130.000 bis 150.000 € pro Stück gekauft, die er überwiegend über Kredite finanziert hatte. Entgegen seiner Erwartung, dass die Aktienkurse in Tokio und damit auch der Wert der Kontrakte steigen würden, fiel der Nikkei-Index innerhalb von zwei Monaten um über 10 %. *Leeson* musste daher die Differenz zwischen seinem Kontraktpreis und dem tatsächlichen Preis am Markt ständig ausgleichen. Für *Barings* verursachte jedes Prozent weniger dabei Verluste von knapp 100 Mio. €.

Der Einsatz von Analyseverfahren mit computergestützten Ein- und Ausstiegsignalen erleichtert in Verbindung mit den zunehmenden Handelsvolumina von *Finanzderivaten* und der tendenziell spekulationsorientierten Geschäftspolitik der *Hedgefonds* die Entstehung von Überreaktionen der Finanzmärkte. Unter *hedging* wird zwar prinzipiell die Absicherung von Zins- und Kursschwankungen verstanden, tatsächlich tätigen *Hedgefonds* jedoch meist hochspekulative Anlagen, die zum großen Teil kreditfinanziert sind. Während hierdurch die Gewinnmöglichkeiten steigen, erhöht sich auch das Risiko erheblich. Auf Grund ihrer Anlagestrategie, der Höhe der eingesetzten Mittel und der Tatsache, dass diese Fonds häufig unkontrolliert von *OFCs* aus operieren, stellen sie grundsätzlich eine potenzielle Risikoquelle für das Weltfinanzsystem dar.

4.3 Ansätze einer Neuregulierung der internationalen Finanzmärkte

In der Asienkrise 1997/1998 (vgl. ▶ Abschn. 3.3) war deutlich geworden, dass der private Finanzsektor zu einem großen Teil die Mitverantwortung für deren Entstehung trug. Zugleich wurden private Investoren und Anleger aber durch die Bereitschaft internationaler Institutionen und öffentlicher Instanzen, wie IWF, Weltbank und Industriestaaten, den betroffenen Ländern in großem Umfang Finanzmittel zur Verfügung zu stellen, in hohem Maße entlastet *(bail out)*. Trotz der vorherrschenden Auffassung und auch Notwendigkeit Deregulierungsmaßnahmen umzusetzen, gab es daher schon in den 1980er-Jahren Ansätze, den privaten Finanzsektor (wieder) stärker zu regulieren und ihm eine aktivere Rolle bei der Krisenbewältigung zuzuweisen. Die allgemeine Liberalisierung hatte die Finanzinstitute dazu verleitet, eine Anlage- und Kreditpolitik zu betreiben, die durch ein unzureichendes Vorsorge- und Risikomanagement gekennzeichnet war. Hinzu kam ein eher sorgloses Anlegerverhalten, das Anleger Risiken bewusst eingehen ließ in der begründeten Erwartung, diese werden „von anderen" getragen *(moral hazard)*. Dies war besonders auch bei *systemrelevanten Banken* (SFIs) der Fall. Das *moral hazard*-Verhalten nahm in den 1990er-Jahren zu und trug zu den erheblich gestiegenen kurzfristigen Kapitalzuflüssen in die vielfach nur scheinbar stabilen *emerging markets* bei.

▶ Relevante Begriffe

- *Moral hazard* bezeichnet ein Verhalten, bei dem Risiken bewusst eingegangen werden in der (häufig berechtigten) Erwartung, die negativen Folgen bei einem Risikoeintritt würden von anderen getragen.
- *Burden sharing* (Lastenteilung) bedeutet, dass die Folgen eines Risikoeintritts (beispielsweise einer Banken- oder Finanzkrise) von mehreren Parteien oder Institutionen gleichermaßen getragen werden – neben dem Staat auch von Eigentümern und/oder Kapitalanlegern.
- Ein *bail-out* liegt dann vor, wenn Finanzkrisen durch externe – meist staatliche – Liquiditätshilfen „aufgefangen" werden, sodass sich das Risiko für Eigentümer und Kapitalanleger verringert und eine Insolvenz oder ein finanzieller Zusammenbruch abgewendet wird.
- Bei einem *bail-in* dagegen beteiligen sich wichtige Stakeholder, wie die Banken selbst, sowie Eigentümer und Kapitalanleger an der Krisenlösung, etwa bei der Deckung von Verlusten, durch die Haftung mit eigenem Kapital oder die Bereitstellung zusätzlicher Kredite, sodass der Staat bzw. der Steuerzahler nicht oder in geringerem Umfang finanzielle Mittel bereitstellen müssen.
- *Systemrelevante Banken* (SFIs) gelten als „too big to fail". Ihr Bilanzvolumen ist zu groß, um sie scheitern zu lassen. Da einzelne Staaten sie meist auch nicht retten könnten, muss ihr Zusammenbruch daher von der internationalen Staatengemeinschaft verhindert werden. ◀

Bereits 1974 wurde der *Baseler Ausschuss für Bankenaufsicht* (*Basel Committee on Banking Supervision*, BCBS) mit Sitz in der BIZ in Basel gegründet. Ziel des BCBS ist die Verbesserung der Regulierung und Beaufsichtigung von international tätigen Banken und ihrer Praktiken durch die Setzung von globalen Standards für die Bankenaufsicht (vgl. *Links*: BCBS). Eine frühe zentrale Forderung des BCBS war die Einführung *einheitlicher Eigenkapitalanforderungen* für die Kreditinstitute. Aber erst 1988 wurden im Rahmen des sog. *Basler Akkords* neben einer Harmonisierung der rechtlichen Grundlagen der Bankenaufsicht international abgestimmte Eigenkapitalnormen vorgeschlagen *(Basel I)*, die anschließend in über 100 Ländern umgesetzt wurden.

Basel I
Durch Basel I wurde festgelegt, dass Banken Kreditgeschäfte mit bis zu 8 % Eigenkapital unterlegen mussten, wobei die Kredite in insgesamt fünf Risikokategorien eingeteilt wurden. Dies sollte die Banken stärker gegen Risiken absichern und gleichzeitig die internationalen Wettbewerbsbedingungen tendenziell vereinheitlichen. Das System wurde allerdings als zu starr kritisiert.

1999 legte der BCBS einen Vorschlag für eine Neufassung des *Basler Akkords* vor, der nach der Berücksichtigung von Reaktionen von Banken und Bankenaufsichtsbehörden nochmals überarbeitet und 2001 verabschiedet wurde. Er trat 2007 als „**Basel II**" in Kraft und ersetzte *Basel I*.[5] *Basel II* machte die Anforderungen an das Eigenkapital der Banken stärker von ökonomischen Risiken abhängig und legte fest, dass zusätzlich neue Risiken im Rahmen des Risikomanagements der Finanzinstitute berücksichtigt werden sollten. Das Abkommen hatte drei Säulen:

- In der *ersten Säule* wurde die Eigenkapitalunterlegung von Kreditrisiken modifiziert und die Bonität der Schuldner stärker berücksichtigt. Die bisher erfassten Kategorien Kredit- und Marktrisiko wurden um ein „operationelles Risiko" ergänzt, das die Gefahr von Verlusten infolge kaum kalkulierbarer Ereignisse berücksichtigen sollte.
- Die *zweite Säule* sah eine Überprüfung des internen Risikomanagements der Banken durch die Bankenaufsicht vor (*supervisory review process*). Insbesondere sollten Qualität und Einhaltung der verwendeten bankinternen Verfahren zur Einschätzung der Risiken kontrolliert und verbessert werden.
- Als *dritte Säule* war eine Erweiterung der Offenlegungspflichten für Banken in Bezug auf die Anwendung der Eigenkapitalvorschriften, der Eigenkapitalstruktur selbst sowie der eingegangenen Risiken vorgesehen.

Basel II war ein Fortschritt. Zentraler *Kritikpunkt* war jedoch, dass angenommen wurde, dass die Banken vermutlich ein Verfahren der Risikoeinschätzung wählen würden, das das eigene Risiko am niedrigsten bewerten würde. Zum zweiten würden gleichgerichtete Reaktionen der Banken bei steigendem Risiko vermutlich die Instabilität der Finanzmärkte erhöhen. Die folgenden Ereignisse zeigen deutlich, dass Basel II internationale Finanzkrisen nicht verhindern konnte:

4.4 Fallstudie: Die Internationale Finanzkrise 2007/2008

Der internationalen Finanzkrise 2007/2008 ging die sog. *Dotcom-Krise* voraus, mit der im Jahre 2000 die *New Economy* endete. Eine „New Economy" wurde in dem ab Mitte der 1990er-Jahre sich bildenden Hype um neue erfolgversprechende Internet-orientierte Technologie-Firmen und Startups ver-

---

5 Vgl. Deutsche Bundesbank (2001).

4.4 · Fallstudie: Die Internationale Finanzkrise 2007/2008

mutet. Die Börsenhausse endete mit dem Platzen der Spekulationsblase im März 2000: An der Börse z. T. extrem hoch bewertete Unternehmen konnten die in sie gesetzten Gewinnerwartungen nicht erfüllen. Nach zunächst moderaten Verlusten wurde immer mehr Kapital aus dem Markt abgezogen bis schließlich Anleger in Panik ihre Aktien um jeden Preis verkauften, um ihre Verluste in Grenzen zu halten. Nach dem Platzen der Dotcom-Blase kam es ab 2003 zu einer längeren konjunkturellen Boomphase, die gestützt wurde durch niedrige Zinsen der US-Zentralbank sowie nur geringe Inflationsraten.

Schon seit Ende der 1990er-Jahre unterstützte die US-Regierung den Kauf von Eigenheimen u. a. dadurch, dass die Gewährung von Hypothekenkrediten auch für einkommensschwache Käufer erleichtert wurde. Da die Dotcom-Krise die Anfälligkeit von Aktienspekulationen offengelegt hatte, wurde nun zunehmend Geld in Immobilien angelegt. Das Zinsniveau blieb zunächst niedrig, während die Immobilienpreise weiter stiegen. Daher gewährten Banken auch Käufern mit geringer Bonität und ohne Eigenkapital (*„Subprime-Segment"*) Hypothekenkredite bis zu 100 %, später sogar bis zu 125 %, des Kaufpreises. Offensichtlich erwarteten die Banken, dass die im Preis laufend steigenden Immobilien als Sicherheiten ausreichen würden. Eine Kontrolle der Kreditwürdigkeit der Schuldner fand daher auch nicht mehr statt. Zwischen 2000 und 2007 stieg die Anzahl der *Subprime-Kredite* sowie der zweitschwächsten Kategorie, der *Alt-A Hypothekenkredite*, von insgesamt rund 4 % auf 25 % aller Hypothekenkredite, die inzwischen ein Gesamtvolumen von 6 Bio. US$ erreicht hatten.[6]

> ▶ **Beispiel**
>
> Auf der online Seite ▶ loanweb.com wurden 2007 Hypotheken wie folgt beworben: „Get a home loan and buy a new car, need more cash use your home, consolidate your credit card debt – Borrow up to 125 % of your home's value (No initial credit check)" ◀

Die Banken refinanzierten die Hypothekenkredite über die Ausgabe von neuartigen Wertpapieren, in denen die Kreditschulden von vielen Hypothekenschuldnern gebündelt und verbrieft wurden. Für die Abwicklung gründeten sie „Zweckgesellschaften", *Special Purpose Vehicles* (SPVs). Die Wertpapiere wurden auf dem internationalen Finanzmarkt an interessierte

---

6 Vgl. zu den Daten zur Darstellung der Subprime-Krise: Sinn (2009), Fendel/ Frenkel (2009), *Links*: Finanzkrise.

Anleger als Hypothekenanleihen (*Collateralized Debt Obligations*, CDOs) verkauft und zwar in verschiedenen Tranchen mit unterschiedlichen Risiken. Es wurden *Senior-*, *Mezzanine-* und *Junior*-Tranchen angeboten, deren Risiko gestaffelt war, wobei Junior-Tranchen das größte Kreditausfallrisiko aufwiesen. Das prinzipielle Problem der CDOs war aber, dass die Käufer die Risiken, die wiederum von den individuellen Fähigkeiten der Schuldner ihre Hypothekenschulden zu bedienen sowie der realen Wertentwicklung der Sicherheiten abhingen, durch die Bündelung und Tranchierung nicht nachvollziehen konnten.

Dies wurde dadurch begünstigt, dass Rating-Agenturen, wie *Moodys* oder *Standards & Poor's*, im Auftrag der Banken handelten. So wurde kritisiert, dass Risiken und insbesondere das Systemrisiko zu wenig berücksichtigt wurde und sie die Bonität der CDOs zu häufig mit *Triple A* (AAA), also mit „sehr gut", bewerteten. Die Anleger, meist internationale Finanzinstitute wie Landesbanken, Pensionsfonds oder Investmentfonds, betrachteten auch auf Grund dieses positiven Ratings CDOs als attraktive Anlagemöglichkeit mit gutem Rendite-Risiko-Profil. Vielfach wurden die CDOs dann den Kunden der großen Institute, wie Sparkassen und kleineren Banken, als sichere Anlage empfohlen und weiterverkauft. Auf diese Weise verzehnfachte sich das weltweite Volumen an ausstehenden CDOs von 2000 bis 2008 auf etwa 2,8 Bio. US$.[7]

Die *Subprimekrise* begann mit einer Anhebung der Zinsen durch die US-Zentralbank *(Fed)*. Aufgrund der nun auch steigenden Hypothekenzinsen konnte eine zunehmende Anzahl von Kreditnehmern – vor allem des Sub-Prime Segments – ihre i. d. R. variabel verzinslichen Hypothekenkredite nicht mehr bedienen. Viele Neu-Eigenheimbesitzer mussten daraufhin ihre Immobilie verkaufen, sodass ab 2005 die Immobilienpreise und damit auch der Wert der Sicherheiten für die bestehenden Hypothekenkredite sanken.[8]

2007 platzte die Immobilienblase. Die Kreditausfallraten stiegen weiter, die Sicherheiten verloren an Wert und mussten von den Banken wertberichtigt werden. Da auch die Ratings der CDOs schlechter wurden, fanden diese kaum noch Käufer. Die Verluste der Banken stiegen. Eine zunehmende Anzahl von Finanzinstituten, wie *Bear Stearns*, *Lehmann Brothers*, *AIG*, *Fannie Mae* und auch die *Deutsche Industriebank* (IKB) und die *Hypo Real Estate* (HRE) bekamen massive Liquiditätsprobleme, meist aufgrund zunehmender Refinanzierungsprobleme: Banken waren nicht mehr bereit an-

---

7 Vgl. Sinn (2009), Abb. 6.3 und die dort genannten Quellen.
8 Vgl. ebd. Abb. 2.8.

4.4 · Fallstudie: Die Internationale Finanzkrise 2007/2008

deren Banken übliche Geldmarktkredite zu gewähren. Der *Interbankenmarkt* brach in kurzer Zeit praktisch zusammen. Die *Subprimekrise* entwickelte sich damit sehr schnell zu einer *internationalen Finanzkrise*. Banken und andere Immobilienfinanzierer mussten durch staatliche Garantien und Kredite gestützt werden oder wurden vom Staat übernommen, einzelne große Investmentbanken, wie *Lehman Brothers*, wurden insolvent. Insbesondere kamen natürlich *die* Finanzinstitute in Schwierigkeiten, die in großem Umfang CDOs gekauft hatten, da diese aufgrund des Wertverfalls nun in großem Umfang abgeschrieben werden mussten. Dies führte zu einer allgemeinen *Vertrauenskrise* gegenüber Finanzinstituten. Haushalte fürchteten um die Sicherheit ihrer Bankeinlagen, und es bestand die Gefahr von *bank runs*. Im September 2008 kam es zu einem *Börsencrash* (mit einem vom IWF geschätzten weltweiten Wertpapierverlust von 12 Bio. US$), im weiteren Verlauf zu einem weltweiten Nachfrage- und Produktionsrückgang, hoher Arbeitslosigkeit, sinkendem Konsum und Unternehmensinsolvenzen, u. a. durch ebenfalls sinkende Kreditvergaben von Banken. Während der weltweiten Rezession 2009 sank allein in der Eurozone das BIP um 4 %.

Mit einer Reihe *politischer Maßnahmen* wurde versucht, die negativen Folgen zu begrenzen und den Finanzsektor zu stabilisieren: wie etwa der Bereitstellung von praktisch unbegrenzter Liquidität für Finanzinstitute durch die Zentralbanken, einer Senkung der Leitzinsen, Garantien für Spareinlagen über Einlagensicherungsfonds, Mobilisierung von Beteiligungskapital für Problembanken und der befristeten Verstaatlichung einzelner Banken sowie verschiedenen Finanzmarktstabilisierungsgesetzen. Hinzu kamen verschiedene Konjunkturprogramme, u. a. Abwrackprämien für Fahrzeuge, und dadurch bedingt eine allgemein steigende Staatsverschuldung.

> ▶ **Beispiele für Rettungsmaßnahmen**
> - Im Oktober 2008 stellen die US-Regierung 700 Mrd. US$ und die europäischen Regierungen 1 Bio. € zur Rettung des Finanzsektors bereit.
> - China beschließt ein Konjunkturprogramm von knapp 600 Mrd. US$ für zwei Jahre.
> - Im November 2008 beginnt die Fed ein Programm zum Aufkauf von Anleihen (sog. *Quantitative Easing*) im Umfang von 800 Mrd. US$, das nur vier Monate später um eine weitere Bio US$ ausgeweitet wird.

- Niedrige US-Leitzinsen nach dem Platzen der „Dotcom"-Blase, Geldschwemme, konjunkturelle Boomphase
- Eigenheimförderung durch die US-Regierung: Hypothekenkredite auch an Darlehensnehmer mit geringerer Bonität („Subprime-Kredite") auch ohne Kontrolle der Kreditwürdigkeit werden unterstützt

bis 2004: Boom-Phase des US-Immobilienmarktes: steigende Immobilienpreise, niedrige Zinsen, steigende Sub-Prime-Kredite - US-Banken refinanzieren sich durch Bündelung und Verbriefung von Hypothekenkrediten, die portioniert werden und als *Collateralized Debt Obligations* (CDOs) verkauft werden

Ratingagenturen bewerten CDOs mit AAA

Zur Abwicklung gründen Banken **SPVs** *(Special Purpose Vehicles)*

Finanzinvestoren und Anleger (weltweit), Pensionsfonds, Investmentbanken, Hedgefonds, Banken, Versicherungen, Privatanleger, kaufen CDOs als vermeintlich sichere und attraktive Finanzanlagen

- **2004** steigen die US-Zinsen, damit steigen auch die *variablen Hypothekenzinsen*, viele Kreditnehmer (vor allem im Sub-Prime Segment) können ihre Hypotheken nicht mehr bedienen, Immobilien werden verkauft
- **ab 2005** sinken die *Immobilienpreise* und damit auch der Wert der *Sicherheiten*
- **2007** platzt die *Immobilienblase*: Banken verzeichnen hohe *Kreditausfälle*, das Rating der CDOs wird gesenkt, der CDO-Markt bricht zusammen. Banken müssen *Wertberichtigungen* vornehmen, erleiden hohe Verluste und können ihre *Kreditverpflichtungen* u.a. gegenüber den SPVs nicht mehr erfüllen
- **ab 2008** haben Banken zunehmende Liquiditätsprobleme, Banken verweigern anderen Banken Kredite, der *Interbankenmarkt* bricht zusammen
- Banken müssen vom Staat *gestützt* werden und werden zum Teil verstaatlicht, *Lehman Brothers* und andere Banken werden insolvent
- Das Vertrauen in den Finanzsektor sinkt dramatisch
- Im September **2008** kommt es zu einem *Börsencrash* und anschließend zu einer weltweiten *Rezession*

- Die *Kreditvergabe* der Banken an Unternehmen sinkt
- Die *Produktion* sinkt, die *Arbeitslosenzahlen* steigen, die reale *Nachfrage* geht zurück
- *Unternehmensinsolvenzen* nehmen zu, **2009**: *Weltrezession*, Hungerkrise in Entwicklungsländern
- **Gegenmaßnahmen**: unbegrenzte *Liquiditätsbereitstellung*, Senkung der *Leitzinsen*, *Garantien* für Spareinlagen, *Beteiligungskapital* für Problembanken, *Verstaatlichung* von Banken *Konjunkturprogramme* (z.B. Abwrackprämien)

Abb. 4.4 Die Subprimekrise 2007/2008

- Im Februar 2009 verabschiedet die neue US-Regierung unter *Barak Obama* ein Konjunkturpaket im Umfang von knapp 800 Mrd. US$ und
- im April 2009 beschließen die G20 Staaten weitere Maßnahmen von über 1 Bio. US$ zur Bekämpfung der Krise. ◄

In Abb. 4.4 werden diese Entwicklungen kurz zusammengefasst.

In *Deutschland* wurde im Oktober 2008 ein *Sonderfonds Finanzmarktstabilisierung* (*SoFFin*) zur Stützung von illiquiden Banken ins Leben gerufen. *SoFFin* konnte Aktien, Anleihen oder Wertpapiere von Finanzinstituten erwerben sowie Garantien für Bankenschulden geben. Dafür mussten die unterstützten Banken Auflagen hinsichtlich Eigenkapital, Risikomanagement und Transparenz erfüllen. Insgesamt konnte SoFFin *Bürgschaften* und *Garantien* von bis zu 400 Mrd. € und für *Rekapitalisierungen* von Banken, u. a. für Beteiligungen an der *Bayerischen Landesbank*, der *Hypo Real Estate* und der *Commerzbank*, von bis zu 80 Mrd. € bereitstellen. Bis Ende 2017 wurden alle Garantieverpflichtungen beendet und dabei sogar Einnahmen in Höhe von über 2 Mrd. € erzielt, sodass für den Bund keine Verluste entstanden.

Zudem wurde es Banken durch das 2009 in Kraft getretene *Gesetz zur Fortentwicklung der Finanzmarktstabilisierung* ermöglicht, notleidende Kredite in dezentrale *Bad Banks* auszulagern. Diese können von einer Bank als „Abwicklungs-Finanzinstitut" gegründet werden, auf das diese notleidende Kredite und Papiere übertragen kann, um eine akute Insolvenz abzuwenden bzw. ihre Bonität und ihr reguläres Bankgeschäft nicht (weiter) zu gefährden.[9]

2009 begann im fließenden Übergang von der internationalen Finanzkrise und ganz wesentlich durch diese mitverursacht die **Eurokrise** (vgl. hierzu ▶ Abschn. 6.1).

Diese – stark verkürzte – Zusammenfassung der schwersten weltweiten Finanzkrise seit der Weltwirtschaftskrise 1929 zeigt vor allem drei Dinge deutlich:
– den Mangel an impliziten und expliziten „Sicherheitsvorkehrungen" für den Finanzsektor,
– die katastrophalen Auswirkungen von Finanzkrisen auf die Realwirtschaft sowie
– die enormen „Reparaturaufwendungen" einschließlich der gesellschaftlichen Rechtfertigung dieser Aufwendungen für private Kreditinstitutionen.

Die Entwicklung, der Umfang und die Auswirkungen der Finanzkrise zeigten überdeutlich, dass die Rahmenbedingungen der internationalen Finanzarchitektur nicht ausreichend waren und verbessert werden mussten. Um die Widerstandsfähigkeit des Finanzsektors gegen finanzielle und wirtschaftliche Schocks zu erhöhen und damit das globale Finanzsystem und auch die Weltwirtschaft zu schützen, mussten einerseits die Banken dazu gebracht werden, ihre Geschäftspraktiken grundlegend zu verbessern, während gleichzeitig die Rolle von Aufsichts- und Kontrollorganen gestärkt werden mussten.

4.5 Basel III – Kernelemente der neuen Finanzmarktregulierung

Die unter Basel II beschlossenen Regulierungsmaßnahmen waren offensichtlich nicht in der Lage den Ausbruch und die Folgen der Finanzkrise 2007/08 zu verhindern. Das Tempo, mit dem Krisen entstehen und sich wei-

---

9 Vgl. Deutsche Bundesbank (2009).

ter verstärken und ausbreiten können, sowie die Rolle, die das Wachstum von nicht kontrollierten *Finanzinnovationen* dabei spielen, war so nicht erwartet worden und sollte sich zukünftig nicht mehr wiederholen. Allgemein zeigte die Finanzkrise und später auch die Eurokrise die Notwendigkeit weiterer Regulierungen für die Finanzmärkte, die nun intensiv diskutiert wurden:

- Das *Eigenkapital* von Banken muss deutlich erhöht werden, möglichst gekoppelt an einem maximalen Verschuldungsgrad, damit Risiken besser getragen werden können.
- Banken müssen zudem *transparenter* werden, etwa durch die Festlegung globaler Rechnungslegungsstandards, auch um sie besser beaufsichtigen zu können,
- sie müssen Risiken, wie etwa das Risikopotenzial von Finanzinnovationen, angemessen bewerten und hierzu ihr *internes Risikomanagement* verbessern.
- Aufsichtsbehörden und Ratingagenturen müssen *Systemrisiken* und *Kettenreaktionen* sehr viel stärker im Blick haben, um einschätzen zu können, was passieren kann, wenn *systemrelevante Banken* in Schwierigkeiten geraten und sich Ratings verschlechtern.
- Dafür müssen Kompetenz und *Durchgriffsmöglichkeiten* der *Aufsichtsbehörden* in Bezug auf Banken, Hedgefonds und Ratingagenturen gestärkt werden, um die Wahrscheinlichkeit zukünftiger Finanzkrisen mit ihren gravierenden Folgen für die internationalen Finanzmärkte sowie die Realwirtschaften zu reduzieren.
- Zudem sollten die *Haftungsmöglichkeiten* von Bankmanagern erhöht werden und ihre *Bonussysteme* dürfen sich nicht mehr an kurzfristigen Gewinnen orientieren.
- Schließlich muss Insiderhandel, Geldwäsche und Terrorismusfinanzierung, etwa durch *Steueroasen*, wirksam verhindert werden.

Auf dem G20 Gipfeltreffen im November 2008 wurden daher verschiedene Vorschläge für eine neue, globale Finanzarchitektur diskutiert, die 2009 in einem Aktionsplan konkretisiert wurden. Der entscheidende Vorstoß, in den viele frühere Forderungen und Vorschläge integriert wurden, wurde dann im Dezember 2010 mit der Vorlage des **Basel III-Reformpakets** durch den *Basler Ausschuss für Bankenaufsicht* gemacht.[10] Basel III stellt die zentrale regulatorische Antwort auf die durch die Finanzkrise offengelegten Probleme dar.

---

10 Vgl. hierzu BIZ (2010) sowie Deutsche Bundesbank (2018) S. 77 ff.

Die wichtigsten Regelungen werden im Folgenden zusammengefasst. Basel III unterscheidet „drei Säulen" einschließlich weiterer Regelungen zu Anforderungen an systemrelevante Banken:

- **Säule 1**
Eigenkapital
- Die zentrale Regelung zur Risikoabsicherung besteht darin, ausreichende Eigenmittel vorzuhalten (*Kapitaladäquanzvorschrift*): Banken müssen hiernach Eigenkapital von mindestens 8 % der risikogewichteten Aktiva nachweisen. Dieses setzt sich zusammen aus sog. *hartem Kernkapital* (Tier-1-Kapital) (vorwiegend Stammkapital und einbehaltene Gewinne), einem *Kapitalerhaltungspuffer*, der auf das Kernkapital angerechnet wird (insgesamt mindestens 6 %) und *ergänzendem Kapital* (Tier-2-Kapital), das eine Bank auch zur Verlustdeckung verwenden kann, jedoch im Vergleich mit Tier-1-Kapital weniger stabil ist.
- Zusätzlich kann von der nationalen Bankenaufsicht ein weiterer *antizyklischer Kapitalpuffer* zwischen 0 % und 2,5 % hartem Kernkapital festgelegt werden, wenn diese der Auffassung ist, dass das Kreditportfolio unzulässig hohe Systemrisiken beinhaltet.
- *Systemrelevante Finanzinstitute* (SFI), die anhand von quantitativen und qualitativen Indikatoren identifiziert werden, müssen ihre Fähigkeit Verluste absorbieren zu können weiter verstärken. Sie müssen einen zusätzlichen *systemischen Kapitalpuffer* nachweisen, der das harte Kernkapital um bis zu 3,5 % erhöht, je nach systemischer Bedeutung der Bank. Zudem müssen sie für Derivatgeschäfte, für Verbriefungen und außerbilanzielle Geschäfte sowie für Interbankengeschäfte weitere Kapitalpuffer vorhalten.

Liquidität
Durch die Finanzkrise wurde ebenfalls deutlich, dass eine ausreichende Liquidität der Banken entscheidend für das reibungslose Funktionieren der Finanzmärkte ist. Es wurden daher zwei quantitative Mindeststandards eingeführt: Eine *Mindestliquiditätsquote* (*Liquidity Coverage Ratio*) soll gewährleisten, dass Banken über genügend liquide Mittel verfügen, um Barabflüsse einen Monat lang kompensieren zu können. Hierbei wurden krisenverstärkende Faktoren berücksichtigt, die während der Finanzkrise aufgetreten sind, u. a. der teilweise Abzug von Einlagen, die Schwierigkeiten sich am

Kapitalmarkt zu refinanzieren sowie zusätzliche Anforderungen an Sicherheiten, die als Folge von Bonitätsherabstufungen auftreten können. Zusätzlich verlangt die *strukturelle Liquiditätsquote* (*Net Stable Funding Ratio*) von den Banken, dass sie zusätzlich zu kurzfristigen Finanzierungen auch über *langfristige* Finanzierungsquellen verfügen.

Verschuldung
Neu eingeführt wurde eine maximale *Verschuldungsquote* (*leverage ratio*), die auch nicht in der Bilanz berücksichtigte Engagements erfasst. Danach soll die gesamte Bilanzsumme auf das 33,3-fache des gesamten Kernkapitals begrenzt sein.

- Säule 2

Bankenaufsicht und Risikomanagement

Die vernetzten internationalen Finanzmärkte wurden in der Finanzkrise durch Zusammenbrüche einzelner Banken und daraus resultierende *Kettenreaktionen* bei kumulierten Finanzrisiken (Überschuldung, Risikokredite, Kreditausfälle ...) destabilisiert – mit den beschriebenen Folgen für die Realwirtschaft. Ursachen solcher Kettenreaktionen sind hierbei u. a.

- zu geringe Information und Kenntnisse über systemische Risiken und risikobehaftete Finanztransaktionen, etwa über Großkredite oder eine multiple Verschuldung einzelner Schuldner,
- die sehr unterschiedliche Qualität der nationalen Finanzmarktaufsichten und eine zu geringe Vernetzung und Kooperation der nationalen Finanzaufsichtsbehörden sowie
- unterschiedliche Standards für Rechnungslegung, Kontrollen und Eingriffe, die koordinierte zielgerichtete Aktionen erschweren.

Die zweite Säule von Basel III stärkt daher die *Bankenaufsicht*. Während zuvor der Fokus eher auf den einzelnen Finanzinstituten lag, wurde dieser Ansatz nun von einem *systemorientierten* (*makroprudenziellen*) Ansatz abgelöst, der die Stabilität des Finanzsystems als Ganzes in den Mittelpunkt stellt. Die Bankenaufsicht soll von einer unabhängigen Institution wahrgenommen werden mit klarem Mandat und entsprechenden Befugnissen, die aggregierte Kennzahlen nutzt und das gesamte Finanzsystem und damit das Systemrisiko betrachtet. Damit stehen u. a. auch Verflechtungen der einzelnen Finanzinstitute untereinander, deren außerbilanzielle Positionen und Verbriefungsgeschäfte sowie das bankinterne Risikomanagement im Fokus. Überprüft wird dies u. a. durch regelmäßige *Stresstests*, die die Banken durchführen müssen und durch die sich ihre jeweiligen Voraussetzungen, finanzielle Stresssituationen zu überstehen, vergleichen lassen.

Risikoermittlung
Ein wichtiges Ziel der Überarbeitung von Basel III, der *Finalisierung* (auch als *Basel IV* bezeichnet), war es, zu große Abweichungen bei der Berechnung der Kreditrisiken zwischen den Banken zu verhindern. Da die Vorgaben für die Berechnung der Kreditrisiken bisher von den Banken sehr unterschiedlich ausgelegt wurden, wurden diese vereinheitlicht. Zwar können die Banken neben einem vorgeschlagenen *Standardmodell* auch *interne Risikoermittlungsmodelle* nutzen, dabei darf die Abweichung bei der Berechnung der zu unterlegenden Eigenkapitalquote im Vergleich mit der Ermittlung durch das *Standardmodell* allerdings höchstens 27,5 % betragen.[11]

Over the Counter (OTC)-Transaktionen und Kreditverbriefung
Zentrale Probleme bei der Entstehung der Finanzkrise 2007/08 waren massive Qualitätsmängel bei dem Verbriefungsprozess von Problemkrediten sowie dem entsprechenden Risikomanagement der Finanzinstitute. Die äußerst riskanten außerbörslich gehandelten Finanzinnovationen CDOs wurden unkontrolliert gehandelt und an Käufer abgegeben, die dieses Risiko nicht realistisch einschätzen konnten oder wollten. Diese falsche Einschätzung wurde unterstützt durch eine Unterbewertung des Risikos auch durch die hierfür zuständigen Ratingagenturen.

Für solche komplexen *Verbriefungen* wurden die Eigenkapitalanforderungen nun deutlich erhöht, während die *Ratingagenturen* derartige Konstrukte und deren Risiken zukünftig strenger prüfen müssen. Zusätzlich müssen bestimmte standardisierte Finanzderivate über Börsen gehandelt und mit Hilfe zentraler Gegenparteien abgewickelt werden (*Clearingpflicht*). Durch eine *Clearingstelle* wird das Risiko für die Parteien reduziert: Sie gleicht Kauf- und Verkaufsaufträge ab, sorgt für die korrekte Abwicklung der Transaktionen und ist verantwortlich für den entsprechenden Geldfluss sowie die Verrechnung von Verbindlichkeiten und Forderungen. Dafür müssen die Vertragspartner üblicherweise Sicherheitsleistungen und gegebenenfalls Nachschüsse hinterlegen. Zudem führt die Clearingstelle ein *Transaktionsregister*, das eine Identifikation von Transaktionsproblemen

---

11 vgl. Deutsche Bundesbank (2018) S. 92. Ein guter Überblick über die Entwicklung von Basel I bis Basel IV findet sich bei Mann/Watzek (2017); vgl. zu den neuen Leitlinien der EZB zur Risikoberichterstattung: Mrusek/Adamus (2023).

und Fehlerquellen ermöglicht. Daraufhin wurde in der EU bereits 2012 ein anschließend mehrfach aktualisiertes öffentliches Register über die Clearingpflicht bei OTC-Derivaten eingeführt.[12]

- **Säule 3**
Marktdisziplin

Als dritte Säule wird die Verbesserung der „Marktdisziplin" der Banken gesehen. Herfür sollen die *Offenlegungspflichten* erweitert werden, indem detailliertere Informationen über ihre Kapitalstruktur, Risikopositionen und Liquiditätslage bereitgestellt werden sollen. Damit soll das Vertrauen der Marktteilnehmer gestärkt und eine bessere Entscheidungsfindung ermöglicht werden.

◘ Abb. 4.5. stellt die wesentlichen Elemente der Basel-Regelungen noch einmal zusammen.

	Neuregulierung der Finanzmärkte – Übersicht
Basel I 1988	• Harmonisierung der rechtlichen Grundlagen der **Bankenaufsicht** • abgestimmte **Eigenkapitalnormen**: Banken müssen Kreditgeschäfte mit 8 % Eigenkapital unterlegen, Kredite werden nach ihrem Risiko gewichtet (fünf Risikokategorien)
Basel II 2007	• Bonität der Schuldner wird bei der **Eigenkapitalunterlegung von Kreditrisiken** stärker berücksichtigt, die Kategorien Kreditrisiko und Marktrisiko werden um ein *operationelles Risiko* ergänzt • Überprüfung des **Risikomanagements** der Banken durch die Bankenaufsicht: Qualität und Einhaltung der bankinternen Verfahren zur Risikoeinschätzung sollen kontrolliert und verbessert werden • Erweiterung der **Offenlegungspflichten** für Banken in Bezug auf die Anwendung der Eigenkapitalvorschriften, der Eigenkapitalstruktur und der eingegangenen Risiken
Basel III ab 2010	• **Eigenkapital**: Banken müssen Eigenkapital von mindestens 8 % der risikogewichteten Aktiva nachweisen; *Hartes Kernkapital* (Tier-1-Kapital), *Kapitalerhaltungspuffer*, der auf das Kernkapital angerechnet wird (insgesamt mindestens 6 %) und *ergänzendes Kapital* (Tier-2-Kapital) • **Systemrelevante Finanzinstitute**: Das harte Kernkapital muss um 1 % bis 3,5 % erhöht werden, für Derivatgeschäfte, für Verbriefungen, außerbilanzielle Geschäfte und Interbankengeschäfte muss ein zusätzlicher Kapitalpuffer vorgehalten werden • **Liquidität**: *Mindestliquiditätsquote*: Barabflüsse sollen einen Monat lang kompensiert werden können, zusätzlich *strukturelle Liquiditätsquote*: Banken müssen zusätzlich auch über langfristige Finanzierungsquellen verfügen • **Verschuldung**: *Maximale Verschuldungsquote* umfasst auch nicht in der Bilanz berücksichtigte Engagements, gesamte Bilanzsumme soll auf das 33,3fache des gesamten Kernkapitals begrenzt sein • **Bankenaufsicht** und **Risikomanagement**: Der *systemorientierte Ansatz* stellt die Stabilität des gesamten Finanzsystems in den Mittelpunkt. Bankenaufsicht soll von einer unabhängigen Institution wahrgenommen werden, die aggregierte Kennzahlen nutzt und damit das Systemrisiko betrachtet; zudem Überprüfung des *bankinternen Risikomanagements* sowie regelmäßige *Stresstests* für Banken • **Risikoermittlung**: Interne *Risikoermittlungsmodelle* dürfen bei der Berechnung der zu unterlegenden Eigenkapitalquote im Vergleich mit der Ermittlung durch das Standardmodell höchstens 27,5 % abweichen • **Over the Counter (OTC)-Transaktionen** und **Kreditverbriefung**: Eigenkapitalanforderungen für komplexe Verbriefungen wurden deutlich erhöht, Ratingagenturen müssen Risiken derartiger Konstrukte strenger prüfen • Bestimmte **standardisierte Finanzderivate** müssen über *Börsen* gehandelt werden, es besteht zudem eine *Clearingpflicht*. Eine *Clearingstelle* regelt Sicherheitsleistungen und gegebenenfalls Nachschüsse und führt ein *Transaktionsregister* • **Offenlegungspflichten** von Banken werden erweitert: Bereitstellung von detaillierteren Informationen über Kapitalstruktur, Risikopositionen und Liquiditätslage

◘ **Abb. 4.5** Übersicht über die Neuregulierung der Finanzmärkte

---

12 vgl. *Links*: Public Register for the Clearing Obligation under EMIR.

4.6 Zusammenfassende Beurteilung

Die meisten Vorschläge und Vereinbarungen sollten ihren Niederschlag bereits in nationalen Gesetzen gefunden haben. In den USA, dem wichtigsten Player auf den internationalen Finanzmärkten, wurde die Umsetzung der – bereits erheblich abgeschwächten – Basel III-Regulierungen auf 2026 verschoben. Mit der Wiederwahl von *Donald Trump* zum US-Präsidenten 2024 besteht aber eine hohe Wahrscheinlichkeit, dass die Basel-III Regulierungen, insbesondere die Eigenkapital- und Aufsichtsregeln, evtl. gar nicht umgesetzt werden. Dies würde auch die Entscheidungen anderer Länder und Ländergruppen beeinflussen, da eine einseitige Umsetzung Wettbewerbsnachteile für die Finanzinstitute der betreffenden Länder mit sich bringen könnte. Allerdings wird eine Aussetzung der Regeln die Wahrscheinlichkeit für zukünftige internationale Finanzkrisen wieder deutlich erhöhen.

Eine abschließende Beurteilung der Umsetzung der ursprünglichen Basel III-Regulierungen im EU-Kontext fällt zwiespältig aus. Einerseits wurden viele neue und sinnvolle Regelungen beschlossen, deren Einführung nun aber verschoben wurde bzw. wird. Die Verschiebung wurde auch damit begründet, dass Wettbewerbsnachteile für europäische Banken befürchtet werden. Diese Einschätzung ist aber umstritten (vgl. *Links*: Wettbewerbsnachteile). Zudem wurden – aufgrund der erfolgreichen Lobbyarbeit von Bankenverbänden und Bankenvertretern – Regelungen auch verwässert. Dies gilt zum Beispiel für die Nutzung von Modellen zur Berechnung der Risiken und inzwischen bereits beschlossene Ausnahmeregelungen. Als Folge davon fallen etwa die Eigenkapitalpuffer der Banken in vielen Fällen geringer aus, als dies zunächst vorgesehen war.[13] Wie neuere Forschungsergebnisse zeigen, ist aber auch die von Basel III vorgesehene Eigenkapitalquote immer noch (viel) zu niedrig. Um das globale Finanzsystem wirklich sicher zu machen, werden daher Eigenkapitalquoten von bis zu 30 % gefordert, um die Gefahr von Banken- und Finanzkrisen und deren Folgen zu reduzieren, auch wenn dies zu einer geringeren Kreditvergabe, aber wohl auch zu einem geringeren gewinn- aber auch risikoträchtigen Eigenhandel (Investmentbanking) führen würde. Hinzu kommt, dass einige Banken ihre Bilanzrisiken, wie beispielsweise Derivatrisiken und Zinsänderungsrisiken, immer noch zu niedrig aus-

---

13 vgl. *Links*: Finanzlobby. Dies wurde beispielsweise von der Deutschen Bundesbank im Herbst 2022 festgestellt. Trotz Krisenwarnungen hätten die Banken ihre Kapitalpuffer gesenkt, sie wurden daher aufgefordert ihre Gewinnausschüttungen zu reduzieren, um ihre Rücklagen aufzustocken.

weisen oder auch bestimmte operationelle Risiken, wie kritische Situationen, in denen sich ihre Geschäftspartner befinden, gar nicht als solche anerkennen.

Schließlich ist eine Lösung des Problems einer fehlenden Regulierung für *Schattenbanken* immer noch nicht in Sicht, obwohl diese ein systemisches Risiko darstellen, vor dem u. a. sowohl die BIZ als auch die *BaFin* wiederholt warnen.

Schattenbanken

Als *Schattenbanken* werden Finanzinstitutionen bezeichnet, die bankähnliche Aufgaben übernehmen, aber keine Banklizenz besitzen und damit auch nicht der Bankenaufsicht unterstehen. Beispiele sind Investmentfonds, Vermögensverwalter, Kreditfonds, Hedgefonds, Zweckgesellschaften, Private-Equity-Firmen und Geldmarktfonds. Der Unterschied zu Banken besteht vor allem darin, dass sie kein Buchgeld schaffen können und sich auch kein Geld bei Zentralbanken leihen können. Schattenbanken sammeln Gelder von Anlegern ein und investieren diese in verschiedene Arten von Anlagen, müssen dafür aber nicht unbedingt Eigenkapital als Verlustpuffer vorhalten. Sie können daher größere Risiken eingehen, aber auch entsprechend schneller in finanzielle Schwierigkeiten geraten. 2019 verwalteten Schattenbanken knapp die Hälfte des globalen Finanzvermögens und damit erheblich mehr als die Geschäftsbanken. Die drei größten Vermögensverwalter, *BlackRock*, *Vanguard* und *State Street*, kontrollierten 2022 zusammen beispielsweise über 75 % des US-Marktes mit börsengehandelten Fonds, ETFs (*Exchange Traded Funds*), wobei *BlackRock* allein fast 9 Bio US$ verwaltet.[14] Aufgrund ihrer Größe, Marktmacht und Rolle sind Schattenbanken für die internationalen Finanzmärkte systemrelevant und damit auch anfällig für Systemversagen.

Zentrale Risiken im Finanzsektor bleiben daher also weiterhin bestehen:
- Eine nach wie vor zu geringe *Eigenkapitalausstattung* der Banken,
- die Tendenz das kreditfinanzierte Investmentbanking und damit den *Eigenhandel* (wieder) auszuweiten und ihn zugleich unzureichend zu kontrollieren,
- das immer noch zu schwache unabhängige *interne Risikomanagement* und hier auch die unzureichende Berücksichtigung geopolitischer Risiken und möglicher Cyberangriffe sowie
- die risikofördernden *Bonussysteme* für Bankmanager, die vielfach auch in Verlustperioden nicht eingeschränkt werden.
- Hinzu kommt die Größe vieler systemrelevanter Banken, die „*too big to fail*" sind und daher in jedem Fall mit erheblichen und schwer zu rechtfertigenden staatlichen Finanzmitteln gestützt bzw. sogar „gerettet" werden müssten,

---

14 Vgl. zu diesem Abschnitt: u. a. Finanzwende (2021) und (2022), Ganter (2023).

- zu schwache externe *Aufsichts- und Kontrollorgane* sowie
- der immer noch weitgehend unkontrollierte systemrelevante *Schattenbanksektor*.

Lösungsansätze könnten u. a. in der systematischen Entflechtung der zu großen systemrelevanten Banken und Schattenbanken liegen, verknüpft mit einer weiter verbesserten Regulierung, optimiertem und kontrolliertem internen Risikomanagement und kompetenten, schnell und adäquat reagierenden Aufsichtsbehörden, um zu vermeiden, dass wieder öffentliche Mittel für Bankenrettungen eingesetzt werden müssen.

Der folgende Abschnitt zeigt deutlich, dass die Regulierungen des Finanzsektors noch keineswegs abgeschlossen sind.

4.7 Fallstudie: Bankenkrise 2023

Mitte März 2023 schlossen die US-Aufsichtsbehörden die *Silicon Valley Bank* (*SVB*) und beschlagnahmten Vermögenswerte von über 200 Mrd. US$ sowie Einlagen in Höhe von rund 175 Mrd. US$. Der Kurs der SVB Bank brach daraufhin um 80 % ein und in der Folge verloren die 150 größten Banken weltweit in wenigen Tagen zeitweise rund 450 Mrd. US$ an Börsenwert.

Besonders prekär an der SVB-Insolvenz war, dass die Bank Hausbank von rund der Hälfte aller Tech-Start-ups in Kalifornien war, die in großem Umfang durch *venture capital* (VC) finanziert wurden. Hierdurch konnte die SVB in den letzten drei Jahren ihre Bilanzsumme auf etwa 200 Mrd. US$ verdreifachen. Da die Gelder nur zu einem kleinen Teil als Kredite weitergereicht werden konnten, legte die SVB die Einlagen vor allem in lang laufenden festverzinslichen Anleihen, u. a. in Hypothekenanleihen sowie in Staatsanleihen, an. Aufgrund der Zinserhöhungen der US-Zentralbank, fiel der Kurswert der Anleihen jedoch laufend. Gegen dieses Risiko hätte sich die SVB zwar absichern können, tat dies aber offensichtlich deswegen wohl nicht, weil sie hierzu aufgrund ihrer Größe nicht verpflichtet war. Dieser Mangel des internen Risikomanagements wurde bekannt und es gab daher auch diverse Empfehlungen, u. a. von VC-Gebern, Gelder von der Bank abzuziehen. Viele Tech-Start-ups, deren Einlagen meist weit über den durch die US-Einlagenversicherung abgedeckten 250.000 US$ lagen, taten dies daraufhin. Skandalös war in diesem Zusammenhang allerdings, dass das Management der SVB in den Tagen zuvor Insider-Geschäfte getätigt haben soll und einen großen Teil ihrer Aktien verkauft hatte, und so von dem Verfall des Aktienkurses ihrer Bank nicht betroffen war.

Um ihren Liquiditätsbedarf zu decken, verkaufte die SVB einen großen Teil ihrer Anleihen – aufgrund des gesunkenen Kurswert mit erheblichen Verlusten. Da die Einnahmen hierzu nicht ausreichten, benötigte die Bank zusätzliche Liquidität. Als dies bekannt wurde, kam es zu einem *bank run*. An nur einem Tag zogen die Kunden rund 42 Mrd. US$ ab. Daraufhin reagierte die kalifornische Aufsichtsbehörde und schloss das Finanzinstitut. Die Kunden waren auch deswegen nervös, weil wenige Tage zuvor schon *Silvergate Capital*, die Muttergesellschaft der ebenfalls kalifornischen *Silvergate Bank*, erklärt hatte, ihre Bank ebenfalls wegen Liquiditätsproblemen abwickeln zu wollen. *Silvergate* hatte sich auf Kryptowährungsunternehmen und ihre Kunden spezialisiert. Aufgrund der Insolvenz der Kryptobörse *FTX* im November 2022 hatten viele Kunden massive Verluste erlitten und ihr Kapital von der Bank abgezogen. Auch hier hatte die Bank in festverzinsliche US-Staatsanleihen investiert, die sie mit Verlusten verkaufen musste, um den gestiegenen Liquiditätsbedarf zu decken – eine vergleichbare Situation. Tatsächlich hatten viele Banken in den USA aufgrund der Zinserhöhungen einerseits und ihrer Anlagepolitik, gekoppelt mit einem offensichtlich unzureichenden internen Risikomanagement sowie einer mangelnden Absicherungspolitik, teils erhebliche Verluste erlitten.

Diese Situation hätte antizipiert werden können: Wenn Zentralbanken versuchen, nach längeren – beruhigenden – Niedrigzinsperioden durch in kurzen Abständen erfolgende relativ starke Zinserhöhungen ihre Fehler der Vergangenheit zu korrigieren und steigende Inflationsraten zu bekämpfen, erleiden diejenigen, die frühzeitig in niedrig verzinslichen Staatsanleihen investiert waren, entsprechende Kursverluste während der Laufzeit dieser Anleihen. Wenn dann Kundeneinlagen in größerem Umfang abgezogen werden, um mit diesen höhere Renditen zu erzielen, sind Liquiditätsprobleme voraussehbar.

Um Kettenreaktionen zu vermeiden und Anleger und Kunden zu beruhigen griff nun doch wieder der Staat ein, indem er sich auf eine Ausnahme für systemische Risiken berief: Über den Einlagensicherungsfonds garantierte er, dass Bankkunden Zugriff auf ihre Einlagen hatten, auch wenn diese mehr als 250.000 US$ betrugen. Dafür stellte die Fed den Banken umfangreiche Liquidität zur Verfügung. Im Rahmen eines einjährigen Sonderprogramms akzeptierte sie hierfür Anleihen zum ursprünglichen Wert (*Nennwert*) als Sicherheiten – trotz des inzwischen gesunkenen Kurswerts – ein ungewöhnlicher Schritt, der zeigt, dass die US-Behörden die neuerliche Finanzkrise nicht leicht nahmen und diese sehr schnell beenden wollten. Eine schnelle Reaktion war auch deswegen notwendig, weil den Unternehmen, die ihre Einlagen noch nicht abgezogen hatten, vorübergehend keine Mittel u. a. für

Gehaltszahlungen an ihre Mitarbeiter zur Verfügung gestanden hätten. Damit wären rund 100.000 Jobs gefährdet gewesen und auf die Banken-Pleite hätte ein Start-up-Crash folgen können. In der Folge wären auch weitere US-Regionalbanken *bank runs* und meist auch einem drastischen Verfall ihrer Aktienkurse ausgesetzt.

4.8 Lernkontrolle

 Kurz und bündig

Anfang der 1990er-Jahre hatten praktisch alle wichtigen Länder ihre Kapitalverkehrskontrollen beseitigt, sodass sich neue vielfältige Finanzierungs- und Anlagemöglichkeiten eröffneten. Die weltweiten Finanzströme begannen daher ab Mitte der 1970er-Jahre zunächst zögernd und dann immer rascher zu wachsen. Betrugen die täglichen Umsätze auf den Welt-Devisenmärkten 1989 noch knapp 600 Mrd. US$, so stiegen sie auf inzwischen 7,5 Bio. US$ im April 2022. Die Neugestaltung der internationalen Währungsbeziehungen führte neben der *Liberalisierung* des grenzüberschreitenden Kapitalverkehrs auch zu einer zunehmenden *Deregulierung* der nationalen Finanzmärkte, wobei die intensive Vernetzung der nationalen Finanzmärkte eine effiziente Wahrnehmung von *Kontroll- und Aufsichtsaufgaben* durch nationale Aufsichtsbehörden behinderte. Damit stieg auch die *Krisenanfälligkeit* der Finanzmärkte: Die Finanzmarktakteure entwickelten eine Fülle neuer kaum kontrollierbarer *Finanzinnovationen* oder entzogen sich in *Steueroasen* (OFCs) sogar komplett dem Einflussbereich von Finanzkontrollen.

Während der Asienkrise 1997/1998 wurde deutlich, dass der private Finanzsektor zu einem großen Teil die Mitverantwortung für die Entstehung der Finanzkrisen trug. Tatsächlich aber wurden private Investoren und Anleger durch die Bereitschaft internationaler Institutionen und öffentlicher Instanzen, den betroffenen Ländern in großem Umfang Finanzmittel zur Verfügung zu stellen, in hohem Maße entlastet *(bail out)*. Trotz der Deregulierungsinitiativen, gab es daher schon in den 1980er-Jahren Ansätze, den privaten Finanzsektor (wieder) stärker zu regulieren und ihm eine aktivere Rolle bei der Krisenbewältigung zuzuweisen. Die Liberalisierung hatte die Finanzinstitute dazu verleitet, ihr Vorsorge- und Risikomanagement zu vernachlässigen. Hinzu kam ein eher sorgloses Anlageverhalten *(moral hazard)*, das die Akteure Risiken bewusst eingehen ließ in der begründeten Erwartung, diese würden „von anderen" getragen.

Daher wurden 1988 erste international abgestimmte Eigenkapitalnormen vorgeschlagen (*Basel I*), die anschließend in über 100 Ländern umgesetzt wurden. Allerdings wurden diese Regeln als zu starr kritisiert. Ab 1999 wurde daher ein neuer Vorschlag diskutiert, der nach der Berücksichtigung von Reaktionen von Banken und Bankenaufsichtsbehörden nochmals überarbeitet und 2001 verabschiedet wurde und 2007 als „*Basel II*" in Kraft trat Die *Subprime-Krise* 2007/2008 zeigte dann aber deutlich, dass es immer noch zu wenig Sicherheitsvorkehrungen für den Finanzsektor gab, sodass vor allem die katastrophalen Auswirkungen von *Finanzkrisen* auf die *Realwirtschaft* nicht vermieden werden konnten. Dies wiederum hatte enorme „Reparaturkosten" einschließlich der gesellschaftlichen Rechtfertigung dieser Aufwendungen zur Folge. Die Rahmenbedingungen der internationalen Finanzarchitektur mussten weiter verbessert werden, um die Widerstandsfähigkeit des Finanzsektors gegen finanzielle und wirtschaftliche Schocks zu erhöhen und damit das globale Finanzsystem und auch die Weltwirtschaft zu schützen. *Mit Basel III* wurde daher versucht die erkannten Mängel zu beseitigen: So wurden u. a. die *Eigenkapitalvorschriften* verschärft, die Voraussetzungen für die *Kreditverbriefungen* erhöht, eine maximale *Verschuldungsquote* eingeführt und die *Bankenaufsicht* gestärkt.

Let's check

1. Beschreiben Sie, wie sich der *Umsätze von induzierten und autonomen Finanztransaktionen* auf den internationalen Finanzmärkten nach Bretton Woods entwickelten und erklären Sie diese Entwicklung.
2. Welche Wirkungen wurden von *Liberalisierungs- und Deregulierungsmaßnahmen* erwartet?
3. Welcher Zusammenhang besteht zwischen *moral hazard* Verhalten und *bail out* Maßnahmen?
4. Stellen Sie kurz dar, was mit *Basel I* und *Basel II* erreicht werden sollte und ob diese Konzepte erfolgreich waren.
5. Wodurch wurde die *Subprime Krise* verursacht und welche Auswirkungen hatte sie?
6. Beschreiben Sie drei Elemente von *Basel III* und nehmen Sie kurz zu den an diese geknüpften Erwartungen Stellung.

Vernetzende Aufgabe – recherchieren, analysieren, beurteilen

Welche wichtigen Elemente sollte ein zukunftsfähiges Konzept zur Regulierung der internationalen Finanzmärkte enthalten?

Literatur

Literatur Kapitel 4[15]

Bank for International Settlements (BIS) (2022) BIS Quarterly Review, December 2022. https://www.bis.org/publ/qtrpdf/r_qt2212.pdf, p.33 ff

Bank für Internationalen Zahlungsausgleich (BIZ) (2010) Basel III: Ein globaler Regulierungsrahmen für widerstandsfähigere Banken und Bankensysteme. https://www.bis.org/publ/bcbs189_de.pdf

Deutsche Bundesbank (2001) Die neue Basler-Eigenkapitalvereinbarung (Basel II); in: Monatsberichte, April 2001

dies. (2009) Zum „Bad Bank"-Modell der Bundesregierung. https://www.bundesbank.de/resource/blob/662924/62716f9555facd758d5090d6a75a07ac/mL/2009-05-bad-bank-modell-data.pdf

dies. (2018) Die Fertigstellung von Basel III; in: Monatsbericht, Januar 2018, S. 77–94

Fendel, R. / Frenkel, M. (2009) Die Subprime-Krise 2007/08: Ursachen, Auswirkungen und Lehren; in: WiSt Heft 2, Februar 2009

Finanzwende (2021) Regulieren und Entflechten – Handlungsbedarf bei BlackRock und Co. vom 13.04.2021. https://www.finanzwende-recherche.de/unsere-themen/handlungsbedarf-bei-blackrock-und-co/

Finanzwende (2022) Banken und Schattenbanken vom 17.02.2022. https://www.finanzwende-recherche.de/unsere-themen/banken-und-schattenbanken/

Ganter, S. (2023) Schattengewächse außer Kontrolle; in ipg Journal vom 12.01.2023. https://www.ipg-journal.de/rubriken/wirtschaft-und-oekologie/artikel/schattengewaechse-ausser-kontrolle-6437/

Koch, E. (2022) Globalisierung: Wirtschaft und Politik; 3. Aufl., Wiesbaden

Mann, G / Watzek, H. (2017) Basel IV – Fortsetzung der Bankenregulierung; in: WISU 03/2017 S. 310 ff

Mathieson, D./ Rojas-Suarez, L. (1992) Liberalisierung des Kapitalverkehrs; in: Finanzierung und Entwicklung Dezember 1992

Mrusek, F. /Adamus D. (2023) Neue EZB-Leitlinien zur Aggregation von Risikodaten und zur Risikoberichterstattung. https://bankinghub.de/banksteuerung/ezb-leitlinien-risikoberichterstattung

Sinn, H.-W. (2009) Kasino-Kapitalismus, Berlin

Links

Aktienoptionen: https://www.deltavalue.de/aktienoptionen
BCBS: https://www.bis.org/bcbs/
Carry Trades: https://www.avatrade.de/education/market-terms/what-is-carry-trade
EUREX: https://www.boerse-frankfurt.de/wissen/lexikon/eurex
Finanzkrise: https://de.wikipedia.org/wiki/Weltfinanzkrise_2007-2008

---

15 Letzter Zugriff auf die unter „Literatur" und „Links" genannten Internetquellen jeweils 03/2025.

Finanzlobby: https://www.finanzwende.de/themen/finanzlobbyismus/was-das-lobbyregister-ueber-die-finanzlobby-verraet/

GFCI 36: https://www.longfinance.net/programmes/financial-centre-futures/global-financial-centres-index/gfci-36-explore-the-data/gfci-36-rank/

Public Register for the Clearing Obligation under EMIR: https://www.esma.europa.eu/sites/default/files/library/public_register_for_the_clearing_obligation_under_emir.pdf

Steueroasen: https://taxjustice.net/reports/the-state-of-tax-justice-2021/; https://www.netzwerk-steuergerechtigkeit.de/infothek/neue-studie-des-tax-justice-network-steueroasen-und-schattenfinanzplaetze-kosten-deutschland-jedes-jahr-etwa-40-milliarden-euro/

SWIFT: https://www.deutschlandfunk.de/swift-moegliche-sanktionen-gegen-russland-102.html#SWIFT; https://germany.representation.ec.europa.eu/news/neue-sanktionen-gegen-russland-veroffentlicht-ausschluss-russischer-banken-aus-dem-swift-system-und-2022-03-02_de

Wettbewerbsnachteile: https://www.sueddeutsche.de/wirtschaft/banken-ezb-wettbewerbsnachteile-usa-li.3171783

Europäische Wirtschafts- und Währungsunion (EWWU)

Inhaltsverzeichnis

5.1 Voraussetzungen – 128
5.1.1 Liberalisierung des Kapitalverkehrs – 129
5.1.2 Wirtschaftspolitische Kooperation – 130

5.2 Die Entwicklung der Europäischen Wirtschafts- und Währungsunion (EWWU) – 134
5.2.1 Die erste Stufe – 135
5.2.2 Die zweite Stufe – 136
5.2.3 Die dritte Stufe – Start des Euro – 137

5.3 Die Entwicklung des Euro – 139

© Der/die Autor(en), exklusiv lizenziert an Springer Fachmedien Wiesbaden GmbH, ein Teil von Springer Nature 2025
E. Koch, *Internationale Währungs- und Finanzbeziehungen*, Studienwissen kompakt, https://doi.org/10.1007/978-3-658-48712-6_5

5.4	Der Stabilitäts- und Wachstumspakt (SWP) – 143	
5.5	Folgen der währungspolitischen Integration – 145	
5.6	Lernkontrolle – 147	
	Literatur – 149	

5 Europäische Wirtschafts- und Währungsunion (EWWU)

Lernagenda
Folgende Fragen werden in Kapitel 5 beantwortet:
- Warum war das *Europäische Währungssystem* (EWS) ein wichtiger Vorläufer der EWWU?
- Warum wurden für die EWWU-Mitgliedschaft *Konvergenzkriterien* eingeführt?
- Welche *Konvergenzkriterien* sind immer noch relevant?
- Welche *internationale Bedeutung* hat der *Euro*?
- Warum wurde der *Stabilitäts- und Wachstumspakt* (SWP) ins Leben gerufen?
- Welche *Vor- und Nachteile* hat die *EWWU*?

Schon 1961 hatte die EG-Kommission in einem Aktionsprogramm hervorgehoben, dass der gemeinsame Markt durch eine *Währungsunion* vervollständigt werden müsse, konkrete Schritte wurden zu jenem Zeitpunkt allerdings noch nicht unternommen. Der zweite Anlauf erfolgte 1969. Auf der Gipfelkonferenz in *Den Haag* im Dezember 1969 beschlossen die Regierungs- und Staatschefs der EG-Staaten nach der Vollendung der Zollunion die Ausarbeitung eines entsprechenden Stufenplans.[1] Die Grundlage für das weitere Vorgehen bildete der 1970 unter der Leitung des damaligen luxemburgischen Ministerpräsidenten *Pierre Werner* erstellte Bericht *(Werner-Plan)*, der 1971 mit einigen Korrekturen vom Ministerrat angenommen wurde. Er sah vor, die 1968 vollendete Zollunion innerhalb von zehn Jahren (!) in drei Stufen zu einer *Europäischen Wirtschafts- und Währungsunion (EWWU)* weiter zu entwickeln. Durch eine engere wirtschafts- und währungspolitische Kooperation wollte man die Wirtschaftspolitik der europäischen Staaten harmonisieren und damit eine Zone stabilen Geldwerts schaffen. Nach außen sollte dem Zerfall des Bretton-Woods-Systems durch die Bildung eines währungspolitischen Blocks begegnet werden, um durch eine koordinierte europäische Währungspolitik größere währungspolitische Autonomie gegenüber dem US$ zu gewinnen.

---

1 Vgl. zu den verschiedenen Integrationsformen Koch (2023), S. 40 ff.

5.1 Voraussetzungen

Aber erst die deutlich sichtbaren Erfolge der europäischen Währungszusammenarbeit im *Europäischen Währungssystem (EWS)* in Verbindung mit den erfolgreichen Bemühungen zur Herstellung des europäischen Binnenmarktes in den 1980er-Jahren und nicht zuletzt der zunehmende internationale Wettbewerb förderten die Bereitschaft, neue Mechanismen der wirtschafts- und währungspolitischen Zusammenarbeit zu entwickeln und die Gemeinschaft zu einer Wirtschafts- und Währungsunion weiter zu integrieren.

Europäisches Währungssystem (EWS)
Das *Europäisches Währungssystem (EWS)* trat 1979 in Kraft. Es handelte sich hierbei um ein *festes Wechselkurssystem* mit einer Bandbreite von zunächst ± 2,25 % (ab Juli 1993: ± 15 %). *Mitglieder* waren Frankreich, Deutschland, Italien, die BeNeLux-Staaten, Dänemark, Irland und Spanien, Großbritannien (1990–1992), Portugal (1992), Finnland (1996). Ziele des EWS war die Förderung des innergemeinschaftlichen Handels durch eine gestärkte *währungspolitische Zusammenarbeit* der EG-Mitgliedstaaten. Elemente des EWS waren die *Europäische Währungseinheit* (ECU), deren Wert sich nach einem *Währungskorb* bestimmte, der sich aus absolut festgelegten Anteilen aller an der ECU teilnehmenden Währungen zusammensetzte. Die *Leitkurse* aller Währungen wurden in ECU festgelegt. Die bilateralen Leitkurse wurden dann errechnet und in Form einer Matrix, dem sog. *Paritätengitter*, dargestellt. Bei Abweichungen waren die betreffenden Zentralbanken verpflichtet zu intervenieren. Ein *Abweichungsindikator* fungierte als eine Art Frühwarnsystem: Wich der Tageskurs um mehr als 75 % vom Leitkurs ab, mussten die Zentralbanken entweder intervenieren oder mit geldpolitischen Maßnahmen versuchen, die Wechselkurse zu stabilisieren. Bei länger andauernder Ungleichgewichten wurden zwischen den Mitgliedsländern abgestimmte *Leitkursänderungen (Realignments) durchgeführt*. Um Interventionsverpflichtungen auch bei nicht ausreichenden nationalen Devisenreserven nachkommen zu können, wurde ein umfassendes *finanzielles Beistandssystem eingeführt*. Hierfür wurde der *Europäische Fonds für währungspolitische Zusammenarbeit* (EFWZ) eingerichtet, durch den die Zentralbanken Kredite in praktisch unbegrenzter Höhe erhalten konnten.

Im Rahmen des EWS hatte sich ein enges Geflecht von Konsultationen und Kooperationen entwickelt, das eine Abstimmung der Währungspolitik der Mitgliedsländer erlaubte. Die Tatsache, dass zwischen 1987 und 1992 kein *Realignment* erfolgte, zeigt die stabilisierende Funktion des EWS. Nach wie vor verfolgten praktisch nun alle Staaten eine Währungspolitik, die de facto die *Ankerfunktion* der D-Mark und die *Geldpolitik* der Bundesbank akzeptierte und dem Ziel der Wechselkursstabilität Priorität einräumte.

5.1.1 Liberalisierung des Kapitalverkehrs

Bis Ende der 1980er-Jahre bestanden in vielen Ländern *Kapitalverkehrsbeschränkungen,* um unkontrollierte Devisenab- und -zuflüsse zu verhindern. Im Zuge der Binnenmarktvorbereitungen wurden in den 1990er-Jahren die wichtigsten Beschränkungen zwischen den meisten EU-Mitgliedstaaten abgeschafft. Seit 1993 bildet die EU einen *Binnenmarkt* oder Gemeinsamen Markt und damit – gem. Art. 8a des EG-Vertrags – einen „Raum ohne Binnengrenzen, in dem der freie Verkehr von Waren, Personen, Dienstleistungen und Kapital ... gewährleistet ist". In einem Binnenmarkt sollte vollständige Mobilität der Produktionsfaktoren und damit also auch *Kapitalverkehrsfreiheit* bestehen.

Kapitalverkehrsfreiheit
Devisenkontrollen, Einschränkungen für ausländische Investoren und Beschränkungen von Geldanlagen im Ausland wurden abgeschafft. Kapital kann seitdem, unbeeinflusst von Grenzen, in seine „*optimalen Verwendungszwecke*" fließen. Damit können Investitionen leichter in anderen Ländern getätigt werden, Risiken besser diversifiziert und Zinsdifferenzen gewinnbringend genutzt werden. Allen EU-Bürgern steht es frei, Kredite im Ausland aufzunehmen oder im Ausland Konten zu eröffnen und die hierfür notwendigen Kapitaltransaktionen vorzunehmen. Eine Bank, die in einem Mitgliedsland zugelassen ist, kann ohne erneute Zulassung in allen anderen EU-Staaten durch Filialen oder auch ohne eigene Niederlassungen Finanzdienstleistungen anbieten. Die ausländischen Niederlassungen werden dann der Aufsicht des Heimatlandes unterstellt.

Voraussetzung hierfür war eine Harmonisierung von Mindestanforderungen. Insbesondere wurde das Bankenaufsichtsrecht, etwa die Anerkennung von Kontrollen, sowie Eigenkapitalvorschriften entsprechend den *Basel-Empfehlungen* angeglichen. Die durch die erhöhte Kapitalmobilität laufend anwachsenden Kapitalbewegungen hatten in dem EWS-System fester Wechselkurse mit vereinbarten Interventionsverpflichtungen der Zentralbanken aber auch erhebliche Auswirkungen auf die nationalstaatlichen Geldpolitiken. So war es beispielsweise kaum möglich, im Inland einen höheren Zinssatz zur Verhinderung von Preissteigerungen durchzusetzen, weil der dann zunehmende Kapitalzufluss aus dem Ausland die Geldmenge aufgebläht und inflationäre Wirkungen zur Folge gehabt hätte, während Zinssenkungen zu einem unerwünschten Kapitalabfluss geführt hätten. Bei festen Wechselkursen und uneingeschränkter Kapitalmobilität können die beteiligten Länder also – wie erwähnt – keine autonome Geldpolitik betreiben. Feste Wechselkurse lassen sich unter diesen Gegebenheiten nur durch eine verstärkte wirtschaftspolitische Zusammenarbeit erreichen.

5.1.2 Wirtschaftspolitische Kooperation

Ziel einer *Währungsunion* muss es sein, die festen Währungsverhältnisse durch *wirtschaftspolitische Konvergenz* nicht zu gefährden. Die eingesetzten Instrumente müssen erhebliche, längerfristige Schwankungen der Nachfrage nach der eigenen Währung verhindern, da *Paritätsänderungen* als Ausgleichsventil und Anpassungsmechanismus für wirtschaftliche Ungleichgewichte nicht mehr zur Verfügung stehen.

> ▶ **Beispiel**
>
> Nehmen wir an, zwei Länder, A und B, vereinbaren eine Währungsunion mit einem festen Wechselkurs von 1 : 1. Während A-Land in den nächsten Jahren eine Wirtschaftspolitik betreibt, die im Inland zu stabilen Preisen führt, hat die Wirtschaftspolitik von B-Land Preissteigerungsraten von 10 % p.a. zur Folge. Schon nach einem Jahr haben sich die internationalen Preise der B-Land-Waren damit um 10 % gegenüber A-Land-Waren erhöht. B-Land wird in Exportschwierigkeiten geraten und zudem wahrscheinlich mehr billigere A-Land-Waren importieren. Dies wird in B-Land Produktions- und Beschäftigungsprobleme sowie entsprechend restriktive wirtschaftspolitische Maßnahmen zur Folge haben. ◄

Zentrales Element der nationalen Politiken muss daher im Wesentlichen die Verhinderung von inflationären Entwicklungen sein. Wichtige Voraussetzung hierfür ist eine solide Haushaltspolitik, die eine Überbeanspruchung des nationalen Kapitalmarkts und eine Aufblähung der Geldmenge vermeidet. Die EU-Partner harmonisierten also ihre Wirtschafts-, Finanz- und Geldpolitik: Die geldpolitischen Instrumente und ihr Einsatz wurden in weiten Bereichen einander angenähert, Leitzinsänderungen erfolgten ebenfalls weitgehend parallel und für die Bekämpfung der Inflation wurden Instrumente und Strategien vereinheitlicht. Das Ergebnis dieser Vorbereitungen zur *Europäischen Währungsunion* waren nur noch geringe Abweichungen bei zwei wirtschaftlichen *Kernindikatoren*, den *Kapitalmarktzinsen* und den *Inflationsraten*. Weiterhin bestanden aber noch unterschiedliche Auffassungen in Bezug auf die *Haushalts-* und *Fiskalpolitik*. Neben der unterschiedlich hohen Arbeitslosigkeit in den Mitgliedsländern wich vor allem die *Staatsverschuldung* in einigen Ländern von der allgemein akzeptierten Zielgröße ab.

Als Zielvorstellungen für eine koordinierte gemeinsame Wirtschaftspolitik formulierte der *Europäische Rat* bereits 1990 eine offene marktwirtschaftliche Ordnung, die Preisniveaustabilität und Wachstum, Beschäftigung und

5.1 · Voraussetzungen

Umweltschutz miteinander vereint und auf ausgewogene Finanz- und Haushaltsverhältnisse sowie auf wirtschaftlichen und sozialen Zusammenhalt ausgerichtet ist. Konkretisiert wurden die wirtschaftspolitischen Ziele im *Vertrag über die Europäische Union* (Vertrag von Maastricht) 1991 durch die Festlegung von fünf wirtschaftlichen *Konvergenzkriterien*, deren Erreichen Voraussetzung für den Beitritt zur EWWU war. Während das Preis- und Zinsniveau sowie die Währungsstabilität vorwiegend Ergebnis der Politik der Zentralbanken sind, liegt die Finanzpolitik und damit auch die öffentliche Verschuldung überwiegend im direkten Verantwortungsbereich der Gebietskörperschaften: Bund, Länder und Gemeinden.

Konvergenzkriterien für den Beitritt zur EWWU
Einheitliche Preissteigerungsraten
Steigt in einem Land das Preisniveau schneller als in anderen Ländern, müsste es seine Währung abwerten, um seine internationale Wettbewerbsfähigkeit zu erhalten. Da in einer Währungsunion diese Möglichkeit entfällt, müssen sich die Inflationsraten einander angleichen: *Die Preissteigerungsrate durfte im letzten Jahr vor der Überprüfung durchschnittlich höchstens 1,5 % über dem Schwellenwert, der durchschnittlichen Preissteigerungsrate der drei preisniveaustabilsten EU-Länder, liegen* (Im März 1997 durfte die Preissteigerungsrate damit nicht über 2,7 % liegen).
Einheitliches Zinsniveau
In einer Währungsunion entfällt für Kapitalanleger das Währungsrisiko. Unterschiedliche Zinssätze in den Mitgliedsstaaten würden zu einem Kapitalabfluss in das Land mit der höchsten Rendite und bei dem Land mit niedrigeren Zinsen notgedrungen zu einem Zinsanstieg führen. Um diese Risiken zu verringern sollen sich die langfristigen nationalen Zinssätze, gemessen an der Umlaufrendite langfristiger öffentlicher Anleihen, einander angleichen: *Der durchschnittliche Kapitalmarktzinssatz, durfte daher im letzten Jahr vor der Überprüfung nicht mehr als 2 % über dem Durchschnittszinssatz der drei Länder mit der niedrigsten Inflationsrate liegen* (Im März 1997 durfte der Kapitalmarktzins damit 7,8 % nicht übersteigen).
Stabile Wechselkurse
Ein wichtiger Nachweis für Konvergenz ist die Stabilität des Außenwerts der eigenen Währung. *Die nationale Währung soll sich daher mindestens zwei Jahre vor dem Eintritt in die Währungsunion ohne größere Schwankungen gegenüber den anderen Währungen behauptet haben und sich innerhalb der fest-*

gelegten Bandbreiten bewegt haben. Während der erste Teil der Bedingung gegen Ende der Vorbereitungszeit auf die EWWU nach wie vor relevant war, war der Bezug auf die Bandbreiten angesichts deren Ausdehnung auf ± 15 % (s.o.) kaum noch von Bedeutung. Es war daher Konsens, diese Bedingung auf die zuvor geltende Bandbreite von ± 2,25 % zu beziehen.

Geringe Haushaltsdefizite und niedrige öffentliche Verschuldung
Zur Erzwingung einer soliden Finanzpolitik und zur Verhinderung einer zu großen Belastung der Kapitalmärkte sollte das *Haushaltsdefizit im letzten Jahr vor der Überprüfung 3 % des Bruttoinlandsprodukts (BIP)* nicht überschreiten. Die gesamte, kumulierte öffentliche Verschuldung sollte nicht mehr als 60 % des BIP betragen. Hierbei reichte es in der Praxis schon aus, wenn ein Staat sich den Referenzwerten *näherte*.

Zu den Konvergenzkriterien kann Folgendes kritisch angemerkt werden:
- Da *Preisstabilität* und *Zinsniveau* nur relativ festgelegt wurden, hätten hier auch konvergente aber unerwünscht hohe Niveaus der Kriterien akzeptiert werden müssen. Tatsächlich erfolgte die Annäherung zum Zeitpunkt des Übergangs zur EWWU jedoch positiverweise auf relativ niedrigem Niveau.
- Die Begrenzung des *Schuldenstands* auf 60 % war eher willkürlich und vor allem durch die zum Zeitpunkt der Festlegung der Kriterien im Jahre 1990 als erreichbar angesehene Schuldenhöhe erklärbar.
- Das ebenfalls willkürlich erscheinende maximale jährliche *Haushaltsdefizit* von 3 % wurde durch folgende Formel ermittelt: Erwartete nominale Wachstumsrate des Bruttoinlandsprodukts, hier wurde von 5 % p. a. ausgegangen, minus 2 %.[2] Durch diese Begrenzung sollte die staatliche Verschuldung in als akzeptabel angesehenen Grenzen gehalten werden. Da das nominale Wachstum der EU-Länder in den 1990er-Jahren im Durchschnitt unter 5 % lag, hätte nun eigentlich auch das akzeptierbare Haushaltsdefizit abgesenkt werden müssen, worauf dann aus nahe liegenden Gründen verzichtet wurde. Die Feststellung des Haushaltsdefizits erfolgte ohne die Berücksichtigung von Zahlungen an die EU und Leistungen der EU an die Mitgliedstaaten. Die Tatsache, dass die Angaben der

---

2 Vgl. Deutsche Bundesbank (1997).

5.1 · Voraussetzungen

Mitgliedsländer nur unzureichend kontrolliert wurden, gab einigen Mitgliedsländern allerdings die Möglichkeit, die Kriterien durch „kreative Buchführung" und kurz wirkende Einzelmaßnahmen zu erreichen. Im Übrigen war es dem Europäischen Rat möglich, eine positive Empfehlung auszusprechen, wenn Tendenzen zur Erreichung der Kriterien erkennbar waren, auch wenn die Kriterien zum Stichtag objektiv verfehlt wurden. Damit waren Aufweichungstendenzen vorprogrammiert, sodass beispielsweise Belgien (Schuldenstand 1998: 120 %) und Italien (117 %) trotzdem als EWWU-Mitglieder akzeptiert wurden.

Ein grundsätzliches Problem einer Währungsunion kann aber auch durch das Einhalten von Konvergenzkriterien nicht gelöst werden: Diese erlauben zwar Aussagen über die aktuelle Wirtschaftspolitik, jedoch nicht darüber, ob die Mitglieder aufgrund unterschiedlicher Wirtschaftsstrukturen und Wettbewerbsfähigkeit Probleme haben (werden) die Kriterien auch dauerhaft zu erreichen. Ist dies jedoch der Fall, sind Schwierigkeiten vorprogrammiert. In der EWWU führten diese Leistungsdifferenzen nicht nur zu sehr unterschiedlichen Ergebnissen in Bezug auf die Konvergenzkriterien selbst, sondern auch zu einer problematischen Ungleichheit der Leistungsbilanzen und in der Folge zu erheblichen Kapitaltransfers zwischen den Mitgliedsländern.[3] Einen Überblick über den Stand der beiden wichtigsten Konvergenzkriterien 2022 gibt ◘ Abb. 5.1.

◘ Abb. 5.1 zeigt, dass 2022 über die Hälfte der Mitgliedsländer die Kriterien nicht einhält. Dabei ist ein höheres Haushaltsdefizit, wie beispielsweise in Lettland, eher unproblematisch, wenn der Schuldenstand nur 42 % beträgt, im Falle von Belgien, Italien und Frankreich ist es dagegen ein Indikator, der darauf hinweist, dass es diesen Ländern kaum gelingen wird ihre Schulden in Höhe von 106 %, 144 % und 112 % schnell zu reduzieren. Der höhere Schuldenstand von Zypern und Portugal (89 % bzw. 115 %) ist dagegen weniger problematisch, da beide Länder mit einem Haushaltsüberschuss (+1 %) bzw. einem sehr geringen Haushaltsdefizit (1 %) offensichtlich größere Anstrengungen unternehmen, ihre Schulden abzubauen.

---

3 Vgl. zum Thema Leistungsbilanzen Kapitel 1 und zum Stand der aktuellen Konvergenzkriterien: European Commission (2024).

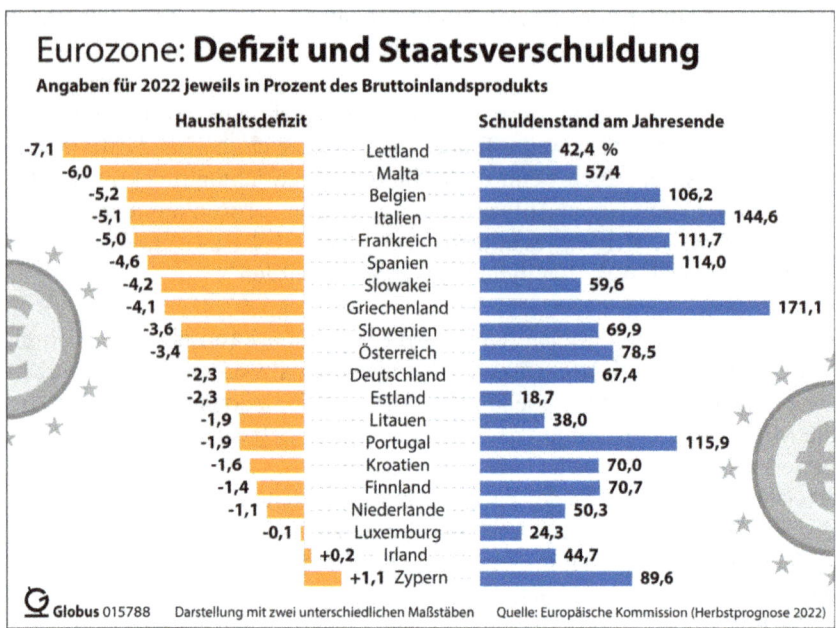

● Abb. 5.1   Stand der Konvergenzkriterien 2022

5.2 Die Entwicklung der Europäischen Wirtschafts- und Währungsunion (EWWU)

In der Vorbereitungsphase der EWWU wurden zwei unterschiedliche Konzeptionen vertreten: Die *„Monetaristen"* wollten die Entwicklung zu einer Währungsunion durch eine monetäre Integration, eine schrittweise Verringerung der Bandbreiten der Wechselkurse, erreichen. Es wurde erwartet, dass mit dieser Strategie ökonomische Anpassungszwänge auf *die* Mitglieder ausgeübt würden, deren wirtschaftliche Indikatoren und wirtschaftspolitische Instrumente noch erheblich von denen der wirtschaftlich stärker konvergierenden Länder abwichen. Die *„Ökonomisten"* dagegen trauten dem Wechselkursmechanismus keine derartige integrative Kraft zu und forderten wirtschaftspolitische Konvergenz als Voraussetzung für eine Währungsunion. Die Entscheidung zur Gründung einer Währungsunion sollte dann die vorangegangene Anpassung der Volkswirtschaften abschließen. Diese auch als *Krönungstheorie* bezeichnete Auffassung wurde u. a. auch von der Deutschen Bundesbank vertreten. Im Nachhinein zeigt sich, dass das EWS die von den *Monetaristen* erwartete integrative Kraft bis zu einem gewissen Grade auch ausübte. Allerdings machte der vorübergehende Quasi-Zusammenbruch des EWS im September 1992 („Black Wednesday") jedoch deutlich, dass die EU-Volkswirtschaften noch erhebliche Systemunterschiede aufwiesen, die auch bis zur Gründung der Währungsunion noch nicht abgebaut waren und auch noch bis heute zu wirtschaftspolitischen Problemen führen.

Black Wednesday
Am 16. September 1992, dem Black Wednesday, gewann der Investor *George Soros* eine „Wette" gegen die *Bank of England* und das britische Pfund. Trotz einer längeren schwachen Wirtschaftsentwicklung lehnte die britische Regierung eine Neu-Festsetzung der Leitkurse – und damit eine Abwertung des britischen Pfunds – ab. Das Pfund konnte daher nur innerhalb der Bandbreite des EWS schwanken und musste von der *Bank of England* massiv gestützt werden. *George Soros* und andere Großinvestoren gingen davon aus, dass diese Stützungsaktionen nicht lange aufrechterhalten werden konnten und spekulierten auf eine Pfund-Abwertung und darauf, dass Großbritannien anschließend aus dem EWS ausscheiden würde. Sie nahmen daher bei britischen Banken Kredite in Höhe von mehreren Mrd Pfund auf und kauften D-Mark und französische Franc. Ihre Wette ging auf. Unter dem Druck der massiven Reaktionen sah sich Großbritannien trotz mehrerer Leitzinserhöhungen gezwungen das EWS zu verlassen. Das Pfund wertete sofort massiv ab, sodass die Währungsspekulanten entsprechend weniger D-Mark und Franc aufwenden mussten, um die Pfund-Kredite zurück zu zahlen. Als Folge wurden die früheren Bandbreiten im EWS ab 1993 von ± 2,25 % auf ± 15 % erweitert (vgl. *Links*: Black Wednesday).

5.2.1 Die erste Stufe

1986 unterzeichneten acht EG-Mitgliedstaaten die *Einheitliche Europäische Akte* (EEA), durch die der Weg für die weitere politische Integration geebnet und das Ziel eine EWWU zu gründen festgeschrieben wurde. Im Juni 1988 beschloss der Europäische Rat eine Richtlinie zur vollständigen Liberalisierung des Kapitalverkehrs bis zum Juli 1990 und die Einrichtung einer EWWU-Arbeitsgruppe unter dem Vorsitz des damaligen Präsidenten der EG-Kommission *Jacques Delors*. Im Dezember 1990 legte die Kommission auf der Grundlage des *Delors-Plans* einen Vertragsentwurf zur Bildung der EWWU vor, in dem Entwicklungsschritte und Beitrittsvoraussetzungen festgelegt wurden. Eine Präzisierung und Festlegung erfolgte im *Vertrag über die*

Europäische Union (Vertrag von Maastricht), der als Kernstück die Errichtung einer EWWU sowie zwei weitere Säulen, die *Gemeinsame Außen- und Sicherheitspolitik* (GASP) und eine engere Zusammenarbeit in der *Innen- und Rechtspolitik* vorsah. Der Vertrag wurde 1991 vom Europäischen Rat beschlossen und trat im November 1993 in Kraft.

Mit Beginn der *„ersten Stufe"* der EWWU, die ohne Vertragsänderungen möglich war, sollte ab Juli 1990 die schrittweise vollständige Liberalisierung des Kapitalverkehrs zwischen allen Mitgliedsländern realisiert werden. Noch bestehende Beschränkungen im Geld- und Zahlungsverkehr zwischen den EG-Staaten wurden aufgehoben und ein gemeinsamer Kapitalmarkt mit zunächst acht Mitgliedsstaaten realisiert. Schließlich wurde auch begonnen, die Voraussetzungen für wirtschaftspolitische Konvergenz weiter zu verbessern und die verschiedenen wirtschaftspolitischen Systeme, Verfahren und Instrumente einander anzugleichen.

5.2.2 Die zweite Stufe

Die zweite Stufe begann im Januar 1994 und endete im Dezember 1998. Im Mittelpunkt der Aktivitäten in dieser Phase standen sowohl die vorbereitenden Tätigkeiten des *Europäischen Währungsinstituts* (EWI) als auch die Anstrengungen der Mitgliedsländer, die wirtschaftspolitischen Konvergenzkriterien zu erfüllen. Gleichzeitig bemühten sich die Mitgliedsländer, die Vollendung des Gemeinsamen Marktes und ihre Beteiligung am EWS ohne Sonderkonditionen sicherzustellen.

Europäisches Währungsinstitut (EWI)
Das EWI wurde als Vorläufer einer späteren *Europäischen Zentralbank* (EZB) im Januar 1994 mit Sitz in Frankfurt/Main gegründet. Seine zentrale Aufgabe war die organisatorische und praktische Vorbereitung der Währungsunion. Hierzu gehörten u. a. die Vereinheitlichung von Statistiken und Arbeitsmethoden der beteiligten Zentralbanken, die Entwicklung der Instrumente einer einheitlichen Geld- und Währungspolitik sowie praktische Fragen der Währungsumstellung, wie Stückelung, Gestaltung und Produktion der neuen europäischen Einheitswährung und vor allem der Aufbau einer voll funktionsfähigen *Europäischen Zentralbank*. Ferner wirkte es mit bei der Schaffung eines leistungsfähigen Zahlungssystems der Zentralbanken *(Target)*, mit dem die nationalen Systeme auf europäischer Ebene verbunden wurden. Die Verantwortung für die Geld- und Währungspolitik verblieb in dieser Stufe noch bei den nationalen Zentralbanken und wurde erst mit Beginn der *dritten Stufe* auf die EZB übertragen. Schließlich übernahm das EWI die Aufgaben des *Europäischen Fonds für währungspolitische Zusammenarbeit* (EFWZ), der ja bereits 1973 zur Verrechnung der für Interventionen benötigten Zentralbankkredite ins Leben gerufen worden war.

Zudem sollten nun auch die Bandbreiten der Wechselkurse weiter verringert und Leitkursänderungen nur noch in Ausnahmefällen zugelassen werden. Die EU-Staaten bemühten sich daher nun verstärkt, ihre Wirtschaftspolitik auf die Erreichung der *Konvergenzkriterien* auszurichten, um schon in der Anfangsphase der EWWU mit dabei zu sein.

In dieser Phase wurde die *Europäische Zentralbank* (EZB) und das *Europäische System der Zentralbanken* (ESZB), das aus den nationalen Zentralbanken aller EU-Mitgliedsländer und der EZB selbst besteht, geplant und etabliert. Die nationalen Zentralbanken wurden unabhängig und die Finanzierung von Staatsdefiziten durch sie nicht mehr erlaubt. Es wurde über das zukünftige geldpolitische Instrumentarium der EZB entschieden (vgl. ▶ Abschn. 6.3.2) und der Umrechnungskurs für die nationalen Währungen in *Euro* festgelegt, um einen Einfluss von Währungsschwankungen auf den Eurokurs bis zum Zeitpunkt des Beginns der EWWU auszuschließen. Zudem wurde der *Stabilitäts- und Wachstumspakt* (SWP) vereinbart, durch den die nationalen Finanzpolitiken überwacht und so das Vertrauen in den Euro gestärkt werden kann (vgl. ▶ Abschn. 5.4).

Für den Beginn der dritten Stufe waren zunächst zwei alternative Zeitpunkte, 1997 und 1999, vorgesehen. Wegen der geringen Anzahl der zum ersten Zeitpunkt beitrittsberechtigten Mitglieder verständigte man sich 1995 auf den späteren Termin, zu dem die EWWU auf jeden Fall beginnen sollte. Auf der Grundlage eines im März 1998 von der EU-Kommission vorgelegten Berichts über die Wirtschaftsdaten der EU-Mitgliedsländer von 1997 entschied der *Europäische Rat* wie geplant im Mai 1998 über die zukünftigen Mitgliedsländer. Von besonderer Bedeutung war dabei die Einschätzung, ob die potenziellen Mitglieder eine *dauerhafte Konvergenz* erreichen würden.

5.2.3 Die dritte Stufe – Start des Euro

Die dritte Stufe begann mit der unwiderruflichen Festlegung der Währungsparitäten zum 1. Januar 1999. Anschließend erfolgte die schrittweise Ablösung der europäischen Währungen durch die europäische Gemeinschaftswährung, den Euro. Zunächst wurde der Euro nur als Buchgeld eingeführt, sodass er für elektronische Zahlungen, Banküberweisungen und Finanztransaktionen zwischen Banken und Zentralbanken im Rahmen des ESZB genutzt wurde, aber auch die öffentliche Hand begann bereits früh Anleihen in Euro zu emittieren. Mit der Ausgabe von Euro-Bargeld ab Januar 2002 löste der Euro die nationalen Währungen der Euro-Länder als *gesetzliches Zahlungsmittel* ab. Die Kompetenz für die Geld- und Währungspolitik war bereits ab 1999 von den nationalen Zentralbanken der Mitgliedsländer auf die EZB übergegangen, die nun auch für die Emittierung des Euro zuständig war und die Kontrolle über die Währungsreserven erhielt.

Im *Vertrag von Maastricht* hatten sich alle Mitgliedsländer verpflichtet, der EWWU beizutreten, wenn sie die Konvergenzkriterien erfüllen. Lediglich Großbritannien und Dänemark hielten sich die Möglichkeit eines Sonderwegs offen. Großbritannien trat dem Euro-Währungsgebiet bis zu seinem Austritt aus der EU 2020 (*Brexit*) nicht bei, Dänemark ist bis heute kein Euro-Land. Bulgarien, Polen, Rumänien, Tschechien, Ungarn und auch Schweden sind weitere EU-Mitgliedsländer, die – bis auf Schweden – aus Konvergenzgründen den Euro noch nicht als nationale Währung übernommen haben. Damit gehörten 2025 20 der 27 €-Mitgliedsstaaten der *Eurozone* an.

Weitere Euro-Länder

Der *Kosovo* und *Montenegro* haben den Euro ohne vertragliche Abkommen mit der EU als offizielles Zahlungsmittel eingeführt. Anders als die EWWU-Mitglieder müssen sich diese Länder ihre Euro-Bestände gegen Devisen, Gold oder Wertpapiere am Kapitalmarkt kaufen. Landeswährung ist der Euro auch in den europäischen Kleinststaaten *San Marino, Monaco, Andorra* und dem *Vatikan*. Auf der Grundlage einer Währungsvereinbarung mit der EU haben diese Staaten auch das Privileg eine begrenzte Anzahl von Euro-Münzen mit länderspezifischen Motiven auszugeben.

Im Zuge der Währungsunion wurde der Euro gesetzliches Zahlungsmittel in den vier französischen Übersee-Departments *Französisch-Guyana, Guadeloupe, Martinique* und *Réunion*, die zum französischen Staatsgebiet gehören, sowie in den französischen Überseegebieten *Saint Martin* und *St. Barthélemy*. Zudem nutzen die französischen Überseegebiete *Mayotte* und *St.-Pierre-et-Miquelon* den Euro als offizielle Währung, ebenso wie die beiden spanischen nordafrikanischen Enklaven *Ceuta* und *Melilla*, sowie die zu Portugal gehörenden Inseln bzw. Inselgruppen *Madeira* und die *Azoren*. Einige Drittstaaten mit eigener Währung haben diese in einem festen Verhältnis an den Euro gekoppelt, wie *Bosnien & Herzegowina* (Konvertible Mark), die *Kapverden* (Kap-Verde-Escudo) sowie *Sao Tomé & Principe* (Dobra).

Hinzu kommen noch die 6 Staaten der *Zentralafrikanischen Wirtschafts- und Währungsunion* (CEMAC) sowie die 8 Staaten der *Westafrikanischen Wirtschafts- und Währungsunion* (UEMOA) mit dem zentralafrikanischen bzw. dem westafrikanischen *CFA-Franc*.[4] Beide Währungen waren zunächst an den französischen Franc gekoppelt und sind seit 2002 fest an den Euro gebunden.

---

4 CFA-Franc: *Franc de la Coopération financière en Afrique centrale* (Franc der finanziellen Zusammenarbeit in Zentralafrika); s.a. Pigeaud/Ndongo (2022).

5.3 Die Entwicklung des Euro

Seit Januar 1999 wird der Euro international gehandelt. Der Wechselkurs startete mit 1,17 US$, fiel aber bereits im Dezember 1999 auf einen US$, um im Oktober 2000 sein vorläufiges Rekordtief von 0,82 US$ zu erreichen. Nach der reibungslosen Einführung des Euro-Bargeldes 2002 stieg der Wechselkurs wieder über einen US$ und erreichte 2008 vor der internationalen Finanzkrise mit 1,60 US$ sein vorläufiges Rekordhoch. Die Finanzkrise und die anschließende Eurokrise führten zu einem Vertrauensverlust, sodass der Euro 2010 mit 1,19 US$ nur noch knapp über seinem Einstiegskurs 1999 lag. Anschließend stieg der Wechselkurs wieder bis auf 1,48 US$. Die Entscheidung Großbritanniens die EU zu verlassen (*Brexit*) sowie steigende US-Zinsen ließen den Wechselkurs 2017 bis auf 1,03 US$ absinken. Kurz darauf löste die Ankündigung der EZB in großem Stil Anleihen aufzukaufen einen Euro-Aufschwung aus, sodass der Wechselkurs 2018 wieder auf 1,24 US$ stieg. Die Corona Pandemie und ihre Auswirkungen auf die Wirtschaft vieler Euro-Länder bei gleichzeitiger relativer Stärke der US-Wirtschaft und einem höheren Zinsniveau in den USA stärkte den US$ und schwächte das Vertrauen in den Euro, sodass viele Anleger nun wieder verstärkt in den US$ investierten. Der Wechselkurs rutschte daraufhin kurzzeitig unter einen US$ und lag 2022 sogar bei 0,96 US$, um sich dann seit Ende 2022 wieder in dem Bereich 1,05 bis 1,10 US$ zu stabilisieren (vgl. ◘ Abb. 5.2).

Der Euro ist seit vielen Jahren die zweitwichtigste Weltwährung, während der US$ die dominierende Weltwährung bleibt. Der Euroanteil an den globalen Devisenreserven ist gegenüber den Vorjahren leicht gesunken und liegt bei etwa 20 % (US$ 58 %). Der Anteil an den internationalen Anleiheemissionen und bei internationalen Krediten liegt zwischen 18 % und 23 %. Bei internationalen Devisentransaktionen ist die Bedeutung des Euro von etwa 38 % (2010) auf derzeit etwa 31 % gesunken (wobei sich hier die Prozentzahlen wegen der Beteiligung von jeweils zwei Währungen auf 200 % addieren). Gemessen an verschiedenen Indikatoren liegt die durchschnittliche internationale Bedeutung des Euro daher z. Z. bei knapp 20 % (vgl. ◘ Abb. 5.3).[5]

---

5 EZB (2024).

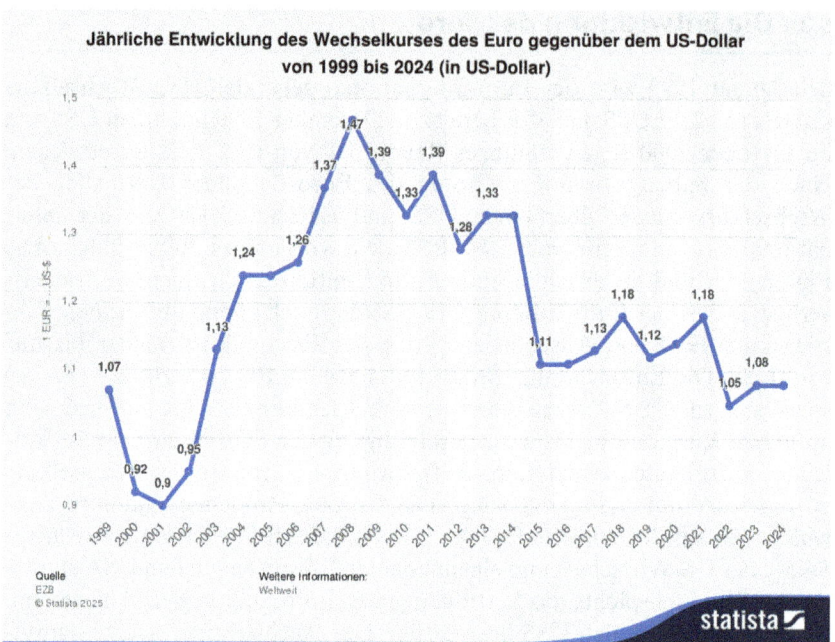

◘ **Abb. 5.2** Entwicklung des Euro-Wechselkurses 1999 bis 2024

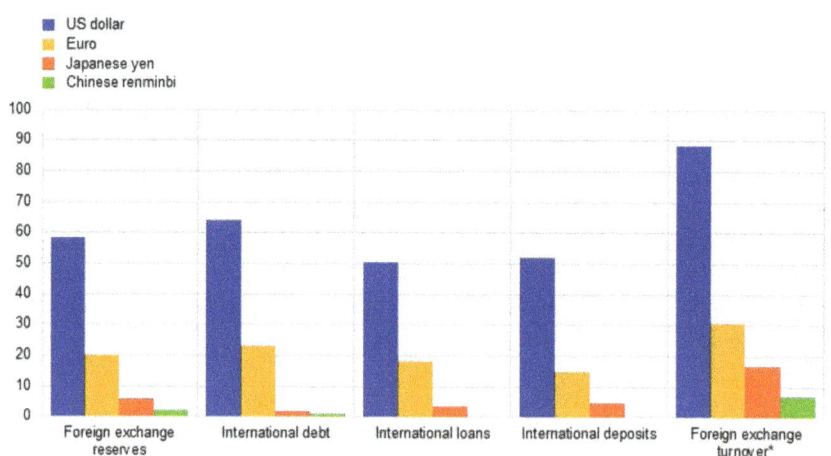

◘ **Abb. 5.3** Die internationale Bedeutung des Euro (2023) (EZB (2024) dort auch weitere Quellenangaben)

5.3 · Die Entwicklung des Euro

Mit Beginn der EWWU endete auch das Europäische Währungssystem (EWS). Da jedoch nicht alle EU-Mitglieder von Anfang an Mitglied der Währungsunion wurden, wurde zwischen dem Euro und einigen Nicht-Euro-Währungen in der EU ein Übergangs-Währungssystem, der *Europäische Wechselkursmechanismus II (WKM II)*, vereinbart.

Europäischer Wechselkursmechanismus (WKM II)
Während der Mitgliedschaft im WKM II sollten sich die Wechselkurse der (noch) Nicht-Euro-Länder gegenüber dem Euro stabilisieren und das *Konvergenzkriterium der Wechselkursstabilität* erfüllen. Da sich die am WKM II teilnehmenden Länder zu einer stabilitäts- und konvergenzorientierten Wirtschaftspolitik verpflichteten, wurde der spätere EWWU-Beitritt für sie erleichtert. Teilnehmer am WKM II ist nach wie vor *Dänemark*, das seine Krone eng mit einer Bandbreite von ± 2,25 % an den Euro gekoppelt hat und somit die Option für einen jederzeitigen EWWU-Beitritt besitzt. Für alle anderen WKM II Mitglieder, dies waren zeitweise mehr als sieben neue EU-Mitgliedsländer, gilt die alte Bandbreite von ± 15 %. 2025 war neben *Dänemark* nur noch *Bulgarien* WKM II-Mitglied, nachdem *Kroatien* 2023 den Euro einführte.

Vgl. zur Entwicklung der EWWU die Zeittafel in ◘ Abb. 5.4.

Zeittafel: Entwicklung der EWWU	
1961	Die EG-Kommission schlägt vor, den Gemeinsamen Markt durch eine Währungsunion zu vervollständigen.
1969	Die Staats- und Regierungschefs der EU beschließen nach der Vollendung der Zollunion die Ausarbeitung eines Stufenplans zur Errichtung einer *Europäischen Wirtschafts- und Währungsunion* (EWWU).
1970	Eine Arbeitsgruppe unter der Leitung des luxemburgischen Ministerpräsidenten *Pierre Werner* erstellt einen Plan zur Errichtung einer EWWU *(Werner-Plan)*, der die Weiterentwicklung der Gemeinschaft zu einer EWWU innerhalb von 10 Jahren in drei Stufen vorsieht.
1971	Der Ministerrat beschließt den *Werner-Plan* anzunehmen. Der Plan wird jedoch nicht umgesetzt.
1973	Der *Europäische Fonds für währungspolitische Zusammenarbeit* (EFWZ) wird zur Verrechnung der für die Interventionen benötigten Zentralbankkredite eingerichtet.
1979	Der Europäische Rat beschließt das In-Kraft-Treten des *Europäischen Währungssystems* (EWS) mit den Elementen *European Currency Unit* (ECU), *Interventionsmechanismus*, Frühwarnsystem (A*bweichungsindikator), Realignments* im gegenseitigen Einvernehmen und einem umfassenden *finanziellen Beistandssystem* durch den EFWZ.
1986	Acht Mitgliedstaaten der EG unterzeichnen die *Einheitliche Europäische Akte* (EEA), durch die der Weg für die weitere politische Integration geebnet und das Ziel, eine EWWU zu gründen, festgeschrieben wird.
1988	Der Europäische Rat beschließt eine Richtlinie zur vollständigen Liberalisierung des Kapitalverkehrs bis zum Juli 1990 und beauftragt eine Arbeitsgruppe unter dem Vorsitz von Kommissionspräsident *Jacques Delors* Vorschläge zur Realisierung einer EWWU zu prüfen.
1989	Der *Delors-Plan*, der die Errichtung einer EWWU in drei Stufen vorsieht, wird vorgelegt. Auf dem EG-Gipfel in Madrid beschließt der *Europäische Rat* die Einsetzung einer Regierungskonferenz über die EWWU auf der Grundlage des *Delors-Plans*.
1990	Die *erste Stufe* der Währungsunion beginnt. Bestehende Beschränkungen im Geld- und Zahlungsverkehr zwischen den EG-Staaten werden aufgehoben. Der Europäische Rat beschließt den Beginn der zweiten Stufe der EWWU für Januar 1994.
1991	In Maastricht beschließt der Europäische Rat den *Vertrag über die Europäische Union* (*Vertrag von Maastricht*), der als Kernstück die Errichtung einer EWWU und die Errichtung von zwei weiteren Säulen, der *Gemeinsamen Außen- und Sicherheitspolitik* (GASP) und eine engere Zusammenarbeit in der *Innen- und Rechtspolitik*, vorsieht.
1992	*Black Wednesday* - Spekulation auf eine Pfund-Abwertung und das Ausscheiden Großbritanniens aus dem EWS: Unter dem Druck der Märkte musste Großbritannien das Pfund abwerten und das EWS verlassen.
1993	Der *Vertrag über die Europäische Union*, der auf dem *Delors-Plan* aufbaut und in dem die Schritte zur EWWU festgelegt werden, wird von den nationalen Parlamenten ratifiziert und tritt am 1. November 1993 in Kraft. Die EG wird in *Europäische Union* (EU) umbenannt. Die EU ist nun ein *Gemeinsamer Markt*, in dem u.a. Kapitalverkehrsfreiheit gewährleistet ist.
1994	Die *zweite Stufe* der Währungsunion beginnt. Die Zentralbanken werden unabhängig, die Finanzierung von Staatsdefiziten durch die Zentralbanken ist nicht mehr erlaubt. Das *Europäische Währungsinstitut* (EWI) mit Sitz in Frankfurt/Main übernimmt die Aufgaben des EFWZ und bereitet die EWWU organisatorisch vor.
1995	Der Europäische Rat beschließt den Namen der künftigen europäischen Währung: *Euro* und gibt den Endtermin für die Währungsumstellung bekannt.
1996	Der Europäische Rat vereinbart den *Stabilitäts- und Wachstumspakt* (SWP) zur Überwachung der nationalen Finanzpolitiken in der EU mit dem Ziel die Stabilität der

Abb. 5.4 Zeittafel: Entwicklung der EWWU bis 2005

	Eurozone und das Vertrauen in den Euro zu stärken und die Konvergenzkriterien durchzusetzen. Die neuen Euro-Banknoten werden vorgestellt.
1997	Der überarbeitete und präzisierte SWP wird verabschiedet.
1998	Die EU-Kommission und das EWI empfehlen 11 Länder als Mitglieder der zukünftigen EWWU. Griechenland erfüllt die Kriterien nicht, Großbritannien, Schweden und Dänemark hatten beschlossen der EWWU vorerst nicht beizutreten.
•	Der Europäische Rat beschließt den Start der EWWU zum 1.1.1999. Der künftige EZB-Präsident, der Vize-Präsident und die vier weiteren Mitglieder des Direktoriums der EZB werden ernannt.
•	Die derzeit im EWS geltenden Wechselkurse werden für die Berechnung der Euro-Kurse verwendet. *Beispiel:* 1 Euro hat den Wert von 1,95583 DM.
•	Das *Europäische System der Zentralbanken* (EZBS) und die *Europäische Zentralbank* (EZB) mit Sitz in Frankfurt/Main werden errichtet und nehmen am 1. Juli ihre Arbeit auf.
1999	Am 1. Januar beginnt die EWWU (*dritte Stufe*). Die Wechselkurse der Währungen der teilnehmenden Länder untereinander und gegenüber dem Euro werden unwiderruflich festgelegt. Der Euro tritt als Einheitswährung an die Stelle der nationalen Währungen, kann aber zunächst nur von Unternehmen und Privatpersonen im bargeldlosen Zahlungsverkehr genutzt werden. Das ESZB und die Bankensysteme wickeln ihre Devisentransaktionen in Euro ab; Wertpapiere der öffentlichen Hand werden in Euro emittiert. Die EZB ist für eine einheitliche Geld- und Währungspolitik für den Euro-Währungsraum (*Eurozone*) zuständig.
2002	Das Euro-Bargeld wird eingeführt. Die nationalen Währungen in den Euro-Ländern werden von dem Euro als nun alleinigem gesetzlichen Zahlungsmittel abgelöst. Die D-Mark kann jedoch unbefristet und unentgeltlich bei den Landeszentralbanken in Euro umgetauscht werden.
2004/2005	Estland, Lettland, Slowenien, Malta, Zypern und die Slowakei treten dem Wechselkursmechanismus II bei.

Abb. 5.4 (Fortsetzung)

5.4 Der Stabilitäts- und Wachstumspakt (SWP)

Die Einhaltung der Konvergenzkriterien war keineswegs nur die „Eintrittskarte" für die EWWU, vielmehr müssen diese auch dauerhaft eingehalten werden, um die Eurozone als Stabilitätsgemeinschaft „lebensfähig" zu halten. In vielen Mitgliedsländern der EWWU, auch bei den im Zuge der Erweiterung neu aufgenommenen Ländern, erfolgte die Angleichung der Konvergenzkriterien verhältnismäßig schnell. Um dies durchzusetzen, schlossen die EU-Staaten auch auf Drängen Deutschlands im Juni 1997 einen *Stabilitäts- und Wachstumspakt* (SWP) als Grundlage für die Koordinierung und Überwachung der nationalen Finanzpolitiken in der EU mit dem Ziel die Stabilität der Eurozone und das Vertrauen in den Euro zu stärken. Sollte ein Mitgliedsland die Referenzziele (s.o.) nicht erreichen, waren zwar Sanktionen vorgesehen, die in der Realität jedoch kaum umgesetzt wurden. In den ersten Jahren der EWWU schien der SWP auf die Mitgliedstaaten auch eine disziplinierende Wirkung auszuüben. Infolge wirtschaftlicher Probleme waren aber bald mehrere Länder, unter anderem auch Deutschland, nicht in der Lage das Haushaltsdefizitkriterium von maximal 3 % einzuhalten. Der EU-Ministerrat beschloss daher 2005 eine Reform des SWP, die eine flexiblere, auf die wirtschaftliche Situation der einzelnen Länder zugeschnittene Umsetzung der Referenzziele ermöglichte. Gleichzeitig führte dies aber auch zu einer Aufweichung der Anforderungen.

Die wichtigste Reform trat 2011 nach der *Europäischen Schuldenkrise* in Kraft.[6] Das Ziel eines maximalen Haushaltsdefizits von 3 % des BIP wurde durch das Ziel eines im Grundsatz mittelfristig strukturell ausgeglichenen Haushalts abgelöst. Länder, deren Schuldenstand über 60 % liegt, sind nun verpflichtet, die Differenz regelmäßig um einen festgelegten Prozentsatz zu verringern. Für beide Fälle gibt es ein abgestuftes und weitgehend automatisiertes Sanktionsverfahren. Nach verschiedenen negativen Erfahrungen in der Vergangenheit sollte auch die Täuschung beim Erstellen von Defizit- und Schuldenstatistiken hart sanktioniert werden. Alle Mitgliedstaaten müssen zudem jährliche Stabilitäts- bzw. Konvergenzprogramme vorlegen, die zeigen, wie sie mittelfristig einen strukturell ausgeglichenen oder nahezu ausgeglichenen Haushalt erreichen bzw. sichern wollen. Im Fall einer erheblichen Abweichung von einer soliden Haushaltspolitik kann der Europäische Rat Abhilfe- oder Korrekturmaßnahmen empfehlen und Fristen setzen. Ergreift der betroffene Mitgliedstaat keine wirksamen Maßnahmen können Sanktionen verhängt werden.[7] Zur Absicherung dieser Reformmaßnahmen wurde 2012 ein ergänzender zwischenstaatlicher Vertrag beschlossen, der *Vertrag über Stabilität, Koordinierung und Steuerung in der EWWU*, kurz: *Fiskalpakt*.

Fiskalpakt – Schuldenbremse

Der Fiskalpakt verpflichtet die Mitgliedstaaten einheitliche und dauerhaft verbindliche Haushaltsregeln, etwa eine *Schuldenbremse*, in ihre nationalen Rechtsordnungen aufzunehmen. Damit ergänzt der Fiskalpakt den SWP. Er verpflichtet die Staaten, ihr jährliches *strukturelles* Haushaltsdefizit auf maximal 0,5 % des BIP zu begrenzen. Nur bei einem schweren Konjunkturrückgang oder einem außergewöhnlichen externen Ereignis ist eine Ausnahme erlaubt. Unter dem strukturellen Haushaltsdefizit wird das Haushaltsdefizit abzüglich konjunktureller Effekte und einmaliger Maßnahmen verstanden. Zusätzlich wurden die Staaten verpflichtet einen *Korrekturmechanismus* einzuführen, der bei erheblichen Abweichungen von dem Schwellenwert eingreift und zu einer Wieder-Einhaltung des Ziels führen soll. Die Umsetzung soll ein unabhängiger nationaler *Fiskalrat* überwachen. Verstößt ein Staat gegen wichtige Regelungen, kann ein Verfahren vor dem Europäischen Gerichtshof eingeleitet werden, der wiederum Strafzahlungen beschließen kann (vgl. *Links*: Fiskalvertrag).

---

6 Vgl. Abschn. 6.1 und BMF (2022).
7 Vgl. EU-Parlament (2022).

Da nach wie vor die mangelnde Flexibilität des SWP sowie Probleme bei der Durchsetzung von Sanktionen kritisiert werden, schlug die EU-Kommission 2023 eine weitere Reform des SWP vor. Danach bleiben die bisherigen Kriterien als Ziele bestehen. Werden diese nicht erreicht, soll mit dem betreffenden Land ein mehrjähriger individueller *Abbaupfad* für die bestehenden Schulden vereinbart werden, der auf der Bewertung der jeweiligen „*Schuldentragfähigkeit*" des betreffenden Landes basiert. Dieser Plan soll auch nationale Reform- und Investitionsziele berücksichtigen. Die Einhaltung der vereinbarten Zwischenziele wird überwacht. Falls diese nicht erreicht werden, können zwar Änderungen der Vereinbarungen vereinbart werden, prinzipiell sollen aber finanzielle Sanktionen erfolgen und konsequenter durchgesetzt werden.

Es ist allerdings abzusehen, dass auch diese Reformen kaum zu einer fundamentalen Verbesserung der Verschuldungssituation der „Hochschuldenländer" führen werden, solange nicht alle Länder die Prinzipien einer stabilitätsorientierten Wirtschaftspolitik als selbstverständlich akzeptieren und umsetzen (vgl. ◘ Abb. 5.1). Dies ist in der derzeitigen Situation, in der Finanz- und Haushaltspolitik nach wie vor in der Souveränität der Nationalstaaten liegen, und eine „Wirtschaftsunion" nur in Ansätzen besteht, schwer vorstellbar. Auch Deutschland, das bislang mit der im Grundgesetz festgeschriebenen *Schuldenbremse* und seinen EU-konformen Werten der Konvergenzkriterien eine Art Vorbildfunktion hatte, wird diese zukünftig wohl nicht mehr ausüben können. Der Beschluss vom März 2025 Verteidigungsausgaben, die 1 % des BIP übersteigen, mit Krediten zu finanzieren, die nicht auf die Schuldengrenze angerechnet werden, dürfte andere Mitgliedsländer ebenfalls dazu veranlassen die Konvergenzvorgaben laxer zu handhaben. Damit sind weitere zukünftige Finanzkrisen der EWWU bereits vorprogrammiert.

5.5 Folgen der währungspolitischen Integration

Die währungspolitische Integration der EU hatte immer Befürworter und Gegner. In den meisten europäischen Ländern hatte die Bevölkerung zu Anfang erhebliche Bedenken gegenüber der Abschaffung der ihr vertrauten nationalen Währung. Im Folgenden werden daher einige der erwarteten und inzwischen auch eingetretenen Vor- und Nachteile kurz zusammengefasst.[8]

---

8 Vgl. hierzu auch Ehmer (2017).

- **Vorteile**
- Generell stärkt die gemeinsame Währung die wirtschaftliche und auch die politische Zusammenarbeit und erleichtert den *Warenaustausch* zwischen den Ländern der Eurozone. Zwar wickelten die EU-Länder schon zuvor einen großen Teil ihres Außenhandels mit anderen EU-Ländern ab, durch die gemeinsame Währung intensivierte sich aber der Warenaustausch und damit die internationale Arbeitsteilung in der Eurozone weiter. Dadurch stiegen tendenziell die *Produktivität* und somit auch *Wachstums-* und *Beschäftigungsmöglichkeiten* in den einzelnen Ländern.
- Die *Transaktionskosten* sinken, schon allein dadurch, dass die Kosten für den Währungsumtausch entfallen, ebenso wie Informationskosten für die Wechselkurskontrolle, Kurssicherungskosten und administrative Kosten, die mit Währungstransaktionen zwangsläufig entstehen. Da Banken und Zentralbanken weniger Devisenreserven halten müssen, sind ihre Bereitstellungskosten geringer, sodass auch für Banken und Zentralbanken *Kostensenkungseffekte* eintraten und mögliche Verluste durch Wechselkursschwankungen sanken.
- Die bessere Vergleichbarkeit von Preisen in den Ländern der Eurozone führt zu höherer *Preistransparenz*, sodass Preisunterschiede tendenziell abgebaut wurden und sich auch dadurch die Handelsbeziehungen weiter intensivierten.
- Zudem verbesserte die höhere Planungssicherheit *Investitionsentscheidungen* der Unternehmen und reduzierte *Kapitalanlagerisiken* in Ländern der Eurozone.
- Die weltweit größere Bedeutung des Euro stärkt schließlich die *wirtschaftliche und politische Position der EU* auf globaler Ebene

Auch der Euro verhinderte nicht die internationale Finanzspekulation und damit *Wechselkursschwankungen* gegenüber den anderen großen Währungen, insbesondere gegenüber dem US$. Für die meisten Länder bedeutete dies jedoch i. d. R. keine größeren Belastungen als vor der EWWU, höhere Importpreise aus Nicht-Euro-Ländern führten nicht zu der anfangs befürchteten *importierten Inflation* und damit zu höheren Produktionskosten.

- **Nachteile**
- Die Tatsache, dass die einzelnen Länder nun keine eigenständige Geldpolitik mehr betreiben und ihre Zinssätze und Geldmenge nicht mehr eigenständig steuern können, ist gerade für wirtschaftsschwächere Mitgliedstaaten problematisch. Bestehende wirtschaftliche *Strukturprobleme und Wettbewerbsdefizite* können nicht mehr durch eine nationale Geldpolitik

„ausgeglichen" werden und *verstärkten* sich daher sogar noch. Finanzielle Transfers, die u. a. im Rahmen der europäischen Regional- und Strukturpolitik erfolgen, reichen nicht aus, um die strukturellen Defizite entscheidend zu reduzieren. Hier ist vielmehr die politische Bereitschaft zu Politikänderungen von weit größerer Bedeutung.

— Länder, in denen beispielsweise die Nominallöhne relativ stärker steigen als in den anderen Mitgliedsländern, die vergleichsweise hohe Inflationsraten aufweisen oder die zu geringe Anstrengungen unternehmen, Wettbewerbsnachteile gegenüber anderen Mitgliedsländern abzubauen, sind benachteiligt. Sie können keine geld- und währungspolitischen Instrumente einsetzen, um Produktivitätsfortschritte oder Lohnkostenvorteile anderer Länder der Eurozone zu kompensieren. Die Folgen zeigten sich während der internationalen Finanzkrise 2008/2009 und anschließend während der Eurokrise bis 2013 (vgl. ► Abschn. 6.1). Die finanziellen Rettungspakete waren zwar weitgehend erfolgreich, führten aber zu politischen Spannungen zwischen den Mitgliedsländern und vor allem zu einem Anstieg der Arbeitslosenzahlen und steigender Armut in den betroffenen Ländern.

— Diese externen Schocks führten zusammen mit nicht bewältigten wirtschaftlichen Anpassungsproblemen in einigen Ländern und wegen der zu geringen Wettbewerbsverbesserung dazu, dass diese Staaten ihre Konvergenzkriterien nicht dauerhaft einhielten und einhalten: Der für diese Zwecke konzipierte *Stabilitäts- und Wachstumspakt* erwies sich als zu schwach, um deren Durchsetzung zu erzwingen. Allerdings kann sich die wirtschaftliche Stärke einzelner Länder, die besonders von der Einheitswährung profitieren, wie etwa Deutschland, und die sich u. a. in hohen Handelsbilanzüberschüssen mit anderen EU-Ländern zeigt, die notwendigen Wettbewerbsverbesserungen dieser Länder auch verzögern.

5.6 Lernkontrolle

Kurz und bündig

Die deutlich sichtbaren Erfolge der europäischen Währungszusammenarbeit im *Europäischen Währungssystem (EWS)* förderten die Bereitschaft, neue Mechanismen der wirtschafts- und währungspolitischen Zusammenarbeit zu entwickeln und die Gemeinschaft zu einer *Europäischen Wirtschafts- und Währungsunion* (EWWU) weiter zu integrieren. Voraussetzung hierfür war die Beseitigung von Kapitalverkehrsbeschränkungen sowie die Herstellung *wirtschaftspolitischer Konvergenz*. Als Zielvorstellungen für eine koordinierte gemeinsame Wirtschaftspolitik formulierte der *Europäische Rat* bereits 1990 eine offene marktwirtschaftliche Ordnung, die Preisstabilität und Wachstum, Beschäftigung und Umweltschutz miteinander vereint und auf ausgewogene Finanz- und Haushaltsverhältnisse sowie auf wirtschaftlichen und sozialen Zusammenhalt ausgerichtet ist. Konkretisiert wurden die wirtschaftspolitischen Ziele im *Vertrag von Maastricht* 1991 durch die Festlegung von fünf *Konvergenzkriterien*, deren Erreichen Voraussetzung für den Beitritt zur EWWU war. Während das Preis- und Zinsniveau sowie die Währungsstabilität vorwiegend Ergebnis der Politik der Zentralbanken sind, liegt die Finanzpolitik und damit auch die öffentliche Verschuldung überwiegend im direkten Verantwortungsbereich der Gebietskörperschaften: Bund, Länder und Gemeinden.

Mit Beginn der *ersten Stufe* der EWWU sollte ab Juli 1990 die schrittweise vollständige Liberalisierung des Kapitalverkehrs zwischen allen Mitgliedsländern realisiert werden. Bestehende Beschränkungen im Geld- und Zahlungsverkehr zwischen den EG-Staaten wurden aufgehoben und ein gemeinsamer Kapitalmarkt mit zunächst acht Mitgliedstaaten realisiert. Die *zweite Stufe* begann im Januar 1994 und endete im Dezember 1998. In dieser Phase wurde der Aufbau der *Europäischen Zentralbank* (EZB) und das *Europäische System der Zentralbanken* (ESZB), das aus den nationalen Zentralbanken aller EU-Mitgliedsländer und der EZB selbst besteht, geplant und etabliert. Die nationalen Zentralbanken wurden unabhängig und die Finanzierung von Staatsdefiziten durch die Zentralbanken wurde nicht mehr erlaubt. Um die Einhaltung der Konvergenzkriterien durch die Mitgliedsländer überwachen zu können, wurde 1997 ein *Stabilitäts- und Wachstumspakt* (SWP) vereinbart, um so das Vertrauen in den Euro zu stärken. Die *dritte Stufe* begann mit der unwiderruflichen Festlegung der Währungsparitäten zum 1. Januar 1999. Anschließend erfolgte die schrittweise Ablösung der europäischen Währungen durch den Euro. Mit der Ausgabe von Euro-Bargeld ab Januar 2002 löste der Euro die nationalen Währungen der Euro-Länder als gesetzliches Zahlungsmittel ab.

Die gemeinsame Währung führte zu einer weiteren Intensivierung des Warenaustausches zwischen den Ländern der Eurozone. Die *Transaktionskosten* sanken bei gleichzeitig steigender *Preistransparenz*. Allerdings wurden durch die Währungsunion auch bestehende wirtschaftliche *Strukturprobleme* in einzelnen Ländern tendenziell verstärkt. Finanzielle Transfers konnten diese Defizite nicht ausgleichen, sodass sich die *Wettbewerbsfähigkeit* einzelner Länder nicht verbesserte.

Let's check

1. Wieso kann das *EWS* als wichtige *Voraussetzung für die Entwicklung der EWWU* angesehen werden?
2. Was versteht man unter *Kapitalverkehrsfreiheit* und welche Bedeutung hat sie im Zusammenhang mit der EWWU?
3. Warum können die *Konvergenzkriterien* als Indikatoren für wirtschaftspolitische Konvergenz genutzt werden?
4. Welches sind die wichtigsten *Ergebnisse des dreistufigen Entwicklungsprozesses* der EWWU?
5. Welche Rolle spielt der *Stabilitäts- und Wachstumspakt* (SWP) im Rahmen der EWWU?
6. Wie beurteilen Sie die derzeitigen *Ergebnisse der EWWU*?

Vernetzende Aufgabe – recherchieren, analysieren, beurteilen

Mehrere Mitgliedstaaten der EWWU überschreiten die Konvergenzkriterien für das Haushaltsdefizit und die Staatsverschuldung derzeit deutlich. Wie könnten diese Länder diese Überschreitungen in einem überschaubaren Zeitraum reduzieren?

Literatur

Literatur Kapitel 5[9]

BMF (2022) Bundesministerium der Finanzen vom 20.04.2022. https://www.bundesfinanzministerium.de/Web/DE/Themen/Europa/Stabilisierung-Euroraum/Stabilitaets-und-Wachstumspakt/stabilitaets-und-wachstumspakt.html

Deutsche Bundesbank (1997) Monatsbericht, März 1997

Ehmer, P. et al. (2017) Was hat uns die EU gebracht? – eine Bilanz aus 60 Jahren europäischer Integration, KfW Research, Nr. 163, 14. März 2017. https://www.kfw.de/PDF/Download-Center/Konzernthemen/Research/PDF-Dokumente-Fokus-Volkswirtschaft/Fokus2017/Fokus-Nr.-163-Maerz-2017-Was-hat-uns-die-EU-gebracht.pdf

European Commission (2024) Convergence Report 2024. https://economy-finance.ec.europa.eu/document/download/a3bb3063-6478-44a5-a270-933e49fb304b_en?filename=ip294_en.pdf

---

[9] Letzter Zugriff auf die unter „Literatur" und „Links" genannten Internetquellen jeweils 03/2025.

EU-Parlament (2022) Der EU-Rahmen für die Fiskalpolitik (09.2022). https://www.europarl.europa.eu/factsheets/de/sheet/89/der-eu-rahmen-fur-die-fiskalpolitik

EZB (2024) Die internationale Rolle des Euro, Juni 2024. https://www.ecb.europa.eu/press/other-publications/ire/html/ecb.ire202406~0b56ba4f71.en.html

Koch, E. (2023) Internationale Wirtschaftsbeziehungen I. Internationaler Handel zwischen Freihandel und Protektionismus, 4. Aufl. Wiesbaden

Pigeaud, F., Ndongo, S. (2022) Der CFA-Franc Afrikas letzte Kolonialwährung; in: Aus Politik und Zeitgeschichte. https://www.bpb.de/shop/zeitschriften/apuz/geldpolitik-2022/507738/der-cfa-franc/

Links

Black Wednesday: https://www.cash.ch/news/politik/black-wednesday-heute-vor-30-jahren-zwang-george-soros-die-bank-of-england-in-die-knie-und-verdiente-eine-milliarde-dollar-532323

Fiskalvertrag: https://www.bundesfinanzministerium.de/Web/DE/Themen/Europa/Stabilisierung-Euroraum/Fiskalvertrag/fiskalvertrag.html

Eurokrise und Europäische Zentralbank

Inhaltsverzeichnis

6.1 Die Eurokrise 2009/2013 – 152

6.2 Bankenunion und Einlagensicherung in der Europäischen Union – 161

6.3 Die Europäische Zentralbank – 163
6.3.1 Funktion und Aufgaben – 163
6.3.2 Die Geldpolitik der EZB – 166

6.4 Digitales Zentralbankgeld – Central Bank Digital Currency (CBDC) – 171

6.5 Lernkontrolle – 175

Literatur – 177

© Der/die Autor(en), exklusiv lizenziert an Springer Fachmedien Wiesbaden GmbH, ein Teil von Springer Nature 2025
E. Koch, *Internationale Währungs- und Finanzbeziehungen*, Studienwissen kompakt,
https://doi.org/10.1007/978-3-658-48712-6_6

> **Lernagenda**
>
> **Folgende Fragen werden in Kapitel 6 beantwortet:**
> - Wie entstand und verlief die *Eurokrise*?
> - Welche *Rettungsmaßnahmen* wurden ergriffen? Und wie erfolgreich waren sie?
> - Wie funktioniert die *Europäische Bankenunion*?
> - Welche Aufgaben hat die *Europäische Zentralbank* (EZB)?
> - Wie funktioniert die *europäische Geldpolitik*?
> - Was ist *digitales Zentralbankgeld* (CBDC)?
> - Ist die Einführung eines *digitalen Euro* (*dEuro*) sinnvoll?

Die Eurokrise begann unmittelbar im Anschluss an die *Subprimekrise* (vgl. ▶ Abschn. 4.4) mit der Erklärung *Griechenlands* im Oktober 2009, das Budgetdefizit sei doppelt so hoch wie von der vorherigen Regierung kommuniziert und würde rund 12 % des BIP betragen, tatsächlich lag – wie sich später herausstellte – das Defizit bei über 15 %. Die neuen Daten führten dazu, dass die internationalen Ratingagenturen die Bonität Griechenlands sehr schnell herabstuften, sodass die Zinsen stiegen und Griechenland sich nicht mehr zu vertretbaren Bedingungen refinanzieren konnte. So stieg beispielsweise der Zinssatz für 10-jährige griechische Staatsanleihen zwischen 2010 und 2011 von 8 % auf 25 %. Vor diesem Problem standen im weiteren Verlauf der Krise auch andere Staaten, deren Refinanzierungskosten drastisch anstiegen, sodass ihnen aufgrund ihrer hohen Staatsverschuldung Zahlungsunfähigkeit drohte.

6.1 Die Eurokrise 2009/2013

Im Kern war die Eurokrise eine massive *Verschuldungskrise* einer kleinen Anzahl von Euroländern, im Folgenden als „Krisenländer" bezeichnet. Erhebliche Schwierigkeiten bei der Tilgung und Refinanzierung der staatlichen Kredite führten zu weiteren Problemen sowohl bei den kreditgewährenden Banken, bei der konjunkturellen Entwicklung und vor allem auch hinsichtlich der Stabilität der gesamten Eurozone. Die direkten Ursachen lagen im Wesentlichen in den hohen Belastungen der Staatshaushalte durch die *Stützung von Banken* während der vorangegangenen internationalen Finanzkrise sowie durch die nationalen *Konjunkturprogramme für die Realwirtschaft* als

Folge einer sich anschließenden Rezession. Die dahinter liegende Ursache war jedoch eine unzureichende *Wirtschaftspolitik* und die zu geringe *Wettbewerbsfähigkeit* der Krisenländer. In kurzer Zeit legte die Eurokrise politische Schwächen und Versäumnisse in den Krisenländern bloß und führte dort zu erheblichen realwirtschaftlichen Folgen, wie sinkendes Wirtschaftswachstum und zum Teil langfristigen Beschäftigungsproblemen. Zudem wurde der Euro und die europäische Währungspolitik vor ernsthafte Probleme gestellt.

Durch die einheitliche Währung in der Eurozone hatten die Mitgliedsländer – wie bereits erläutert – keine Möglichkeit mehr, ihre zu geringe Wettbewerbsfähigkeit durch die Abwertung einer nationalen Währung zu kompensieren. Zudem hatten sie es in der Vergangenheit versäumt, sich durch einen stabilen Haushalt und verbesserte Wirtschaftsstrukturen den gestiegenen Herausforderungen einer Wirtschafts- und Währungsunion anzupassen. Um ein Auseinanderbrechen der Eurozone zu vermeiden, mussten daher schnelle Rettungsmaßnahmen – eine umfangreiche finanzielle Unterstützung und zeitgleiche reformpolitische Maßnahmen der Krisenländer – erfolgen. Allerdings beinhalteten alle Reformprogramme strenge Sparauflagen, Haushaltskürzungen und Steuererhöhungen, die erhebliche sozial- und wirtschaftliche Folgeprobleme für die Länder mit sich brachten – in allen Ländern stiegen die Arbeitslosigkeit und damit auch die Armut. Dies wiederum führte zu politischen Problemen innerhalb der Eurozone: Die auf eine stabile Wirtschaftspolitik drängenden Länder waren politischen Anfeindungen der eher instabilen Krisenländer ausgesetzt. Die Krisenländer waren neben Griechenland vor allem Irland, Italien, Portugal und Spanien, nach den Anfangsbuchstaben auch als *GIIPS-Länder* bezeichnet. Hinzu kam zu einem späteren Zeitpunkt mit etwas anders gelagerten Problemen und Problemursachen noch Zypern, eines der kleinsten Länder der Eurozone mit knapp einer Million Einwohner.

Die Eurokrise begann, wie erwähnt, 2009 und war 2013 weitgehend, aber keineswegs vollständig, überwunden. Im Folgenden wird die wirtschaftliche Situation der Krisenländer zum Zeitpunkt der Eurokrise kurz beleuchtet.[1] Einen Überblick über die wesentlichen Indikatoren *Staatsverschuldung* und *Haushaltsdefizite* in den Krisenländern – jeweils in Bezug zum BIP – während des Zeitraums der Eurokrise geben die ◘ Abb. 6.1 und 6.2. Zur Erinne-

---

1 Vgl. u. a Sachverständigenrat (2012/1) und (2012/2); s.a. *Links*: Finanzkrise/Eurokrise.

Kapitel 6 · Eurokrise und Europäische Zentralbank

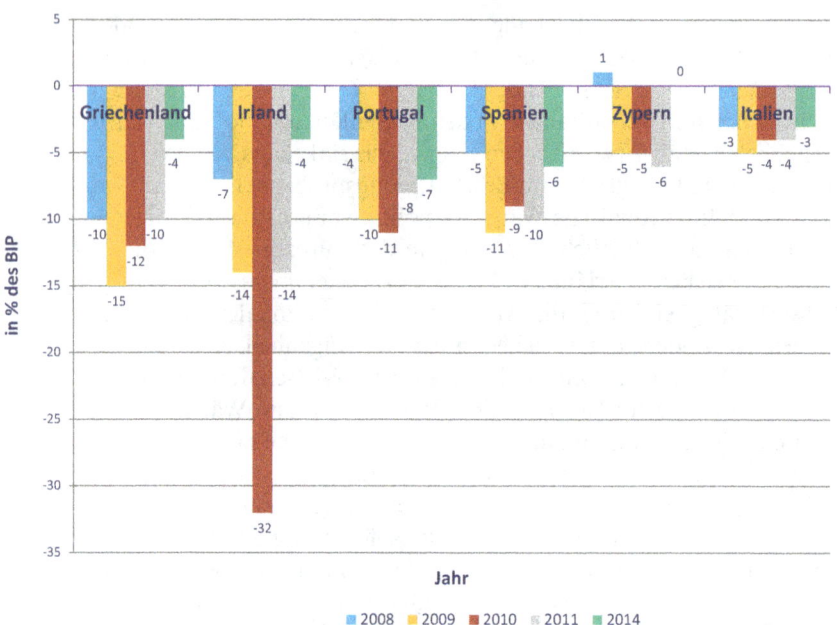

◘ **Abb. 6.1** Haushaltssalden ausgewählter Euro-Länder (in % des BIP). (Quelle: ▶ https://de.statista.com/)

rung: Die Referenzwerte für das Haushaltsdefizit und die Staatsverschuldung betragen 3 % bzw. 60 %. ◘ Abb. 6.1 zeigt die Entwicklung des Haushaltsdefizits, ◘ Abb. 6.2. die Staatsverschuldung in den Krisenländern.

- In *Griechenland* lag das Haushaltsdefizit zwischen 2008 und 2014 zwischen 10 % und 15 % des BIP, während die Staatsverschuldung (in Bezug auf das BIP) im gleichen Zeitraum von 110 % auf über 180 % stieg, bei einem Leistungsbilanzdefizit von fast 15 % des BIP. Steuerflucht und Korruption verschärften die Probleme. Bereits Anfang 2010 stand Griechenland mit Staatsschulden in Höhe von rund 300 Mrd. € vor der Insolvenz.
- *Irland* erfüllte die Konvergenzkriterien, hatte aber wie Spanien ab 2008 mit dem Platzen einer Immobilienblase zu kämpfen. Die privaten Haushalte waren hoch verschuldet und der Bau- und Immobiliensektor überdimensioniert. Infolge von Kreditausfällen führte dies zu einer Bankenkrise und in den Hauptkrisenjahren 2009 bis 2011 infolge von Konjunkturprogrammen und Bankenstützungsaktionen zu Haushaltsdefiziten

6.1 · Die Eurokrise 2009/2013

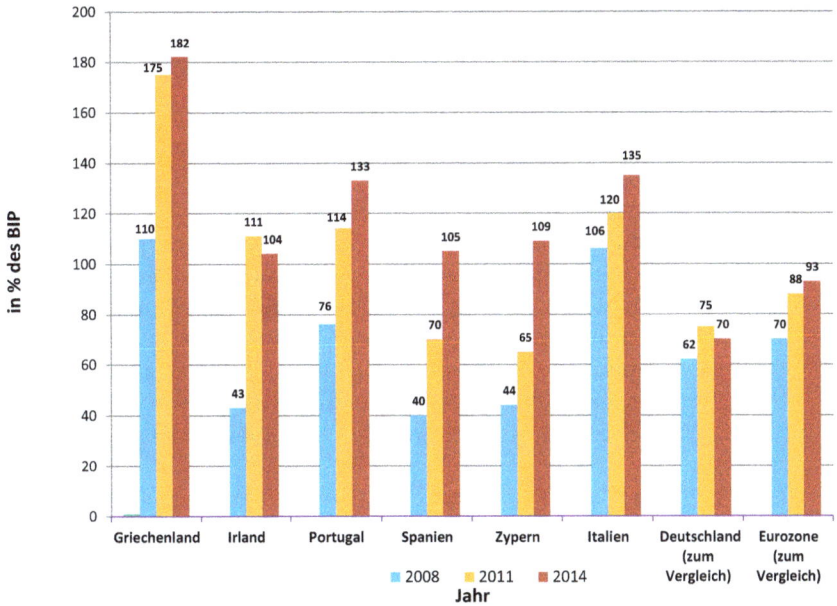

◼ **Abb. 6.2** Staatsverschuldung ausgewählter Euro-Länder (in % des BIP). (Quelle: ▶ https://de.statista.com/themen/90/staatsverschuldung/#statisticChapter)

von 14 % bis zu unglaublichen 32 %. Dies hatte einen raschen Anstieg der Staatsverschuldung von 43 % (2008) auf 111 % (2011) und 104 % (2014) zur Folge.

- Auch *Spanien* erfüllte die Konvergenzkriterien bis 2008 weitgehend, wies aber auch eine hohe Verschuldung der privaten Haushalte auf, die vor allem durch private Immobilienkredite verursacht war. Auch hier platzte 2008 die Immobilienblase mit hohen Kreditausfällen bei den spanischen Banken und einer nachfolgenden Rezession mit hohen Arbeitslosenzahlen. Infolge der notwendig gewordenen Konjunkturprogramme (das Haushaltsdefizit lag in den Hauptkrisenjahren immer um die 10 %) stieg die Staatsverschuldung bis 2014 sprunghaft auf 105 % an und sank in den darauf folgenden Jahren nie unter 100 %.
- *Portugals* Wirtschaft war zum Zeitpunkt der Eurokrise ebenfalls durch eine hohe Verschuldung der privaten Haushalte und ein hohes Leistungsbilanzdefizit gekennzeichnet. Das Haushaltsdefizit stieg in den Haupt-

krisenjahren bis auf 11 % an, sodass sich die Staatsverschuldung zwischen 2008 und 2014 von 76 % auf 133 % fast verdoppelte.
- Die Krise in *Zypern* 2013 war vorwiegend eine Bankenkrise. Das Bankensystem war überdimensioniert: das Einlagenvolumen überstieg das BIP und die Vermögenswerte der Banken betrugen ein Mehrfaches des BIP, wovon wiederum ein sehr großer Teil auf Einlagen russischer Staatsangehöriger entfiel. Eine geplatzte Immobilienblase, Bankenstützungsaktionen sowie Konjunkturprogramme zur Bekämpfung einer schweren Rezession ließen die Staatsverschuldung zwischen 2011 und 2014 von 65 % auf 109 % steigen. Da die staatlichen Kredite zur Bankenstützung nicht als Kosten im Haushalt erfasst wurden und Zypern zudem seine Haushaltsdisziplin verbessern und die Staatsausgaben reduzieren konnte, stiegen die Haushaltsdefizite nur auf rund 5 % an, obwohl die höheren Zinsausgaben eigentlich zu einer größeren Belastung für den Staatshaushalt führten.
- *Italien* hatte ein relativ moderates Haushaltsdefizit, das um 4 % schwankte. Andererseits wies Italien schon zu Beginn der EWWU eine hohe Staatsverschuldung von 109 % auf, die zwischen 2008 und 2014 weiter auf 135 % anstieg. Dies lag vor allem daran, dass die Zinsen für italienische Staatsanleihen stark anstiegen und das Land mehr Geld ausgeben musste, um seine Schulden zu bedienen. Einsparungen in anderen Bereichen sowie Steuererhöhungen kompensierten die höheren Zinsausgaben jedoch, sodass das Haushaltsdefizit nicht noch höher ausfiel. Die Wirtschaft Italiens befand sich bereits während der vorausgegangenen internationalen Finanzkrise in einer Rezession. Schwierigkeiten bei der Umsetzung von wachstumsfördernden Wirtschaftsreformen verhindern nach wie vor eine Reduzierung der hohen Staatsverschuldung, die auch 2024 noch deutlich über 135 % lag.

Der Höhepunkt der Eurokrise war in den Jahren 2010 und 2011. In diesem Zeitraum stiegen in allen Krisenländern die Haushaltsdefizite: In Spanien, Griechenland und Irland auf durchschnittlich 12 % und in Italien, Zypern und Portugal auf durchschnittlich 6 %, also auf das Zwei- bis Vierfache des Referenzwertes. Auch 10 Jahre später hatte sich die Situation noch keineswegs normalisiert, wie die Staatsverschuldungsdaten 2022 deutlich zeigen (s.o. ▶ Abb. 5.1): Griechenland (171 %), Portugal (115 %), Spanien (114 %), Zypern (90 %) und Italien (145 %) wiesen 2022 immer noch einen inakzeptabel hohen Schuldenstand auf. Lediglich Irland gelang es seine Schulden auf 45 % zu reduzieren. Dafür liegen die Schulden in Belgien (106 %) nach wie

6.1 · Die Eurokrise 2009/2013

vor sehr hoch und steigen u. a. in Frankreich (112 %) laufend an. Die Folgen für Frankreich sind gravierend, wie das folgende Beispiel zeigt.

▶ **Beispiel**
Ende November 2024 verkauften Großinvestoren wegen der Möglichkeit, dass der Sparhaushalt des neuen französischen Premierministers nicht vom Parlament verabschiedet würde (was dann auch nicht geschah), innerhalb von 5 Tagen französische Staatsanleihen im Wert von über 1 Mrd. €. Dadurch stiegen die Zinsen für 10-jährige Anleihen plötzlich sogar über diejenigen für griechische Anleihen. Für den französischen Staat bedeutet dies, dass die Neuverschuldung zukünftig erheblich teurer und es noch schwieriger werden wird, das Haushaltsdefizit, das 2024 auf über 5 % geschätzt wird unter 3 % zu drücken. ◀

Um den Zerfall des Euro-Währungsgebiets durch den möglichen Austritt einzelner Länder, wie etwa Griechenland („*Grexit*") oder die Aufspaltung des Euroraums in einen Nord- und einen Süd-Euro zu verhindern, legte die EU in Zusammenarbeit mit dem IWF ab April 2010 *Rettungsprogramme* auf. Durch diese Programme wurden den Ländern umfangreiche Finanzmittel zur Verfügung gestellt, die an wirtschaftliche Reformauflagen geknüpft waren, um die Länder in die Lage zu versetzen ihre Zahlungsprobleme in den Griff zu bekommen.

Euro-Rettungsschirm
Im Mai 2010 einigten sich die EU-Finanzminister zusammen mit dem IWF auf eine *Europäische Finanzstabilisierungsfazilität* (EFSF), auch als „*Euro-Rettungsschirm*" bezeichnet, unter dem den Krisenländern Kredite und Bürgschaften zur Verfügung gestellt wurden, um eine Zahlungsunfähigkeit abzuwenden. Die EFSF hatte zunächst ein Gesamtvolumen von rund 700 Mrd. €, das später auf 1,2 Bio. € aufgestockt wurde. Hiervon konnte rund ein Drittel für Kredite, die restlichen zwei Drittel für Bürgschaften zur Verfügung gestellt werden.

Zugleich wurden für die in den jeweiligen Staatspapieren engagierten Banken für den Fall von Zahlungsausfällen Garantien bereitgestellt sowie Maßnahmen zur wechselseitigen Kontrolle der Haushalts- und Wirtschaftspolitik der EU-Staaten ergriffen. Bereits 2011 war der *Stabilitäts- und Wachstumspakt* angepasst worden (vgl. ▶ Abschn. 5.4), sodass eine Vorabkontrolle der nationalen Haushaltsentwürfe durch die EU-Kommission und den EU-Ministerrat ermöglicht wurde. Zudem verpflichteten sich die Euro-Staaten 2012 zu einer strengeren Haushaltsdisziplin. Dem Ziel der Reduzierung der Zahlungsprobleme diente auch die Politik der EZB die Zinsen im Euroraum mit verschiedenen Instrumenten niedrig zu halten (s. u.). Im Oktober 2012 wurde dann der Euro-Rettungsschirm durch eine dauerhafte Maßnahme,

> **Der Europäische Stabilitätsmechanismus (ESM)** mit Sitz in Luxemburg gewährt Finanzhilfen an Euroländer, die in finanzielle Schwierigkeiten geraten sind. Stammkapital (700 Mrd Euro), hiervon wurden 80 Mrd Euro eingezahlt, 620 Mrd Euro können bei den Mitgliedsländern nach einem bestimmten Schlüssel abgerufen werden.

> **Ablauf des Verfahrens**
> Ein Euroland befindet sich in finanziellen Schwierigkeiten und beantragt beim ESM finanzielle Unterstützung. Der Antrag enthält eine detaillierte Beschreibung der Finanzprobleme und der benötigten Unterstützung.

> **Prüfung**: Der ESM prüft
> - ob durch die finanzielle Schieflage die Finanzstabilität der gesamten Eurozone gefährdet ist
> - wie die „Schuldentragfähigkeit" des Landes beschaffen ist und
> - welcher Finanzierungsbedarf besteht.

> **Programmverhandlungen** zwischen dem ESM und dem Mitgliedsland:
> Erarbeitung und Vereinbarung des Programms:
> Umfang der Finanzhilfen und makroökonomisches Anpassungsprogramm

> **Freigabe**: ESM und Mitgliedsland genehmigen das Finanzhilfeprogramm und unterzeichnen das Abkommen;
> Freigabe des Finanzhilfeprogramm (als Kredit oder in Form von Garantien)

> **Überwachung** des Programms und der Fortschritte bei der Verbesserung der Finanzsituation durch den ESM. Wenn die Vereinbarungen eingehalten wurden, werden weitere Tranchen freigegeben. Verstößt das Land gegen die Bedingungen, können Sanktionen Einstellung der Finanzierung beschlossen werden.

◻ **Abb. 6.3** Das ESM-Verfahren

den *Europäischen Stabilitätsmechanismus* (ESM), ersetzt, der die Zahlungsfähigkeit überschuldeter Euroländer durch Kredite und Bürgschaften sicherstellen soll.

Europäischer Stabilitätsmechanismus (ESM)
Der ESM hat seinen Sitz in Luxemburg und ist mit etwas über 700 Mrd. € ausgestattet, von denen rund 80 Mrd. € von den Mitgliedsländern eingezahlt wurden. Weitere Mittel, für die die Euro-Mitgliedsländer Garantien bereitstellen, können über den Kapitalmarkt finanziert werden. Etwa 500 Mrd. € können als Kredite zur Verfügung gestellt werden – nach einer Prüfung der Voraussetzungen und der Zustimmung des *Gouverneursrats*. Kredite werden ebenso wie unter dem EFSF an *Reformbedingungen* geknüpft, durch die eine solide Haushaltspolitik gewährleistet und die internationale Wettbewerbsfähigkeit des betreffenden Landes wieder hergestellt werden soll. Eine weitere Voraussetzung ist, dass das betreffende Land den Fiskalpakt ratifiziert hat und die betreffenden Vorgaben einhält. Die Umsetzung der Reformen wird überwacht und die Auszahlung der Kredittranchen an die Erreichung von vereinbarten wirtschaftspolitischen Indikatoren geknüpft (vgl. ◻ Abb. 6.3 sowie *Links*: ESM).

▶ **Beispiele**

— Im Mai 2010 erhielt *Griechenland* ein erstes Rettungspaket in Höhe von 45 Mrd. €, das später auf 110 Mrd. € und in zwei weiteren Rettungsaktionen auf insgesamt 322 Mrd. € erhöht wurde. Hiervon entfielen auf den IWF 32 Mrd. € und auf den ESM 290 Mrd. €. Allerdings wurden hiervon nur etwa

6.1 · Die Eurokrise 2009/2013

10 % an Griechenland direkt vergeben, während der mit Abstand größte Teil als Bürgschaften für europäische Banken bereitgestellt wurde. Hinzu kamen diverse Umschuldungsprogramme, durch die Konditionen und Fristen geändert wurden. 2024 war Griechenland noch mit 62 Mrd. € beim ESM verschuldet, wobei diese Kredite erst bis 2060 zurückgezahlt werden müssen.
- Im November 2010 wurde *Irland* mit einem Rettungspaket von 85 Mrd. € gestützt, war aber bereits nach drei Jahren in der Lage, den Rettungsschirm wieder zu verlassen.
- Im April 2011 wurde *Portugal* mit 78 Mrd. € unterstützt. Durch ein anschließendes rigoroses Spar- und Austeritätsprogramm war Portugal in der Lage seine Wirtschaft wieder zu konsolidieren, wobei die EZB diesen Kurs durch Aufkäufe portugiesischer Staatsanleihen (s.u.) unterstützte. 2014 konnte das Land den Rettungsschirm wieder verlassen.
- Ab 2012 erhielt *Spanien* EU Kredite von bis zu 100 Mrd. € als Refinanzierungshilfen für die Banken unter der Voraussetzung, dass diese ihre Aktionäre an den Verlusten beteiligten und ihre notleidenden Kredite an eine *Bad Bank* überführten (vgl. ▶ Abschn. 4.4). Von dem Hilfsprogramm musste Spanien nur 40 Mrd in Anspruch nehmen und konnte bereits 2013 den Rettungsschirm wieder verlassen.
- Ebenfalls ab 2012 stützte die EZB das *zyprische* Bankensystem. Um einen Staatsbankrott abzuwenden, wurde 2013 ein Hilfsprogramm mit einem Gesamtvolumen von 10 Mrd. € in Anspruch genommen, unter der Bedingung den Bankensektor zu restrukturieren und den Staatshaushalt zu konsolidieren. Dabei wurden erstmals auch Bankkunden zur Sanierung der Banken herangezogen, indem bei Einlagen über 100.000 € eine Abgabe von 10 % erhoben wurde. Die ESM-Kredite muss Zypern erst bis 2031 vollständig zurückzahlen. ◄

■ **Wertpapierankaufprogramme der EZB**

Die EZB unterstützte die Reformanstrengungen der Länder, indem sie die Leitzinsen niedrig hielt, um so den hoch verschuldeten Ländern die Finanzierung ihrer Schulden und die Stabilisierung ihrer Haushalte zu erleichtern. Zusätzlich verstärkte sie den expansiven Impuls der Geldpolitik nahe der Zinsuntergrenze durch regelmäßige Wertpapierankäufe. Ab Mai 2010 begann sie im Rahmen des *Securities Markets Programme* (SMP) in großem Stil bereits emittierte private und staatliche Anleihen der Krisenländer auf dem Sekundärmarkt aufzukaufen. Dadurch wurden die Krisenstaaten unterstützt und das Vertrauen der Finanzmärkte in die Bonität der Staatsanleihen und die Rückzahlungsfähigkeit der Länder gestärkt. Die dem Markt durch Aufkäufe zugeflossene Liquidität wurde durch gegenläufige Zentralbankaktionen „neutralisiert", um mögliche Inflationseffekte durch die erhöhte Geldmenge zu vermeiden. Obwohl die EZB zusätzlich die Bonitätserfordernisse für griechische, irische, portugiesische und zyprische Staatsanleihen schrittweise senkte und den europäischen Banken durch das SMP bereits im großen Stil Zentralbankgeld zur Verfügung gestellt hatte, sah sich EZB-Präsident *Mario Draghi* im Juli 2012 angesichts einer nach wie vor bestehenden Vertrauenskrise gezwungen die Märkte zu beruhigen mit seinem berühmt gewordenen Satz: *„Within our mandate, the ECB is ready to do – whatever it takes – to preserve the Euro. And believe me, it will be enough."* Dies sollte vor allem durch das *Outright Monetary Transactions* (OMT) Programm geschehen, das das SMP, das im September 2012 offiziell beendet wurde, ablösen sollte.

Weitere Programme: OMT – APP – PEPP

- Das OMT-Programm wurde als wirkungsvoller angesehen, da es der EZB ermöglichen sollte in unbegrenztem Umfang Staatsanleihen eines Staates am Sekundärmarkt aufzukaufen, wenn dieser einem Finanzhilfe- und Reformprogramm zustimmte. Durch diese *präventive Maßnahme* sollte den Märkten signalisiert werden, dass die EZB im Falle einer schweren Krise bereit wäre, unbegrenzt Staatsanleihen von Krisenländern zu kaufen. Obwohl das Programm nicht in die Praxis umgesetzt wurde, auch weil kein Land bereit war, die strikten Bedingungen zu erfüllen, beruhigte es die Märkte. Umstritten blieb aber die Frage, ob die EZB durch dieses und auch die weiteren Programme nicht kompetenzwidrig *Staatsfinanzierung* betreibe. Allerdings entschied der Europäische Gerichtshof 2015, dass Anleihekäufe zulässig sind, wenn sie geldpolitische und nicht fiskalische Ziele verfolgten (vgl. *Links*: OMT).
- Die EZB kaufte stattdessen weiterhin Staatsanleihen, jedoch ohne die strengen OMT-Auflagen. 2014 beschloss die EZB ein weiteres Wertpapierankauf-Programm, das *Asset Purchase Program (APP)*. Während OMTs die geldpolitische Stabilität in einzelnen Krisenländern verbessern sollten, sollte das APP durch kontinuierliche Ankäufe von privaten und öffentlichen Wertpapieren die Niedrigzinspolitik der EZB generell unterstützen (*Quantitative Easing*). Im Rahmen dieses Programms kaufte die EZB zwischen 2015 und 2018 Anleihen im Wert von 2,6 Bio. € (vgl. *Links*: APP). 2020 bis 2022 wurden weitere Ankäufe im Gesamtwert von rund 1,8 Bio. € unter einem neuen Programm, dem *Pandemic Emergency Purchase Programme (PEPP)*, durchgeführt, bis Ende 2022 der Ankauf von Staatsanleihen weitgehend eingestellt und Anfang 2025 offiziell beendet wurde.

Mit Ausnahme von Griechenland war die Maßnahmenkombination aus finanzieller EU-Unterstützung und nationalen Spar- bzw. Reformprogrammen relativ schnell erfolgreich, sodass Ende 2013 die Eurozone die bereits seit eineinhalb Jahren andauernde Rezession weitgehend überwunden hatte und auch die Weltwirtschaft ab 2014 wieder größere Wachstumsraten aufwies. Die schnelle Erholung war aber bald darauf beendet.

Ab Ende 2014 brach der Konjunkturaufschwung schon wieder zusammen. Im weiteren Verlauf traten neue Probleme auf, ausgelöst durch die *America-first*-Politik des neuen US-Präsidenten *Donald Trump*, das schwieriger werdende Verhältnis zu *China* und die Folgen des *Brexit*. Unmittelbar danach wurde die Weltwirtschaft durch die *Corona-Pandemie*, den *Angriffskrieg Russlands* gegen die Ukraine und die zweite US-Präsidentschaft *Donald Trumps* weiterhin nachhaltig negativ beeinflusst (vgl. ▶ Abschn. 4.8).

6.2 Bankenunion und Einlagensicherung in der Europäischen Union

Als Reaktion auf die Internationale Finanzkrise und die europäische Staatsschuldenkrise wurde 2014 die **Europäische Bankenunion** als neues Element der *Europäischen Wirtschafts- und Währungsunion* (EWWU) geschaffen (vgl. *Links*: Bankenunion). Damit setzte die EU auch Regelungen und Vorschläge von Basel III um.[2] Grundlage ist das *Einheitliche Regelwerk*, eine Reihe von gesetzlichen Regelungen, die für alle Mitgliedstaaten in der EU gelten. Allgemeine Ziele des Regelwerks sind u. a. die Gewährleistung eines einheitlichen Verbraucherschutzniveaus und gleicher Wettbewerbsbedingungen für Banken. Diese beinhalten gleiche Eigenkapitalanforderungen, die Sicherstellung eines besseren Einlagenschutzes, die Regulierung bzw. Vermeidung und Bewältigung von Bankinsolvenzen sowie eine gemeinsame Bankenaufsicht und einen gemeinsamen Mechanismus für die Bankenabwicklung. Damit soll gewährleistet werden, dass europäische Banken künftigen Finanzkrisen besser standhalten können und für eine Abwicklung insolvenzgefährdeter Banken keine staatlichen Mittel aufgewendet werden müssen.

Auf der Grundlage der Vorschläge des *Basler Ausschusses für Bankenaufsicht* (BCBS) wurden nach der internationalen Finanzkrise 2008/09 – wie erwähnt – neue **Eigenkapitalanforderungen** erlassen, die seit 2014 auch für die europäischen Banken gelten. Inzwischen wurden einige Regeln wieder überarbeitet, die seit 2022 zwischen dem Europäischen Rat und dem Europäischen Parlament abgestimmt werden und 2025 in Kraft treten sollen. Wichtig hierbei ist u. a., dass die Banken nun i. d. R. auch Forderungen an Staaten mit Eigenkapital unterlegen müssen. Dies war zuvor nicht der Fall. Die Krisen haben jedoch gezeigt, dass Anlagen in Staatsanleihen keineswegs risikolos sind.

Ebenfalls seit 2014 ist die *EZB-Bankenaufsicht* die zentrale **Aufsichtsbehörde** für die 125 Großbanken bzw. Bankengruppen in der Eurozone. Sie ist verantwortlich für die Überwachung und Regulierung der Banken und kann bei Bedarf Maßnahmen ergreifen, um Banken zu sanieren oder zu schließen.

---

2 Vgl. ▶ Abschn. 4.5, ▶ Abb. 4.5, s. a. *Links*: Basel III.

Wegen ihrer zu geringen Personalausstattung muss sie hierfür aber in großem Umfang auf das Personal der nationalen Bankenaufsichtsbehörden zurückgreifen. Der *einheitliche Aufsichtsmechanismus (Single Supervisory Mechanism)* soll nun gewährleisten, dass die EZB-Bankenaufsicht und die nationalen Aufsichtsbehörden die EU-Banken – einschließlich der etwa 3.500 kleineren Finanzinstitute, die von den nationalen Bankenaufsichten kontrolliert werden – regelmäßig nach denselben Verfahrensregeln überprüfen, um die Stabilität des europäischen Finanzsektors zu gewährleisten.

Die nationalen **Einlagensicherungssysteme** wurden europaweit harmonisiert, sodass inzwischen ein einheitlicher Einlegerschutz für Bankkunden in der gesamten EU besteht und sich das Risiko von *bank runs* bei einer drohenden oder vermeintlichen Insolvenz von Banken tendenziell verringert hat: In jedem Mitgliedstaat wurde dafür ein Einlagensicherungssystem aufgebaut, mit dem Einlagen von bis zu 100.000 € pro Person und Bank geschützt werden sollen, falls eine Bank illiquide wird.

Mit der europäischen *Bankenabwicklungsrichtlinie (Bank Recovery and Resolution Directive)* wurde 2014 ein Instrumentarium zur **Sanierung und Abwicklung von Kreditinstituten** geschaffen. Ein einheitlicher Abwicklungsmechanismus *(Single Resolution Mechanism)* soll dafür sorgen, dass im Falle von Bankeninsolvenzen eine einheitliche Abwicklung sichergestellt ist, um die Auswirkungen auf die Realwirtschaft und die öffentlichen Finanzen möglichst gering zu halten. Dies geschieht im Wesentlichen durch ein „*bail-in*" Instrument, mit dem vorrangig Eigentümer und Gläubiger an den Kosten der Abwicklung einer Bank beteiligt werden können.

Nach diversen Friständerungen wurden die meisten neuen Regelungen und Vereinbarungen zum europäischen Bankwesen bis 2024 weitgehend umgesetzt. Allerdings ist die Bankenunion noch nicht vollständig realisiert: Die Einlagensicherung ist bis jetzt noch national organisiert und verfügt noch über eine zu geringe Kapitalausstattung. Interne Bankenrisiken könnten auch in der z. T. mangelnden fachlichen Qualifikation von Bankvorständen und Aufsichtsräten bestehen, wie auch der Chef der EZB-Bankenaufsicht vermutet. Erst in letzter Zeit begann die EZB-Bankenaufsicht ebenso wie die deutsche *BaFin* einzelne Banken u. a. wegen festgestellter „schwerer Verstöße" mit Strafzahlungen zu sanktionieren.[3] Aber auch die Bankenaufsicht selbst wird noch als zu wenig effektiv und zu nachgiebig gegenüber zu beauf-

---

3 Vgl. zur Kritik an der Umsetzung von Basel III in der EU die fortlaufende Berichterstattung von Schreiber/Zydra (2022/1), (2022/2), (2023/1) und (2023/2).

sichtigenden Banken bewertet. Vor allem wird kritisiert, dass die einzuhaltenden Regeln gegenüber den Großbanken zu wenig durchgesetzt werden.[4] Weitere noch zu lösende Probleme sind einheitliche Insolvenzregeln für Unternehmen und eine starke gemeinsame Börsen- und Finanzmarktaufsicht.

6.3 Die Europäische Zentralbank

Seit dem 1. Januar 1999 ist die *Europäische Zentralbank* (EZB) mit Sitz in Frankfurt/Main für die Durchführung der Geldpolitik im Euro-Währungsgebiet (Eurozone) verantwortlich. Die Eurozone entstand, als die geldpolitische Zuständigkeit der nationalen Zentralbanken (NZBs) von seinerzeit elf EU-Mitgliedstaaten 1999 auf die EZB übertragen wurde. 2025 gehörten der Eurozone, die wiederum Teil der EWWU ist, wie erwähnt, 20 Staaten an. Für die Geldpolitik der 7 EWWU-Staaten, die (noch) ihre eigene Währung haben, sind deren nationale Zentralbanken (NZBs) verantwortlich.

6.3.1 Funktion und Aufgaben

Die EZB ist Teil des *Europäischen Systems der Zentralbanken* (ESZB), das aus der EZB selbst und den nationalen Zentralbanken *aller* EU-Mitgliedsländer besteht, unabhängig davon, ob sie den Euro eingeführt haben oder nicht. Hiervon zu unterscheiden ist das *Eurosystem*, das wiederum Teil des ESZB ist und die EZB sowie die NZBs derjenigen Länder umfasst, die den Euro als Währung eingeführt haben.

Oberstes Beschlussorgan des Eurosystems ist der EZB-Rat (s. u.). Bis zu dem Zeitpunkt, an dem alle EU-Mitgliedsländer den Euro eingeführt haben, übernimmt das *Eurosystem* (mit seiner geringeren Anzahl von NZBs) die Aufgaben des ESZB (vgl. ◘ Abb. 6.4).

Das vorrangige Ziel der EZB ist die Sicherung des Geldwerts des Euro, also *Preisniveaustabilität* (kurz: *Preisstabilität*), zu gewährleisten. Soweit dies ohne Beeinträchtigung dieses Ziels möglich ist, unterstützt sie dabei die all-

---

4   Vgl. Europäischer Rechnungshof (2023).

gemeine Wirtschaftspolitik in der EU, wobei davon ausgegangen werden kann, dass die Stabilität der Preise eine wesentliche Voraussetzung für Wirtschaftswachstum und Beschäftigungssicherung ist. Als Mittel zur Erreichung der Ziele steht ihr die *Geldpolitik* zur Verfügung. Die EZB ist *weisungsunabhängig*. Sie entscheidet autonom über geldpolitische Maßnahmen und darf neben der Erhaltung der Preisstabilität zu keinen anderen wirtschafts- oder sozialpolitischen Zielen verpflichtet werden: Bei der Wahrnehmung ihrer Aufgaben darf „weder die Europäische Zentralbank noch eine nationale Zentralbank noch ein Mitglied ihrer Beschlussorgane Weisungen von Organen, Einrichtungen oder sonstigen Stellen der Union, Regierungen der Mitgliedstaaten oder anderen Stellen einholen oder entgegennehmen" *(institutionelle Unabhängigkeit)*.[5] Zudem hat die EZB noch weitere Aufgaben: Sie tätigt Devisengeschäfte, etwa um den Wechselkurs des Euro zu beeinflussen, verwaltet die offiziellen Währungsreserven der Mitgliedstaaten und fördert das reibungslose Funktionieren der Zahlungssysteme. Zudem hat sie spezielle Aufgaben bei der Bankenaufsicht (s.o.).

Damit ist gewährleistet, dass eine stabilitätsorientierte EZB-Politik nicht durch Entscheidungen anderer Organe konterkariert wird. Besonders wichtig ist, dass der EZB kein Wechselkursziel des Euro vorgegeben ist, für dessen Erreichen sie Instrumente einsetzen müsste, deren Wirkungen wiederum dem stabilitätspolitischen Ziel entgegenlaufen könnten. Ferner darf sie öffentlichen Institutionen keine Kredite gewähren oder direkt von diesen Schuldtitel erwerben. Ob mit der Politik der EZB, während der Eurokrise Staatsanleihen im großen Stil aufzukaufen, nicht gegen dieses Verbot verstoßen wurde, ist – wie oben angesprochen – daher umstritten (vgl. *Links*: OMT).

Die Leitung der EZB liegt beim EZB-Rat *(Rat der Europäischen Zentralbank)*, dem das sechsköpfige *Direktorium* der EZB, einschließlich ihres/r Präsidenten/in und des Vizepräsidenten, sowie die Zentralbankpräsidenten der Euroländer angehören. Die *personelle Unabhängigkeit* wird dadurch hergestellt, dass Präsident und Vizepräsident sowie die übrigen vier Direktoriumsmitglieder für eine einmalige Amtszeit von acht Jahren ernannt werden, um so eine politische Beeinflussbarkeit möglichst auszuschließen. Der EZB-Rat ist das wichtigste Beschlussorgan, er verfügt über 21 Stimmen, die wie folgt verteilt sind: Das Direktorium hat 6 dauerhafte Stimmrechte. Auf die fünf größten Mitgliedsländer entfallen 4 Stimmrechte, die rotierend

---

5   Vgl. *Links*: EU Vertrag, Artikel 127 und 130.

Die Europäischen Währungshüter

ESZB
Das Europäische System der Zentralbanken
trägt seit dem 1. Januar 1999 die Verantwortung für die Geldpolitik in der Europäischen Wirtschafts- und Währungsunion.

Oberstes Ziel
- Preisstabilität

Unterziel
- Wirtschaftspolitik der EU im Rahmen einer freien Marktwirtschaft unterstützen

Aufgaben
- Geldpolitik
- Wechselkurs-Geschäfte
- Mitglieder- u. Fremd-Währungsreserven halten u. verwalten
- funktonierende Zahlungssysteme in der EU garantieren

Teil des ESZB ist der EZB-Rat. Er fällt alle Entscheidungen.

EZB-Rat

Aufgaben
- Geldpolitik festlegen (u. a. Leitzinsen, Mindestreserven)
- Leitlinien und Beschlüsse zum Eurosystem erlassen

▼ setzt sich zusammen aus:

EZB Europäische Zentralbank	NZB Nationale Zentralbanken	Erweiterter Rat Beratendes Gremium
Direktorium • Präsident*in • Vize-Präsident*in • Vier weitere Mitglieder werden von den Staats- und Regierungschefs einvernehmlich ernannt	Präsidenten und Präsidentinnen der 20 NZB der Eurozone	• EZB-Präsident*in • Vize-Präsident*in Präsidenten und Präsidentinnen aller 27 NZB der EU (inkl. Nicht-Euro-Länder)

Quelle: EZB Stand April 2023 Globus 016273

Abb. 6.4 EZB und ESZB. (Quelle: EZB)

vergeben werden und auf die übrigen Länder entfallen 11 Stimmrechte, die ebenfalls rotieren. Die Zentralbankpräsidenten der EU-Staaten, die den Euro (noch) nicht eingeführt haben, formen den Erweiterten Rat mit beratender Funktion für den EZB-Rat (vgl. Abb. 6.4).

Weitere Gremien

… sind der *ECOFIN-Rat*, dem die Wirtschafts- und Finanzminister aller Mitgliedstaaten angehören, und die informelle *Euro-Gruppe*, die aus den Finanzministern der EWWU-Länder besteht. Der *ECOFIN-Rat* koordiniert die Wirtschaftspolitik der Mitgliedstaaten, fördert die Konvergenz ihrer Wirtschaftsleistung und überwacht ihre Haushaltspolitik. Die *Euro-Gruppe* tritt zur Beratung von wirtschaftspolitischen Problemen der Mitgliedsländer zusammen und bereitet die G7-Treffen vor. Sie bildete sich auf Wunsch von Frankreich, das einen „*Stabilitätsrat*" als Gegengewicht zur EZB forderte, da der EZB – nach französischem Vorbild und aus französischer Sicht – nicht die alleinige Verantwortung für die Geldpolitik überlassen werden sollte.

6.3.2 Die Geldpolitik der EZB

Die geldpolitischen Entscheidungen, die vom EZB-Rat getroffen werden, werden vom Direktorium ausgeführt, das auch ermächtigt ist, den NZBs Weisungen zu erteilen. Die NZBs werden dabei im Zuge der Subsidiarität so weit wie möglich in die Umsetzung der Geldpolitik einbezogen. Im Zusammenhang mit einer geänderten geldpolitischen Strategie gab die EZB im Juli 2021 bekannt, dass Preisstabilität bei einer mittelfristig stabilen Preissteigerungsrate von 2 % erreicht sei (*inflation targeting*). Diese wird als symmetrisches Ziel angestrebt, negative wie positive Abweichungen oder gar eine Deflation, also eine Inflationsrate unter 0 %, sind nicht zielkonform. Die Preisstabilität wird an dem *Harmonisierten Verbraucherpreisindex* (HVPI) der gesamten Eurozone gemessen, der die Kaufkraft der Konsumenten der Eurozone anhand eines repräsentativen Warenkorbes, der jährlich angepasst und monatlich veröffentlicht wird, misst. Die nationalen Angaben der einzelnen Länder werden hierfür „unter Berücksichtigung bestimmter Harmonisierungen" aggregiert.[6]

Neben der *Fiskalpolitik* (vorwiegend Steuer- und Staatsausgabenpolitik), für die die nationalen Regierungen und Parlamente zuständig sind, gehört die *Geldpolitik* zu den wichtigsten Elementen einer effektiven Konjunktur- und Stabilitätspolitik. Mit ihren geldpolitischen Instrumenten steuert die EZB im Wesentlichen die Geld- und Kreditversorgung der Wirtschaft. So kann sie durch eine *expansive Geldpolitik* die verfügbare Geldmenge und damit die Liquidität der Geschäftsbanken der Eurozone erhöhen, sodass diese ihr Kreditangebot für Investitionen und Konsum bei tendenziell sinkenden Zinsen vergrößern. Die gestiegenen Ausgaben werden das Volkseinkommen positiv beeinflussen, können aber auch Preissteigerungen verursachen. Steigt die Inflationsrate über das angestrebte Niveau, wird die EZB umgekehrt versuchen durch eine *kontraktive Geldpolitik* die verfügbare Geldmenge zu senken, sodass die Kreditvergabe der Banken auf Grund gestiegener Zinsen zurückgehen wird.

Die internationale Finanzkrise 2007/08 veranlasste die EZB den Wirkungsmechanismus der Geldpolitik und damit vor allem den Zusammenhang zwischen dem realen Wirtschaftssystem und dem Finanzsystem und die Umsetzung der geldpolitischen Maßnahmen durch die Banken zu

---

6 Vgl. Deutsche Bundesbank (2021).

überprüfen. Dies führte dazu, dass das frühere Zwei-Säulen-Konzept durch einen integrierten Analyserahmen ersetzt wurde, in dem die *realwirtschaftliche* Analyse und die *monetäre und finanzielle* Analyse nicht mehr getrennt, sondern deren Verflechtungen explizit berücksichtigt werden.

Zwei-Säulen-Konzept
Die Strategie der EZB-Geldpolitik basierte lange auf zwei Säulen: In der *ersten Säule* wurde eine breite Palette von *Wirtschaftsindikatoren*, wie die Entwicklung der Löhne, die Entwicklungen an den Wertpapiermärkten, Preis- und Kostenindizes etc. analysiert, aus denen sich Anhaltspunkte für kurz- bis mittelfristige Inflationsrisiken ableiten ließen. In der *zweiten Säule* schloss sich eine Analyse zentraler *monetärer Indikatoren* an, wie die Entwicklung der Geldmenge und der Kreditvergabe, aus der sich Anzeichen für mittel- bis langfristige Inflationsrisiken ableiten ließen. Auf diese Weise wurde versucht zu berücksichtigen, dass Inflation auf mittel- bis langfristige Sicht zwar ein monetäres Phänomen ist, das aber kurz- bis mittelfristig durch realwirtschaftliche Einflüsse, wie Lohnentwicklungen oder wirtschaftspolitische Entscheidungen überlagert sein kann.[7]

Der Fokus liegt nun auf einer umfassenderen Analyse von Entwicklungen, wie Arbeitsmarktdaten, Konsumverhalten, Investitionen, globalen wirtschaftlichen Entwicklungen sowie der Analyse von Finanzmärkten und -institutionen. Letztlich ist die Stabilität der Preise jedoch Folge eines ausgeglichenen Verhältnisses von Angebot und Nachfrage auf den volkswirtschaftlichen Gütermärkten. Dieses hängt wiederum maßgeblich von der Nachfrage und dem Angebot an Krediten auf dem Kapitalmarkt ab, eine Situation, die von den mittel- bis langfristigen Zinssätzen beeinflusst wird. Vereinfacht ausgedrückt verläuft die *geldpolitische Steuerungskette* damit folgendermaßen: Der Einsatz eines geldpolitischen Instruments beeinflusst *monetäre Zwischenziele*: *Geldmenge, kurzfristige Zinssätze und Liquidität der Banken*. Hierauf reagieren voraussichtlich weitere *monetäre Indikatoren*, wie die Kurse der Wertpapiere und das nachgefragte Kreditvolumen. Durch die erwarteten Reaktionen *realer Größen*, wie der Nachfrage und dem Angebot nach bzw. von Investitions- und Konsumgütern, wird schließlich das *wirtschaftspolitische Ziel*, die Preissteigerungsrate, in die gewünschte Richtung beeinflusst und Preisstabilität erreicht. Dieser indirekt und meist nur mittelfristig wirkende Ansatz der Geldpolitik, der auch durch verschiedene *Wirkungsverzögerungen* behindert wird, schafft damit also nur die Voraus-

---

7 Vgl. Fendel/Frenkel (2004).

Geldpolitische Instrumente	• Leitzinsänderung • Mindestreservesätze • Offenmarktpolitik
Monetäre Zwischenziele (operative Ziele)	• Geld- und Kapitalmarktzinssätze • Erhöhung bzw. Verringerung der Geldmenge • Liquidität der Banken
Monetäre Indikatoren	• Wertpapierkurse • Kreditnachfrage • Wechselkurs des Euro
Reale Größen	• Angebot und Nachfrage nach Investitionsgütern • Angebot und Nachfrage nach Konsumgütern
Wirtschaftspolitisches Ziel	Preisniveaustabilität (Inflation Targeting 2%)

Abb. 6.5 Geldpolitische Steuerungskette

setzungen für eine Änderung der übrigen Zielgrößen. Das wirtschaftspolitische Ziel der Preisniveaustabilität erreicht die EZB daher über einen mehrstufigen *Transmissionsprozess*, der von dem Erreichen bestimmter Zwischenzielen abhängig ist (vgl. Abb. 6.5).[8]

Grundsätzlich stehen der EZB für die Geldpolitik die in der ESZB-Satzung festgelegten geldpolitischen Steuerungsinstrumente *zur* Verfügung:

Zinspolitik

Das primäre geldpolitische Instrument bleibt die Festlegung der *Leitzinsen*, zu denen sich die Banken Geld von der EZB leihen bzw. überschüssiges Geld anlegen können. Durch ihre Zinspolitik kann die EZB damit Einfluss auf die Bedingungen nehmen, zu denen Kredite in der Eurozone angeboten und nachgefragt werden. Der *Hauptrefinanzierungssatz,* zu dem die EZB wöchentlich Kredite mit einer Laufzeit von sieben Tagen anbietet, gilt als der *Leitzinssatz*. Die Laufzeit dieser Kredite beträgt i. d. R. eine Woche, wobei die Konditionen der aktuellen Marktlage angepasst werden. Für die Inanspruchnahme dieser Kredite müssen die Banken Sicherheiten in Form bestimmter Wertpapiere oder Kreditforderungen hinterlegen. *Der Spitzenrefinanzierungs-*

---

[8] Die Wirkungsweise von geldpolitischen Maßnahmen, einschließlich des geldpolitischen Transmissionsprozesses, wird gerade auch von den Akteuren der Geldpolitik, kritisch hinterfragt und führt immer wieder zu Neujustierungen der Instrumente, vgl. Deutsche Bundesbank (2023).

6.3 · Die Europäische Zentralbank

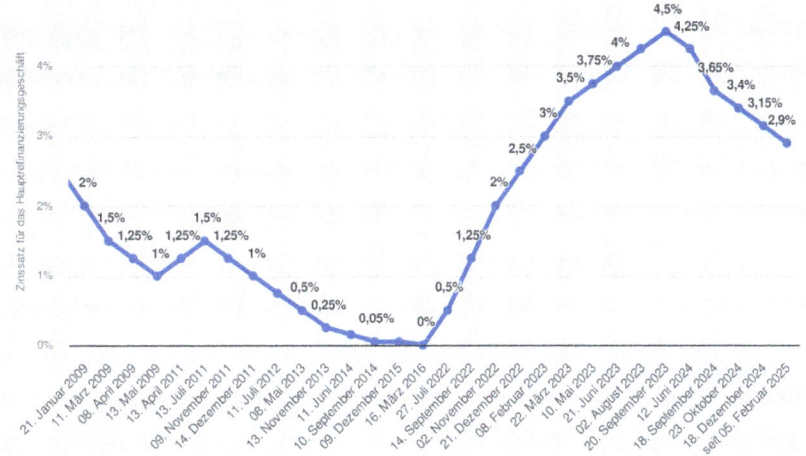

☐ **Abb. 6.6** EZB-Leitzinsänderungen seit Beginn der Eurokrise. (Quelle: Statista 2025)

satz wird für die sehr kurzfristige Bereitstellung von Liquidität zur Überbrückung von Engpässen gefordert, die wegen der Laufzeit von nur einem Geschäftstag auch als „Übernachtliquidität" bezeichnet wird. Zum *Einlagesatz* (Einlagefazilität) können Banken bei der EZB überschüssige Liquidität anlegen. Üblicherweise liegt der Spitzenrefinanzierungssatz leicht über und der Einlagesatz leicht unter dem Hauptrefinanzierungssatz. ☐ Abb. 6.6 zeigt die Änderungen des Hauptrefinanzierungssatzes seit Beginn der Eurokrise.

Die wichtigste Variante sind die *Hauptrefinanzierungsgeschäfte*, durch die die EZB die *Bankenliquidität* und die *kurzfristigen Zinsen* wirksam beeinflussen und durch Änderungen der Konditionen den Finanzmärkten wichtige Signale geben kann.

> ▶ **Beispiel**
>
> Durch die Festlegung der Leitzinsen versucht die EZB ihr Ziel, Inflation zu vermeiden bzw. Preisniveaustabilität wieder herzustellen, zu erreichen. Allerdings gelingt es ihr nicht immer einen optimalen Zeitpunkt zu finden: Nach einer langen 0 % Zinsperiode reagierte die EZB erst im Juli 2022, und damit relativ spät, auf das rasche Ansteigen der Inflationsrate schon ab Mitte 2021. Sie befürchtete offensichtlich, dass dies einen Wirtschaftsaufschwung gegen Ende der Corona-Pandemie zu stark bremsen würde. Zudem begann sie erst ab Juni 2024 die Zinsen wieder zu senken, obwohl die Inflation mit über 10 % ihren Höhepunkt schon Mitte 2022 überschritten hatte. ◀

- **Mindestreservepolitik**

Die EZB verlangt von den Banken die Hinterlegung von *Mindestreserven* auf den Konten der NZBs. Die Höhe hängt von verschiedenen Faktoren ab, wie der Größe der Bank, dem Volumen ihrer Einlagen und dem vergebenen Kreditvolumen. Die Mindestreservepflicht einer Bank wird für jeweils sechs Wochen festgelegt. Innerhalb dieser Periode muss das Mindestreserve-Soll (derzeit 1 %) im Durchschnitt erfüllt sein. Durch die Erfüllung der Verpflichtung zur Hinterlegung der Mindestreserve verringert sich die Liquidität der Banken, sodass sich ihr Kreditangebot verknappt. Ende 2024 lag das Mindestreservesoll der Euro-Banken bei ca. insgesamt 163 Mrd. €. Andererseits werden die hinterlegten Mindestreserven zurzeit mit dem Einlagesatz verzinst, sodass die Hinterlegung für viele Banken zum jetzigen Zeitpunkt ein gutes Geschäft ist.

Während der Mindestreservesatz als geldpolitisches Steuerungsinstrument früher eine große Rolle spielte, ist dies heute kaum noch der Fall. Von Zeit zu Zeit wird in der EZB aber überlegt, variable Mindestreserven als flankierende Maßnahme zur Inflationsbekämpfung wieder verstärkt einzusetzen, auch wenn diese als prinzipiell nicht-marktwirtschaftliches Instrument anzusehen sind (vgl. *Links*: Mindestreserven).

- **Offenmarktpolitik**

Indem die EZB börsengängige Wertpapiere auf den Finanzmärkten über Geschäftsbanken kauft oder verkauft, können auch die längerfristigen Marktzinssätze beeinflusst werden, die sich ihrerseits wieder auf die Zinssätze der Banken für Kredite und Einlagen auswirken. Durch den Ankauf von Staats- oder privaten Anleihen, bringt die EZB neues Geld in Umlauf. Dadurch steigt die Geldmenge, die Zinsen bleiben niedrig oder sinken, sodass die Konjunktur angekurbelt wird, aber gleichzeitig auch Preissteigerungstendenzen ausgelöst werden können. Im Mittelpunkt der Offenmarktgeschäfte stehen meist kurzfristige Pensions- oder Repo-Geschäfte *(Repurchase Agreement)*, bei denen die EZB den Geschäftsbanken Kredite gegen Wertpapiere zur Verfügung stellt: Die Banken verkaufen der EZB Wertpapiere als Sicherheit und verpflichten sich gleichzeitig in einer Rückkaufsvereinbarung die Papiere am Ende der Laufzeit zurückzukaufen (*Wertpapierpensionsgeschäfte*).

Quantitative Easing

Die weiter oben angesprochenen geldpolitischen Maßnahmen der EZB, wie das *Securities Markets Programm* und die Folgeprogramme, die vor allem dazu dienten den Leitzinssatz bei 0 % zu halten und die Kreditvergabe durch die zusätzliche Liquidität anzuregen, können als erweiterte Form der Offenmarktpolitik gesehen werden, in denen traditionelle Instrumente wie eine Leitzinsanpassung nicht mehr möglich sind bzw. keine Wirkungen zeigen.

Neben den regelmäßigen Offenmarktgeschäften, die in einem Ausschreibungsverfahren als *Mengentender-* oder *Zinstendergeschäft* durchgeführt werden, bietet die EZB meist in monatlichem Abstand auch *längerfristige Refinanzierungsgeschäfte* mit dreimonatiger Laufzeit an, bei denen Liquidität zu den jeweiligen Marktkonditionen zur Verfügung gestellt wird. Während der internationalen Finanzkrise und der Eurokrise wurden die Laufzeiten teilweise auf bis zu 36 Monate ausgedehnt.

Mengentender und Zinstender

- Bei einem *Mengentender* legt die EZB den Zinssatz fest, zu dem sie den beteiligten Kreditinstituten ein bestimmtes Kreditvolumen zur Verfügung stellen will. Die Kreditinstitute nennen das Kreditvolumen, das sie zu diesem Zinssatz aufnehmen möchten. Übersteigt die Nachfrage das von der EZB angebotene Volumen, teilt die EZB die Beträge nach einer festgelegten Quote zu.
- Bei einem *Zinstender* kündigt die EZB an, dass sie ein bestimmtes Kreditvolumen platzieren möchte und gibt einen Mindestbietungssatz bekannt. Nachdem die teilnehmenden Banken das von ihnen gewünschte Kreditvolumen sowie einen Zinssatz genannt haben, teilt die EZB das angekündigte Volumen zu den von den Banken gebotenen Zinssätzen zu, wobei die Institute mit dem höchsten gebotenen Zins zunächst berücksichtigt werden.

6.4 Digitales Zentralbankgeld – Central Bank Digital Currency (CBDC)

Digitales Zentralbankgeld (*Central Bank Digital Currency*, CBDC) ist eine digitale Währung, die von der Zentralbank eines Landes ausgegeben wird. Sie ist vergleichbar mit einer von einer privaten Organisation herausgegebenen Kryptowährung, jedoch mit dem entscheidenden Unterschied, dass ihr Wert von der Zentralbank festgelegt wird und der Währung des jeweiligen Landes bzw. Währungsraums entspricht.

Kryptowährungen

Kryptowährungen sind virtuelle Finanzinstrumente, die von einer nicht-öffentlichen Person oder Vereinigung herausgegeben werden, und aufgrund privatrechtlicher Vereinbarungen auch als Zahlungsmittel verwendet werden können. Jede Transaktion wird dezentral im Hinblick auf ihre Richtigkeit bewertet, ist für alle Beteiligten nachvollziehbar und wird fälschungssicher gespeichert. 2008 wurde mit dem *Bitcoin* die erste Kryptowährung öffentlich gehandelt. Im Gegensatz zu CBDCs ist der *Wert* einer Kryptowährung davon abhängig, wie viel die Anleger für diese bereit sind zu zahlen. Daher sind Kryptowährungen wegen ihrer hohen Volatilität eher als Spekulationsobjekt und weniger als Zahlungsmittel geeignet. Inzwischen existieren tausende Kryptowährungen, die mit sehr wenigen Ausnahmen auch nicht als Zahlungsmittel genutzt werden oder gar offiziell als Währungen anerkannt sind (vgl. *Links*: Kryptowährung).

Im Gegensatz zu *Kryptowährungen* sind CBDCs staatlich reguliert und damit unvergleichlich stabiler als Kryptowährungen. 2025 planten bereits über 130 Länder oder Währungsräume CBDCs einzuführen oder haben bereits damit begonnen.

> ▶ **Beispiel**
>
> Bereits 2021 begann die chinesische Zentralbank (*People's Bank of China*) mit der Erprobung und Umsetzung einer CBDC, indem sie zunächst Regierungsbeamten Teile ihres Gehalts in CBDC bezahlte. Zu den olympischen Winterspielen 2022 wurden digitale Brieftaschen als Smartphone-App (*Yuan Wallet*) in mehreren chinesischen Großstädten freigeschaltet, sodass Nutzer digitale Yuan (*e-Yuan*) für Zahlungen einsetzen können. Im Januar 2022 hatten sich bereits mehr als 200 Mio. Nutzer für den *e-Yuan* registriert.[9] ◀

Auch die EZB plant einen digitalen Euro (*dEuro*) als elektronisches Zahlungsmittel einzuführen. Ebenso wie Bargeld wird der dEuro direkt von der EZB ausgegeben und soll Bargeld ergänzen, aber nicht ersetzen. Er ist also auch *Zentralbankgeld*, das jederzeit 1:1 in Banknoten umgetauscht werden kann und dessen Wert von der EZB garantiert wird. Im Gegensatz dazu wird bei der Bezahlung mit Debit- oder Kreditkarten *Geschäftsbankengeld* verwendet, das von Banken herausgegeben und garantiert wird.

Bargeld ist anonym und sicher – das soll auch für den dEuro gelten: Zahlungen sollen getätigt werden können, ohne dass Daten an Dritte weitergegeben werden, es sei denn, diese Daten werden benötigt, um illegale Aktivitäten, wie etwa Geldwäsche, zu verhindern. Nutzer werden sich beim ersten Zugriff auf ihre neue „virtuelle Geldbörse" aber wohl identifizieren müssen. Derzeit befindet sich der *dEuro* noch in einer Vorbereitungsphase, die Ende 2025 abgeschlossen sein soll. Der digitale Euro soll dann ebenso wie Bargeld als *Zahlungsmittel* genutzt werden können, sodass überall entweder mit *dEuro* oder mit Euro-Bargeld gezahlt werden kann. Da er nicht als Anlageform dienen soll, werden Möglichkeiten geprüft, wie verhindert werden kann, dass große Mengen an *dEuro* als Anlage gehalten oder Bankguthaben abgezogen und in *dEuro* umgeschichtet werden (vgl. *Links*: Digitaler Euro).

---

[9] Vgl. O'Neal (2018), Obermeyer (2023), vgl. *Links*: CBDC.

Mit dem *dEuro* soll Unternehmen und Verbrauchern einerseits Privatsphäre und andererseits Übertragbarkeit, Komfort, Zugänglichkeit und finanzielle Sicherheit geboten werden. Erreicht werden soll dies dadurch, dass
- sich hierdurch die Kosten für grenzüberschreitende Transaktionen reduzieren,
- so eine sichere Möglichkeit besteht Bargeld in eine digitale Währung zu tauschen,
- Risiken verringert werden, die derzeit mit der Verwendung von digitalen Währungen oder Kryptowährungen verbunden sind, und – vor allem –
- der Markt für digitale Bezahlsysteme nicht großen nicht-europäischen Unternehmen, wie *MasterCard*, *Visa*, *PayPal* oder *Apple* überlassen wird.[10]

Als generelle *Probleme* bei CBDCs können im Wesentlichen folgende Aspekte gesehen werden:
- Die *Verantwortung der Zentralbank* wird erheblich erhöht. Dies kann bei fehlender Kontrolle auch Möglichkeiten für Manipulationen und Rechtsunsicherheiten mit sich bringen, insbesondere in Ländern mit schwachen Rechtssystemen und instabilen Regierungen.
- Die Zentralbanken werden in einer *Konkurrenzsituation zu den Geschäftsbanken* stehen, die sie andererseits auch überwachen sollen, deren Aufgaben sie gleichzeitig dann aber partiell auch übernehmen. Dies kann zu neuen Problemen führen.
- Der *Schutz der Privatsphäre* ist wohl kaum generell zu gewährleisten. Zwar kann Finanzkriminalität, Geldwäsche, Terrorismusfinanzierung durch CBDC tendenziell reduziert werden, jedoch nur dann, wenn die Finanzbehörden ihre technischen und personellen Kapazitäten in quantitativer und qualitativer Hinsicht erhöhen.
- *Cybersecurity* wird noch wichtiger, da zentral gesteuerte Systeme störanfälliger und weniger flexibel bei Störfällen oder Cyber-Attacken sind. Die Effektivität bei der Verhinderung von Cyberkriminalität müsste daher deutlich zunehmen, zumal Cybersecurity-Spezialisten der Zentralbank in der kriminellen Szene vermutlich auf große Nachfrage stoßen würden.

---

10 Vgl. Seth (2023).

- Zentral ist jedoch das *Akzeptanzproblem*. CBDCs werden sich nur dann durchsetzen, wenn sie allgemein akzeptiert werden. Sollte dies nicht geschehen – und dies ist durchaus möglich – könnte es bei einem teuren Versuch bleiben.

Zusammengefasst lässt sich feststellen, dass die Einführung von CBDCs in Ländern mit schlechter Finanzinfrastruktur durchaus Vorteile haben kann, etwa dadurch, dass die Bevölkerung durch die direkte Verbindung zu ihrer Zentralbank Zugang zu Finanzdienstleistungen erhält (*Finanzinklusion*). Zudem können CBDCs kostengünstige Optionen für diejenigen bieten, die alternative kostenintensive Geldtransfermethoden nutzen (müssen). Dies sind häufig Arbeitsmigranten aus Entwicklungsländern, die Remittances in ihr Herkunftsland überweisen und hohe Transaktionsgebühren für Überweisungen zahlen müssen.[11]

In Ländern oder Regionen mit einem gut ausgebauten Geschäftsbankensystem sind CBDCs dagegen eher eine *interessante Ergänzung*, die von der Bevölkerung erst akzeptiert werden muss. Für die Eurozone lässt sich ein echter Zusatznutzen derzeit nur schwer erkennen: Die Preisstabilität des *dEuro* wird sich vom derzeitigen Euro nicht unterscheiden, und ob Anonymität tatsächlich gewährleistet werden kann, ist zumindest fraglich. Der entscheidende Vorteil wäre allerdings, dass Europa über ein eigenes digitales Zahlungsmittel verfügen würde und damit unabhängiger von US-dominierten Kartenanbietern wäre. Durch eine Obergrenze, im Gespräch sind 3.000 € pro privater digitaler Geldbörse, wäre einerseits die private Verfügbarkeit zwar eingeschränkt, andererseits aber auch die Gefahr, dass Kundeneinlagen von Banken abwandern könnten, begrenzt. Wenn der dEuro – wie derzeit noch geplant – 2027 eingeführt wird, wären Einzelhändler verpflichtet diesen zu akzeptieren. Der Erfolg wird dann davon abhängen, ob das neue Zahlungsmittel auch tatsächlich von vielen Nutzern eingesetzt wird.

---

11 Vgl. ▶ Abschn. 7.1.

6.5 Lernkontrolle

🔵 Kurz und bündig

Die *Eurokrise* war eine massive Verschuldungskrise einer kleinen Anzahl von Euroländern. Schwierigkeiten bei der Tilgung und Refinanzierung von staatlichen Krediten führten zu Folgeproblemen sowohl bei den kreditgewährenden Banken, bei der konjunkturellen Entwicklung und hinsichtlich der Stabilität der gesamten Eurozone. Die direkten Ursachen lagen zum Teil in den hohen Belastungen der Staatshaushalte durch die Stützung von Banken während der vorangegangenen *internationalen Finanzkrise*, zum Teil in den nationalen Stützungsprogrammen für die Realwirtschaft als Folge sich anschließender Rezessionen. Die dahinter liegende Ursache war aber vor allem die unzureichende Wirtschaftspolitik und die zu geringe *Wettbewerbsfähigkeit* der Krisenländer, die es in der Vergangenheit versäumt hatten, sich durch einen stabilen Haushalt und verbesserte Wirtschaftsstrukturen den gestiegenen Herausforderungen der Wirtschafts- und Währungsunion (EWWU) anzupassen.

Um ein Auseinanderbrechen der Eurozone zu vermeiden, mussten schnelle Rettungsmaßnahmen erfolgen. Diese bestanden im Wesentlichen in einer umfangreichen finanziellen Unterstützung – zunächst durch den „*Rettungsschirm*", später durch den *Europäischen Stabilitätsmechanismus* (ESM) – und zeitgleichen *reformpolitischen Maßnahmen* der Krisenländer. Allerdings beinhalteten alle Reformprogramme strenge Sparauflagen, insbesondere Haushaltskürzungen und Steuererhöhungen, die erhebliche soziale und wirtschaftliche Folgeprobleme für die Länder mit sich brachten. In allen Krisenländern stiegen daraufhin sowohl die Arbeitslosigkeit als auch die Armut. Dies wiederum führte zu politischen Problemen innerhalb der Eurozone. Die Krisenländer waren Griechenland, Irland, Italien, Portugal und Spanien, nach den Anfangsbuchstaben auch als *GIIPS-Länder* bezeichnet. Mit anfänglicher Ausnahme von Griechenland war die Maßnahmenkombination aus finanzieller EU-Unterstützung und nationalen Spar- bzw. Reformprogrammen relativ schnell erfolgreich, sodass Ende 2013 die Eurozone die Rezession weitgehend überwunden hatte und auch die Weltwirtschaft ab 2014 wieder größere Wachstumsraten aufwies.

In der EU wurde als Reaktion auf die *internationale Finanzkrise* und die sich anschließende *Eurokrise* 2014 eine *Europäische Bankenunion* etabliert, die u. a. neue *Eigenkaptalanforderungen*, eine gemeinsame *Bankenaufsicht* und einen gemeinsamen Mechanismus für die *Bankenabwicklung* umfasste. Zudem wurden die nationalen *Einlagensicherungssysteme* harmonisiert, sodass heute ein einheitlicher Einlegerschutz für Bankkunden in der gesamten EU besteht.

Seit dem 1. Januar 1999 ist die *Europäische Zentralbank* (EZB) mit Sitz in Frankfurt/Main für die Durchführung der Geldpolitik in der Eurozone, der 2025 20 Staaten angehörten, verantwortlich. Die EZB ist Teil des *Europäischen Systems der Zentralbanken* (ESZB), das aus der EZB selbst und den nationalen Zentralbanken (NZBs) *aller* EU-Mitgliedsländer besteht, unabhängig davon, ob sie den Euro eingeführt haben. Hiervon zu unterscheiden ist das *Eurosystem*, das wiederum Teil des ESZB ist und die EZB sowie die NZBs derjenigen Länder umfasst, die den Euro als Währung eingeführt haben. Das vorrangige Ziel der EZB ist die Sicherung des Geldwerts des Euro, wobei die EZB Preisstabilität bei einer mittelfristig stabilen Preissteigerungsrate von 2 % als erreicht ansieht. Als Mittel zur Erreichung des Ziels stehen der EZB vorwiegend die geldpolitischen Instrumente *Zinspolitik*, *Mindestreservepolitik* und *Offenmarktpolitik zur* Verfügung, durch die sie die Geld- und Kreditversorgung der Wirtschaft steuert.

Seit mehreren Jahren bereitet die EZB die Herausgabe einer *Central Bank Digital Currency* (CBDC), einer digitalen Währung vor, den digitalen Euro (*dEuro*). Er soll das Euro Bargeld ergänzen und 1:1 in Banknoten umgetauscht werden können. Als Zentralbankgeld wird er von der EZB ausgegeben, die auch seinen Wert garantieren wird. Zahlungen sollen getätigt werden können, ohne dass Daten an Dritte weitergegeben werden, es sei denn, diese Daten werden benötigt, um illegale Aktivitäten, wie etwa Geldwäsche, zu verhindern. Der *dEuro* soll genau wie der Euro als *Zahlungsmittel* genutzt werden können, sodass nach der Einführung überall entweder mit *dEuro* oder mit Euro-Bargeld gezahlt werden kann.

Let's check

1. Welcher Zusammenhang besteht zwischen der *internationalen Finanzkrise* und der *Euro-Krise*?
2. Zeigen Sie an einem „*Krisenland*" und unter Einbeziehung von Indikatoren die *Entwicklung der Euro-Krise* möglichst auch unter Berücksichtigung der europäischen Hilfsmaßnahmen.
3. Stellen Sie die *Funktionsweise des ESM* an einem Beispiel dar.
4. Definieren sie die folgenden *Begriffe* und grenzen Sie sie voneinander ab: Europäische Zentralbank (EZB), Europäischen Systems der Zentralbanken (ESZB), Eurosystem, Eurozone, EWWU, Nationale Zentralbanken (NZB).
5. Die EZB kann ihr primäres Ziel der Preisstabilität nicht direkt erreichen. Beschreiben Sie einen möglichen *Transmissionsprozess* (geldpolitische Steuerungskette) in der derzeitigen wirtschaftlichen Situation.

6. Beschreiben Sie zwei unterschiedliche Situationen, in denen *Instrumente der Offenmarktpolitik* wirkungsvoll eingesetzt werden könnten.
7. *These*: „Wir benötigen einen dEuro so schnell wie möglich!" Stellen Sie *Pro- und Contra-Argumente* einander gegenüber und ziehen dann ein begründetes Fazit.

Vernetzende Aufgabe – recherchieren, analysieren, beurteilen

Worin bestehen die wesentlichen Unterschiede zwischen der internationalen Finanzkrise und der Eurokrise und wie können derartige Finanzkrisen zukünftig verhindert werden?

Literatur

Literatur Kapitel 6[12]

Deutsche Bundesbank (2021) Die geldpolitische Strategie des Eurosystems, in: Monatsbericht, September 2021, S. 17–62

Deutsche Bundesbank (2023) Von der monetären Säule zur monetären und finanziellen Analyse; in: Monatsbericht der Deutschen Bundesbank, Januar 2023, S. 15–53

Dierks, L. (2022) Geldpolitik, Wiesbaden, 2022

Europäischer Rechnungshof (2023) Sonderbericht: EU-Aufsicht über Kreditrisiken von Banken. https://www.eca.europa.eu/ECAPublications/SR-2023-12/SR-2023-12_DE.pdf

Fendel, R./ Frenkel, M. (2004) Die Europäische Zentralbank im Wandel; in: WISU Nr. 4/2004, S. 458 ff.

Obermeyer, B. (2023) Central Bank Digital Currency. Was Sie über CBDC wissen müssen; in Computerwoche vom 07.02.2023. https://www.computerwoche.de/article/2798922/was-sie-ueber-cdbc-wissen-muessen.html

O'Neal, S. (2018) Staatliche Digitalwährung: Länder die das Konzept anwenden, ablehnen und erforschen, 19.07.2018. https://de.cointelegraph.com/news/state-issued-digital-currencies-which-adopted-rejected-or-researched-the-concept

Sachverständigenrat (2012/1) Verantwortung für Europa wahrnehmen. Jahresgutachten 2011/2012. https://www.sachverstaendigenrat-wirtschaft.de/fileadmin/dateiablage/download/gutachten/ga11_ges.pdf

Sachverständigenrat (2012/2) Nach dem EU-Gipfel: Zeit für langfristige Lösungen nutzen. Sondergutachten vom 5.12.2012. https://www.sachverstaendigenrat-wirtschaft.de/fileadmin/dateiablage/download/publikationen/sg2012.pdf

---

[12] Letzter Zugriff auf die unter „Literatur" und „Links" genannten Internetquellen jeweils 03/2025.

Schreiber, M. / Zydra, M. (2022/1) Sieg für die Lobby, SZ vom 09.11.2022. (2022/2) Das ist eine fragile Situation, SZ vom 27.12.2022. (2023/1). Gut besucht, SZ vom 16.02.2023. (2023/2) Defizite in der Chefetage, SZ vom 20.02.2023

Seth, S. (2023) What Is a Central Bank Digital Currency (CBDC)? 18-04.2023 https://www.investopedia.com/terms/c/central-bank-digital-currency-cbdc.asp

Links

APP: https://www.bundesbank.de/en/service/school-service/animation-videos/asset-purchase-programmes-and-quantitative-easing-882626; https://www.ecb.europa.eu/mopo/implement/app/html/index.en.html

Basel III: https://www.consilium.europa.eu/de/policies/basel-iii/

Bankenunion: https://www.consilium.europa.eu/de/policies/banking-union/

CBDC: https://www.atlanticcouncil.org/cbdctracker/

Digitaler Euro: https://www.ecb.europa.eu/paym/digital_euro/html/index.de.html

ESM: https://www.bundesfinanzministerium.de/Content/DE/FAQ/europaeischer-stabilitaets-mechanismus-esm.html

EU Vertrag: https://eur-lex.europa.eu/legal-content/EN/TXT/?uri=CELEX%3A02016L%2FTXT-20151225; Artikel 127 und 130

Finanzkrise/Eurokrise: http://www.tagesschau.de/wirtschaft/chronologiefinanzmarktkrise100.html; https://de.wikipedia.org/wiki/Eurokrise

Kryptowährung: https://www.bsi.bund.de/DE/Themen/Verbraucherinnen-und-Verbraucher/Informationen-und-Empfehlungen/Technologien_sicher_gestalten/Blockchain-Kryptowaehrung/blockchain-kryptowaehrung_node.html

Mindestreserven: https://www.ecb.europa.eu/ecb-and-you/explainers/tell me/html/minimum_reserve_req.de.html

OMT: https://www.bpb.de/kurz-knapp/lexika/das-europalexikon/309397/bundesverfassungsgerichtsurteil-zum-omt-programm/

Auslandsverschuldung der Entwicklungsländer

Inhaltsverzeichnis

7.1 Situation und Indikatoren der Auslandsverschuldung – 181

7.2 Ursachen – 191

7.3 Lösungsansätze für Verschuldungsprobleme – 193
7.3.1 Umschuldungen – 193
7.3.2 Schuldenreduzierung – Schuldenerlass – 195
7.3.3 Schuldentausch – 196
7.3.4 Common Framework – 198

7.4 Wirtschaftsreformen – 200

7.5 Lernkontrolle – 205

Literatur – 207

© Der/die Autor(en), exklusiv lizenziert an Springer Fachmedien Wiesbaden GmbH, ein Teil von Springer Nature 2025
E. Koch, *Internationale Währungs- und Finanzbeziehungen*, Studienwissen kompakt, https://doi.org/10.1007/978-3-658-48712-6_7

> **Lernagenda**
>
> **Folgende Fragen werden in Kapitel 7 beantwortet:**
> - Warum sind viele *Entwicklungsländer* vorwiegend in *Fremdwährung verschuldet*?
> - Welche *Folgen* kann eine zu *hohe Auslandsverschuldung* für das betreffende Land haben?
> - Warum ist die *Schuldendienstquote ein wichtiger Indikator* für eine mögliche Überschuldung?
> - Welche Möglichkeiten bestehen für *Entwicklungsländer Devisen* zu erhalten?
> - Welche Bedeutung hat die *Gläubigerstruktur* für die *Verschuldungssituation* eines Landes?
> - Welche *Lösungsansätze* für *kritische Verschuldungssituationen* werden derzeit verfolgt?

Die Auslandsverschuldung der Entwicklungsländer in *Fremdwährung*, meist in US$, begann in den 1970er-Jahren sprunghaft zuzunehmen und entwickelte sich Anfang der 1980er-Jahre zu einem Problem, als eine zunehmende Anzahl hoch verschuldeter Länder, vorwiegend – aber nicht nur – in Lateinamerika, nicht mehr in der Lage war, ihren Schuldendienstverpflichtungen vereinbarungsgemäß nachzukommen. Diese zunächst als *Schuldenkrise der Dritten Welt* und später als *Schuldenkrise Lateinamerikas* (vgl. ▶ Abschn. 3.3) bezeichnete kritische Situation konnte in den folgenden Jahren zwar entschärft werden. Sie wurde jedoch nie vollständig behoben und stellt nach wie vor für viele Schuldnerländer ein erhebliches Problem dar.

Entwicklungsländer
Sehr häufig werden die Länder dieser Erde nach der Höhe ihres Bruttonationaleinkommens (BNP) pro Kopf (Pro-Kopf-Einkommen), umgerechnet in US$, in verschiedene Gruppen eingeteilt. Die Weltbank unterscheidet vier Ländergruppen, von denen die ersten drei – die LICs und MICs – üblicherweise als Entwicklungsländer (*developing economies*) bezeichnet werden.[1]

---

1 Alternativ zur Bezeichnung Entwicklungsländer wird vielfach auch die Bezeichnung „Länder des Globalen Südens" verwendet.

7.1 · Situation und Indikatoren der Auslandsverschuldung

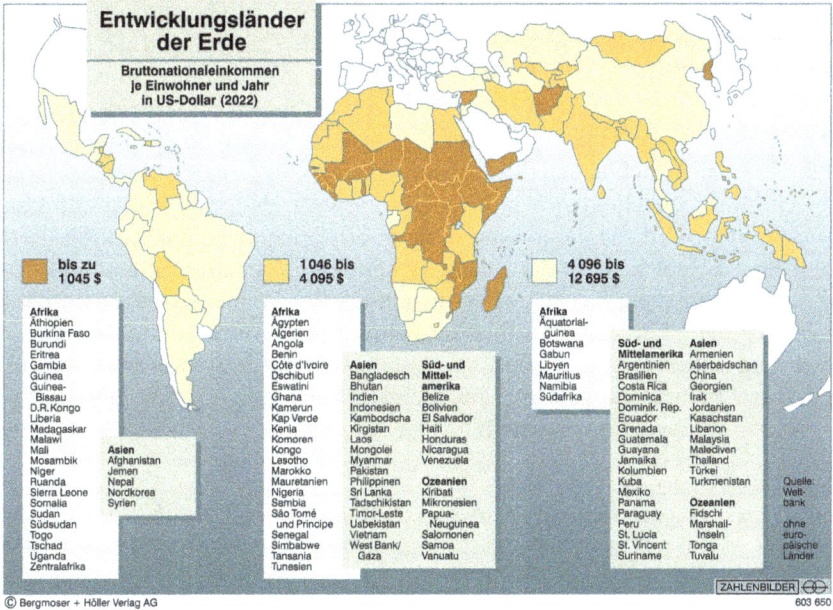

■ **Abb. 7.1** Entwicklungsländer. (Quelle: Zahlenbilder/Weltbank)

Die für die Einteilung verwendeten Indikatoren werden regelmäßig angepasst – die in ■ Abb. 7.1 verwendeten Werte galten noch für 2022.

Die folgenden Werte werden für das Jahr 2025 zugrunde gelegt und basieren auf Daten von 2023:
- Low Income Countries (LICs) verfügen über ein Pro-Kopf-Einkommen bis 1.145 US$ pro Jahr (p.a.).
- Lower Middle-Income Countries (Low/MICs): bis 4.515 US$ p.a.
- Upper Middle-Income Countries (Upper/MICs): bis 14.005 US$ p.a.
- High Income Countries (HICs): über 14.005 US$ p.a.

7.1 Situation und Indikatoren der Auslandsverschuldung

Das öffentliche Interesse an dieser Problematik schwankt erheblich. Einerseits hat sich derzeit – trotz einer insgesamt weiter ansteigenden durchschnittlichen Auslandsverschuldung – die Belastungssituation bei einigen hoch verschuldeten Entwicklungsländern entspannt. Auch haben die Banken inzwischen Vorsorgemaßnahmen getroffen und höhere Rückstellungen gebildet bzw. die Risiken breiter gestreut, sodass diese besser kalkulierbar werden. Zudem wurden sowohl die internationale Zusammenarbeit als auch die Krisenprävention intensiviert, sodass sich die Gefahr globaler Verschuldungskrisen von Entwicklungsländern tendenziell verringert hat. Andererseits befand sich auch 2024 eine größere Anzahl hoch verschuldeter Länder immer noch in einer kritischen Lage.

Die Möglichkeiten, sich in eigener nationaler Währung im Ausland zu verschulden, sind für die meisten Länder erheblich eingeschränkt. Sie sind nur dann gegeben, wenn die ausländischen Gläubiger der Auffassung sind, dass die gebotenen Zinsen das (wahrscheinliche) Währungsrisiko kompensieren können. Für viele Entwicklungsländer ist eine Verschuldung in Fremdwährung daher gängige Praxis, dies gilt vor allem für Schwellenländer, für die diese Finanzierungsform eine wichtige Voraussetzung für ihre „nachholenden Entwicklung" darstellt.

Auslandsverschuldung

Private oder öffentliche Kreditnehmer werden sich dann in fremder Währung im Ausland verschulden, wenn der Finanzierungsbedarf durch den inländischen Kapitalmarkt nicht gedeckt werden kann oder die Finanzierungsbedingungen in Fremdwährung günstiger erscheinen. Insbesondere werden sie sich dann in fremder Währung verschulden, wenn Importe in Devisen bezahlt werden müssen und die im Land verfügbaren Devisenbestände hierfür nicht ausreichen. Auf nationaler Ebene müssen etwa Leistungsbilanzdefizite finanziert werden, wenn dies aufgrund der eigenen Exportschwäche oder wegen eines entwicklungsbedingt großen Importbedarfs nicht auf andere Art und Weise möglich ist. Fremdwährungskredite werden vom Schuldnerland in konvertiblen Währungen, meist in US$ oder Euro, aufgenommen. Dies geschieht entweder direkt bei privaten oder öffentlichen Banken oder indirekt, indem das Land Auslandsanleihen in Fremdwährung emittiert und diese internationalen Anlegern über internationale Banken anbietet. Dies ist dann erfolgreich, wenn eine genügende Anzahl von Käufern dieser Anleihen gefunden wird. In jedem Fall muss aber der Schuldendienst (Zins- und Tilgungszahlungen) in konvertibler Währung geleistet werden. Die Verschuldung in Fremdwährung muss also deutlich unterschieden werden von der Verschuldung in nationaler Währung, bei der die für den Schuldendienst benötigten Mittel prinzipiell von der eigenen Zentralbank bereitgestellt werden können.

Insbesondere ab Mitte der 1970er-Jahre begann das Gesamtvolumen der Auslandsverschuldung ungewöhnlich stark anzusteigen und betraf immer mehr Länder. Auch nach dem Ausbruch der Schuldenkrise 1982, bei der die gesamte Auslandsverschuldung der Entwicklungsländer schon 800 Mrd. US$ überschritten hatte, stieg die Brutto-Auslandsverschuldung bis Mitte der 1990er-Jahre zunächst weiter stark an und betrug 1996 bereits 2 Bio. US$. Die verschiedenen internationalen Finanzkrisen führten dann, auch bedingt durch die gestiegene Zurückhaltung der privaten Kreditgeber, zunächst zu einem langsameren Anstieg. 2010 betrugen die gesamten Schulden der

7.1 · Situation und Indikatoren der Auslandsverschuldung

Entwicklungsländer etwa 4,2 Bio. US$, um sich dann bis 2023 auf fast 9 Bio. US$ (!) (6,4 Bio. US$ ohne China) noch einmal zu verdoppeln.[2]

Können die Auslandsschulden ordnungsgemäß bedient werden, stellt auch eine ansteigende Auslandsverschuldung meist kein größeres Problem dar. Diese Situation war aber bereits seit Beginn der 1980er-Jahre in vielen Ländern nicht (mehr) gegeben. Die absolute Höhe der Auslandsverschuldung eines Landes sagt dabei nur wenig aus. Die Zahlen werden erst dann aussagekräftig, wenn sie zu anderen ökonomischen Daten der betreffenden Volkswirtschaft in Beziehung gesetzt werden. Durch diese *Indikatoren* können Aussagen darüber gemacht werden, ob die Verschuldung für das Land gegebenenfalls zu hoch ist und möglicherweise *Schuldendienstprobleme* entstehen werden. Folgende Indikatoren sind besonders zu beachten:

- Das Verhältnis von *Auslandsschulden zum Bruttoinlandsprodukt* (BIP) weist auf die gesamtwirtschaftliche Belastung und Belastungsfähigkeit des Landes hin. Die kritische Grenze wird hier bei *> 40 %* gesehen.
- Das Verhältnis von *Auslandschulden zu den jährlichen Exporteinnahmen* (Güter und Dienstleistungen) wird als **Schuldenquote** bezeichnet. Läge die Quote bei 100 %, so bedeutete dies, dass das betreffende Land – theoretisch – erst dann seine Schulden zurückbezahlt hätte, wenn es sämtliche Exporterlöse eines Jahres für die Schuldenrückzahlung verwendete, ohne irgendwelche Importe getätigt zu haben. Eine kritische Grenze wird hier erst bei einer Quote von *> 150 %* gesehen.
- Das Verhältnis von *Schuldendienst zu den jährlichen Exporteinnahmen,* die **Schuldendienstquote,** gilt als wichtigster Indikator, da die für den Schuldendienst benötigten Devisen dann nicht mehr für die meist dringend benötigten Importe zur Verfügung stehen. Als kritische Grenze wird eine Quote von *> 15 %* gesehen. Da allerdings die Mehrzahl der Entwicklungsländer Handelsbilanzdefizite, also mehr Importe als Exporte, aufweist, können in diesen Fällen schon weitaus geringere Schuldendienstquoten zu ernsthaften Versorgungsproblemen im Land führen, wenn diese Finanzierungslücke nicht anderweitig ausgeglichen werden kann. Vgl. hierzu ◘ Abb. 7.2.[3]

---

2 World Bank (2005), (2024) pp. 73, 103. Die Daten basieren auf den Angaben von derzeit 121 Ländern, die regelmäßig an die Weltbank im Rahmen ihres *Debt Reporting Systems* (DRS) berichten.

3 Diese Werte basieren auf dem Konzept der Schuldentragfähigkeit. Mit *Schuldentragfähigkeitsanalysen* (DSA) wird überprüft, ob ein Land seine Schulden langfristig bedienen kann, ohne dass seine wirtschaftliche Stabilität gefährdet wird.

	Stufen der Überschuldung (jeweils in %)			
	Keine Gefahr	Erste Stufe	Zweite Stufe	Dritte Stufe
Auslandschulden / BIP	< 40	40 - 60	> 60 - 80	> 80
Auslandsschulden / jährliche Exporteinnahmen (Schuldenquote)	< 150	150 - 225	> 225 - 300	> 300
Schuldendienst / jährliche Exporteinnahmen (Schuldendienstquote)	< 15	15 - 22,5	> 22,5 - 30	> 30

◘ **Abb. 7.2** Stufen der Überschuldung. (Quelle: Misereor (2024) S. 19)

Vergleicht man die Situation der Entwicklungsländer insgesamt, also der LICs und MICs, derzeit ca. 120 Länder, so stiegen die Indikatoren zwischen 2010 und 2023 laufend an. Die leichte Verbesserung der Indikatoren ab 2023 lässt sich vorwiegend auf die – nicht inflationsbereinigte – tendenzielle Verbesserung des Bruttonationalprodukts (BNP) nach Beendigung der Corona-Pandemie, aber nicht auf eine Verringerung der Schuldenlast, zurückführen:

- Die *Auslandschulden bezogen auf das BNP* blieben in dieser Periode zwar weitgehend gleich und schwankten um die 25 %, klammert man jedoch China aus, lag dieser Indikator bereits bei 36 %.
- Die *Schuldenquote* der Entwicklungsländer, also das Verhältnis von *Auslandschulden zu den jährlichen Exporteinnahmen*, stieg von 2010 bis 2023 von 80 % auf 96 %, während
- die *Schuldendienstquote* im gleichen Zeitraum deutlich von 9 % auf 15 % anstieg. Vgl. ◘ Abb. 7.3.

Während die Bestandsindikatoren nur tendenziell eine kritische Verschuldungssituation anzeigen, zeigt die *Schuldendienstquote* die Notwendigkeit für die Schuldnerländer in einem erheblichen Umfang Deviseneinnahmen zu erzielen. So belief sich der gesamte Schuldendienst, also Zins- und Tilgungszahlungen in ausländischer Währung, der LICs und MICs (ohne China) 2023 auf fast 1 Bio. US$. Dies bedeutet eine Verdopplung innerhalb von 10 Jahren.[4]

---

4 Vgl. World Bank (2024) p. 22.

7.1 · Situation und Indikatoren der Auslandsverschuldung

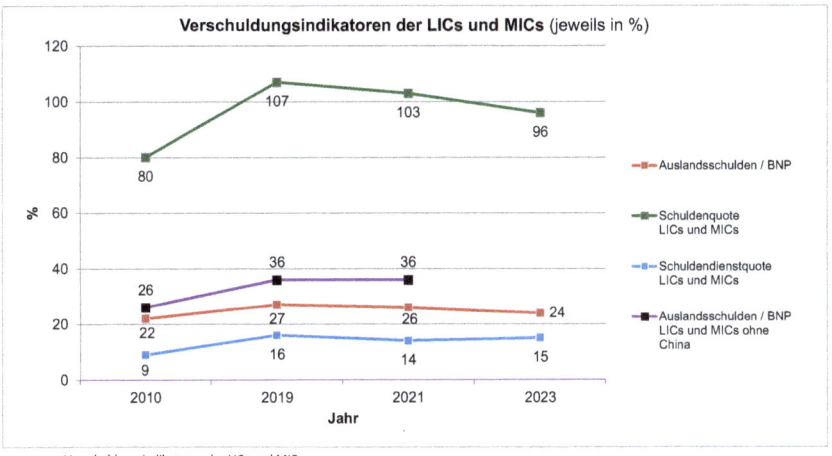

 Abb. 7.3 Entwicklung der Verschuldungsindikatoren in Entwicklungsländern. (Quellen: World Bank: International Debt Report 2022 und 2024, eigene Darstellung)

Betrachtet man unterschiedliche Entwicklungsländergruppen, wie z. B. die afrikanischen Länder südlich der Sahara, stellt sich die Entwicklung der Indikatoren in den Jahren zwischen 2010 und 2023 allerdings problematischer dar:
- Die *Auslandsschulden bezogen auf das BIP* verdoppelten sich auf 44 % und
- auch die *Schuldenquote* verdoppelte sich auf nun 170 %, während sich
- die *Schuldendienstquote* von 5 % auf 16 % verdreifachte.

Damit liegen bei dieser Gruppe alle drei Indikatoren bereits im kritischen Bereich. Vgl. Abb. 7.4.

Schaut man einzelne Länder an, so ergibt sich folgendes Bild:
- *Misereor* bewertete die Verschuldungssituation von 84 der untersuchten 152 Länder (55 %) als kritisch oder sehr kritisch (Stand: Ende 2022).
- Die Weltbank bewertet dagegen regelmäßig die Verschuldungssituation von 68 Ländern, für die *Schuldentragfähigkeitsanalysen* (*Debt Sustainability Analyses*, DSA) durchgeführt wurden. Danach sind 51 % dieser Ländergruppe überschuldet oder befinden sich in einer kritischen Situation (vgl. Abb. 7.5).[5]

---

5   Quellen: Misereor (2024); World Bank (2024).

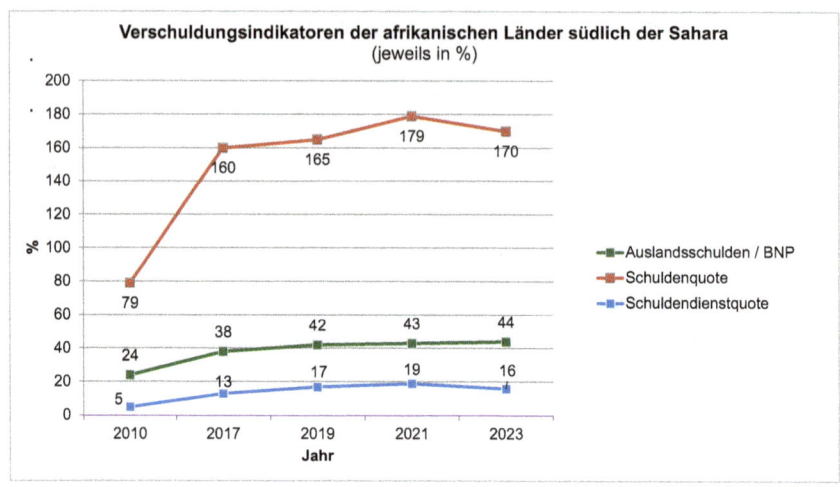

Abb. 7.4 Verschuldungsindikatoren in afrikanischen Ländern südlich der Sahara. (Quellen: World Bank: International Debt Report 2022 und 2024, eigene Darstellung)

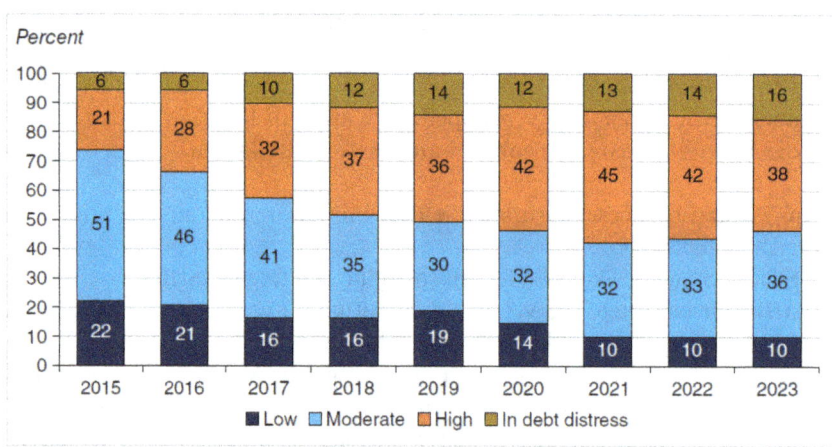

Abb. 7.5 Prozentsatz der Länder in einer kritischen Verschuldungssituation. (Quelle: World Bank (2024) International Debt Report, p. 18)

7.1 · Situation und Indikatoren der Auslandsverschuldung

Die hohen Ausgaben für den Schuldendienst führen in allen Fällen dazu, dass sich die öffentlichen Leistungen der betreffenden Länder für alle anderen Bereiche entsprechend verringern. UNCTAD zufolge leben heute mehr als 3,3 Mrd. Menschen – fast die Hälfte der Menschheit – in Ländern, die mehr für die Begleichung ihres Schuldendienstes ausgeben als für Bildung *oder* Gesundheit.[6] Diese Überlegungen berücksichtigen aber noch nicht die Tatsache, dass Länder, deren Schuldensituation und insbesondere deren Schuldendienstquote als kritisch angesehen wird, diese Schuldendienstleistungen häufig gar nicht erbringen können. Dazu muss zunächst überlegt werden, auf welche Weise diese Länder Devisen erhalten:

(1) Eine Steigerung der *Netto-Exporte*, also ein Überschuss in der Handels- oder Dienstleistungsbilanz und damit i. d. R. auch in der Leistungsbilanz, würde zu einem Netto-Zufluss von Devisen führen. Dies bedeutet, dass die Deviseneinnahmen aus dem Export von Gütern oder von Einnahmen aus Dienstleistungen, etwa aus dem Tourismussektor, die Ausgaben für entsprechende Ausgaben übersteigen. Die Realität zeigt jedoch, dass die meisten Entwicklungsländer eher ein Leistungsbilanzdefizit aufweisen, also mehr für ihre Importe ausgeben als sie für ihre Exporte an Devisen erhalten.

(2) Die größte Bedeutung für Devisenzuflüsse in Entwicklungsländer haben in der Regel *Direktinvestitionen (FDI)*, wobei diese sehr stark schwanken, da die ausländischen Investoren sehr empfindlich auf nationale und internationale wirtschaftliche und politische Krisensignale reagieren. Zudem konzentrieren sich FDI auf nur sehr wenige Schwellenländer. So entfallen über 80 % aller Auslandsinvestitionen auf nur 25 Länder (meist Industrie- und Schwellenländer).[7] Berücksichtigt man China bei der Betrachtung der LICs und MICs nicht, so hat sich zudem die Bedeutung der FDI als Devisenquelle seit Beginn der 2010er-Jahre deutlich verringert (vgl. ◐ Abb. 7.6).

---

6 Vgl. UNCTAD 2024, p. 18.
7 Vgl. Koch (2022) Kap. 2.

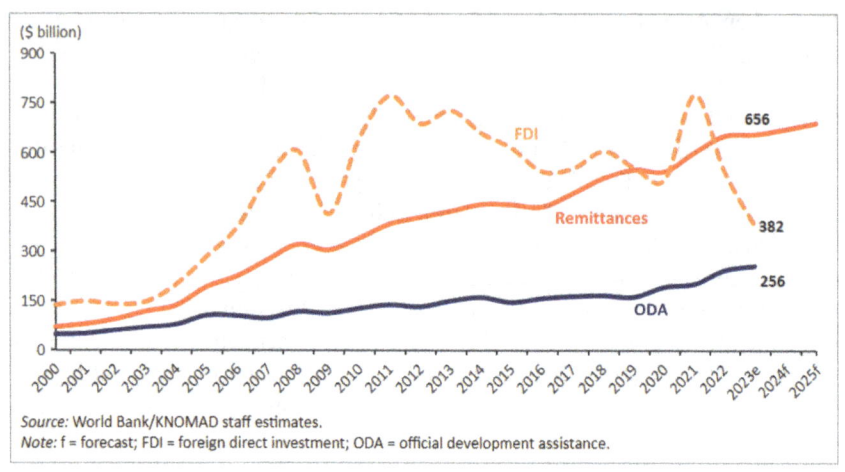

Abb. 7.6 Kapitalzuflüsse in Entwicklungsländer (ohne China) in Mrd US$. (Quelle: World Bank (2024/1))

(3) Eine weitere Möglichkeit besteht in *Portfolioinvestitionen* ausländischer Kapitalanleger, also einem Zufluss von Devisen durch ausländische Aktien- und Anleihenkäufe. Allerdings schwanken auch diese sehr stark und werden bei dem Auftreten von Krisensymptomen meist schnell wieder aus den betreffenden Ländern abgezogen. Zudem konzentrieren sich auch diese Finanzströme in erster Linie auf prosperierende Schwellenländer mit gut funktionierenden Kapitalmärkten.

(4) Viele Entwicklungsländer profitieren von *internationaler Entwicklungszusammenarbeit* (*Official Development Assistance*, ODA). Durch ODA werden z. T. *Schenkungen (grants) gewährt*, etwa Zuschüsse zum Staatshaushalt oder ein Erlass öffentlicher Schulden. Durch *Technical Assistance* (TA) fließen ebenfalls nicht rückzahlbare Leistungen in Form von Devisen in die betreffenden Länder. Zudem sind viele Länder Nutznießer von konzessionären Entwicklungskrediten. Auch diese müssen aber i. d. R. zurückgezahlt werden, sodass die Tilgung und die (meist geringen) Zinszahlungen wiederum Teil des Schuldendienstes sind. Das Gesamtvolumen der ODA steigt permanent an und liegt derzeit bei etwa 250 Mrd. US$ pro Jahr, etwa einem Viertel der gesamten Schuldendienstleistungen für das Jahr 2024 (s.o.).

(5) Zu der wichtigsten Quellen für Devisenzuflüsse in den letzten zwanzig Jahren haben sich *Remittances* entwickelt, also Rücküberweisungen von im Ausland arbeitenden inländischen Arbeitskräften. Mit einem jährlichen und zudem wachsendem Volumen von derzeit über 650 Mrd. US$ zählen sie für viele Entwicklungsländer inzwischen zu einer der größten Deviseneinnahmequellen (vgl. ◘ Abb. 7.6). Hinzu kommen noch geschätzt über 200 Mrd. US$, die durch globale informelle Finanzsysteme transferiert werden (vgl. *Links*: Hawala).

Remittances
Überweisungen von im Ausland tätigen (Arbeits-) Migranten an ihre Familien im Heimatland wurden in ihrer Bedeutung lange unterschätzt. Erst in den letzten Jahren wurden sie international immer mehr beachtet. Dies hängt vor allem mit ihrer Entwicklung zusammen: Die meist zwar geringen, dafür aber regelmäßig fließenden Einzelbeträge leisten in vielen Entwicklungsländern einen erheblichen Beitrag zum Devisenzufluss und können in Einzelfällen mehr als 25 % des Bruttoinlandsprodukts (BIP) erreichen. Zwar entfallen knapp zwei Drittel aller Geldzuflüsse auf nur 10 Entwicklungsländer, andererseits flossen mehr als 80 Ländern mindestens jeweils 1 Mrd. US$ jährlich zu.

(6) Zwar können für den Schuldendienst vorübergehend auch vorhandene *Währungsreserven* genutzt werden. Es liegt aber auf der Hand, dass dies nur eine Übergangslösung darstellen und nur bei den wenigen Ländern, die über entsprechende Reserven verfügen, eine gewisse Rolle spielen kann.

(7) Reichen die auf diese Weise mobilisierbaren Devisen nicht aus, so können die Auslandsverbindlichkeiten nur durch *neue Kreditaufnahmen* im Ausland finanziert werden. Werden diese von privaten ausländischen Kreditgebern bereitgestellt, kalkulieren diese Risikozuschläge ein, deren Höhe von ihrer speziellen Länderbewertung abhängt. In jedem Fall erhöht sich aber durch zusätzliche Kredite die Auslandsverschuldung weiter, sodass eine Schuldenspirale in Gang kommt, die letztlich zur Überschuldung bzw. Zahlungsunfähigkeit des betreffenden Landes führen kann. Befindet sich ein Land jedoch schon in einer kritischen Situation ist die Möglichkeit zunehmender Verschuldung zudem eingeschränkt. So ist der leichte Rückgang der Bestandsindikatoren zwischen 2020 und 2023 auch darauf zurückzuführen, dass Schuldnerländer wegen mangelnder Refinanzierungsmöglichkeiten vielfach zu Nettotilgungen, also zu einem Abbau der Verschuldung, gezwungen waren.

Für die Beurteilung der Verschuldung ist auch die **Gläubigerstruktur** von erheblicher Bedeutung. *Öffentliche Gläubiger,* wie IWF, Weltbank oder ausländische Regierungen, vergeben Kredite – wie erwähnt – vielfach zu konzessionären Bedingungen. Diese Kredite sind meist mit festen, niedrigen Zinssätzen, langer Laufzeit und tilgungsfreien Jahren *(grace period)* ausgestattete *soft loans,* sodass die Schuldendienstbelastung für solche Kredite, zumindest in der Anfangsphase, vergleichsweise niedrig ist. Handelt es sich dagegen um *private Gläubiger,* muss unterschieden werden, ob es sich um Kredite bei Geschäftsbanken oder um vom Schuldnerland emittierte Anleihen *(bonds)* handelt. Geschäftsbankenkredite werden zu marktüblichen Konditionen vergeben. Die Zinsen sind im Allgemeinen höher als bei öffentlichen Krediten und meist auch variabel, d. h. sie ändern sich mit dem allgemeinen Zinstrend, und die Laufzeiten sind, auch bei langfristigen Krediten, meist deutlich kürzer. Handelt es sich um Anleihen so sind auch hier die Zinsen, je nach der Länderbewertung des betreffenden Landes *(rating)* höher, während die Zinsen in der Regel nicht variabel sind.

◨ Abb. 7.7 zeigt die Entwicklung der Schuldner- und Gläubigerstruktur bei den Auslandsschulden der Entwicklungsländer. Hierbei fällt vor allem der hohe und teilweise noch zunehmende Anteil der privaten Gläubiger, der Banken und der Anleihegläubiger, sowie der ebenfalls relativ hohe Anteil der

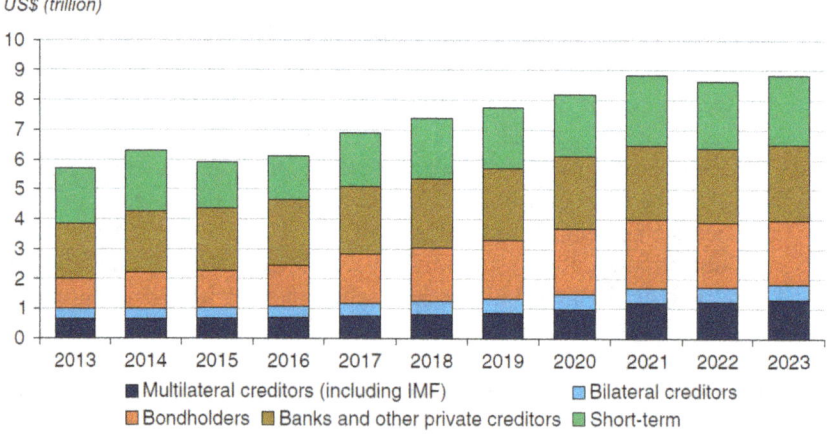

Source: World Bank International Debt Statistics database.
Note: IMF = International Monetary Fund.

◨ **Abb. 7.7** Gläubigerstruktur der Auslandsschulden von Entwicklungsländern. (Quelle: World Bank (2024) International Debt Report 2024, p. 5)

kurzfristigen Schulden auf. Nur relativ wenige Gläubiger sind ausländische Regierungen oder multilaterale Institutionen, wie etwa der IWF und die Weltbank, bei denen *soft loans* überwiegen. Daraus resultiert nicht nur eine hohe Abhängigkeit der Schuldnerländer von den wechselnden Finanzmarktkonditionen, sondern ganz konkret auch eine absolute Zunahme von Schuldendienstleistungen mit der Gefahr neuer Schuldenkrisen, die wiederum ökonomische und politische Krisen nach sich ziehen.

Zusammenfassend lässt sich damit feststellen, dass nicht nur die Auslandsverschuldung der Entwicklungsländer absolut zugenommen hat, sondern dass sich auch die Indikatoren insgesamt verschlechtert haben. Dies wird besonders deutlich, wenn einzelne Ländergruppen betrachtet werden und die Situation einzelner Länder analysiert wird. Zum einen haben hohe Schuldendienstleistungen in den meisten Fällen Kürzungen der Staatsausgaben in entwicklungspolitisch besonders sensiblen Bereichen zur Folge. Zum anderen können Rückzahlungsprobleme auch Finanzkrisen zur Folge haben, etwa dann, wenn private Gläubiger ihre Engagements in den betreffenden Ländern oder Regionen beenden und ihre Gelder abziehen.

7.2 Ursachen

Die meisten Schuldnerländer benötigen Devisenkredite – wie erwähnt – zum Ausgleich von Leistungsbilanzdefiziten, die häufig strukturell bedingt sind: Die Exportpreise sinken bei steigenden Importpreisen, sodass sich ein bereits bestehendes *Leistungsbilanzdefizit* vergrößert. Diese Entwicklung wird im Übrigen auch stark von der Handelspolitik der Industriestaaten beeinflusst: Durch *nicht-tarifäre Handelshemmnisse*, wie etwa Einfuhrkontingente, *tarifäre Hindernisse*, etwa Importzölle, oder *Exportförderungsmaßnahmen* werden Drittländer diskriminiert.[8] Die Corona Pandemie und später der Angriffskrieg Russlands gegen die Ukraine verschlechterten die ohnehin schwierige Ausgangslage für viele Entwicklungs- und Schwellenländer seit 2021/22 noch weiter: Der starke Anstieg der Grundnahrungsmittel- und Energiepreise führte in vielen Ländern zu einem weiteren Anstieg vorhandener Leistungsbilanzdefizite und damit zu neuen Kreditaufnahmen.

---

8 Vgl. Koch (2023) S. 135 ff.

Eine weitere Ursache sind *Haushaltsdefizite*, die durch mangelnde Ausgabendisziplin des Staates bzw. die zu geringe Bereitschaft, ein adäquates Steuersystem durchzusetzen, durch das ausreichende Staatseinnahmen bereitgestellt werden könnten, ausgelöst werden. Versucht der Staat die Defizite durch Zentralbankkredite, also mit nationaler Währung, zu finanzieren, führt die damit verbundene Geldschöpfung zu steigender Inflation mit negativen Folgen für die Wirtschaft und die Bevölkerung.

In vielen LICs sind die *Finanzmärkte* noch zu schlecht integriert. Finanzinstitute konzentrieren ihre Aktivitäten auf das städtische und das internationale Bankgeschäft. Staatliche Regulierungen, wie etwa Höchstzinssätze für Kredite oder Spareinlagen, senken zudem die Bereitschaft der Banken sich stärker in dem kostenintensiven, mehr Flexibilität und Innovationsbereitschaft erfordernden Einlagengeschäft zu engagieren. Mangelnde Möglichkeiten vor allem für Kleinsparer in ländlichen Gebieten Spareinlagen zu deponieren sowie hohe Transaktionskosten und niedrige Einlagenzinsen bei häufig hohen Inflationsraten bewirken, dass den inländischen Finanzmärkten zu wenig Kapital zur Verfügung gestellt wird. Zusätzlich unterminieren bürokratische Bankprozeduren, Korruptionsanfälligkeit und Mängel der staatlichen Bankenaufsicht das Vertrauen potenzieller Sparer in ihr lokales Bankensystem. Diese Bedingungen begannen sich zwar seit den 1990er-Jahren durch die neuen „*Basel-Regeln*" zu ändern und führten in etlichen Staaten auch zu steigendem Kapitalaufkommen, dies gilt aber keineswegs für alle Entwicklungsländer und vor allem nicht die ländlichen Regionen.

Aus diesen Gründen und angesichts der häufig unsicheren wirtschaftlichen und politischen Verhältnisse entziehen potente inländische Kapitalbesitzer ihr Kapital dem inländischen Markt durch *Kapitalflucht*, um es im (sichereren) Ausland anzulegen. Nach verschiedenen Schätzungen dürfte der Umfang der Kapitalflucht (*illicit financial flows*) zwischen 200 und über 800 Mrd. US$ pro Jahr (!) betragen.[9] Ein besonderes Problem stellt hierbei zusätzlich die weit verbreitete *Korruption* dar: Staatliche Fremdwährungskredite wandern dabei zum Teil illegal in die Taschen von Vertretern des Staates, die dieses Geld dann wieder privat auf ausländischen Konten anlegen. Damit vergrößern sich die Auslandsschulden, während die abgezweigten Devisen zur Bedienung der Auslandsschulden fehlen.

---

9 Vgl. u. a. Sundaram (2022), Verdad (2023), ifW (2020) sowie *Links*: Illicit Financial Flows.

Bei der *Kreditverwendung* berücksichtigen die öffentlichen Schuldner häufig nicht, dass die durch Devisen finanzierten Vorhaben zumindest indirekt dazu beitragen müssen, die für den Schuldendienst benötigten Devisen zu „verdienen". So werden im Ausland aufgenommene und in Devisen zurückzubezahlende Kredite vielfach für inländische Belange verwendet, etwa für die Sanierung defizitärer Staatsbetriebe, die Subventionierung von Grundnahrungsmitteln oder für wenig rentable oder überdimensionierte Infrastruktur- und Energievorhaben (Kraftwerksbauten, Staudammprojekte, Flughäfen, Autobahnen), für Prestigeprojekte (Regierungspaläste, Opernhäuser), sog. *white elephants*, oder für Rüstungsgüter. Hierdurch werden wiederum Folgekosten und auch weitere Importe ausgelöst, die zu einem zusätzlichen Devisenabfluss bzw. zu einer erneuten Kreditaufnahme führen.

7.3 Lösungsansätze für Verschuldungsprobleme

Übersteigt die Verschuldung eines Landes kritische Grenzwerte kann dies schnell zu einer Wirtschaftskrise führen. Skeptische ausländische Gläubiger werden Staatsanleihen des Krisenlandes verkaufen bzw. keine neuen Kredite gewähren. Können die Regierungen ihren Schuldendienstverpflichtungen nicht mehr nachkommen, haben sie zumindest temporär keinen weiteren Zugang zu den internationalen Kapitalmärkten. Sie müssen dann versuchen ihre Schulden zu restrukturieren und politische Reformen durchzuführen, um das Vertrauen in ihre Kreditwürdigkeit wiederherzustellen. Hierfür gibt es jedoch keinen allgemein anerkannten Mechanismus. Jede Lösung hängt daher von freiwilligen Vereinbarungen zwischen dem Schuldnerstaat und seinen Gläubigern ab.

7.3.1 Umschuldungen

Während der Schuldenkrise Lateinamerikas 1982 bestand die Gefahr, dass die Banken, die sich in stärkerem Maße in den Problemländern engagiert hatten, illiquide werden würden. Um eine internationale Finanzkrise zu vermeiden, wurde daher versucht die Problemsituation schnell zu lösen und zunächst Liquiditätshilfen für einige besonders gefährdete Länder bereitgestellt, insbesondere für jene, bei denen westliche Banken in besonderem Maße engagiert waren. Ab Mitte 1983 wurden die kurzfristig angelegten Überbrückungsaktionen abgelöst durch ein im Verlauf immer ausgefeilteres *internationales Schuldenmanagement* unter der Führung des IWF. Grundidee dieser Strategie war, dass die Gläubiger sich bereit erklärten, die akute Schuldienstbelastung durch *Umschuldungen* bestehender Zahlungsverpflichtungen zu verringern und den Schuldnerländern gleichzeitig Zugang zu neuen Finanzmitteln zu verschaffen. Im Gegenzug verpflichteten sich diese zur Einhaltung wirtschaftspolitischer Auflagen (*Konditionen*):[10] Private wie öffentliche Gläubiger machen ihre Bereitschaft zu Umschuldungen und neuen Krediten im Regelfall von einer Kreditvereinbarung zwischen dem IWF und dem Schuldnerland abhängig, die eine Art Kreditwürdigkeitsgarantie darstellte. Erst dann begannen die Umschuldungsverhandlungen. Auf diese Weise war der IWF in einer *Schlüsselrolle*, obwohl IWF-Kredite i. d. R. nur einen sehr geringen einstelligen Anteil an der Gesamtverschuldung der Entwicklungsländer ausmachten.

Umschuldungen *(rescheduling* bzw. *restructuring)* sind Vereinbarungen zwischen Gläubiger und Schuldner, mit denen die Bedienung der Restschulden neu geregelt wird. Diese können sich beispielsweise auf die Verlängerung der Kreditlaufzeit und/oder die Gewährung einer zusätzlichen tilgungsfreien Zeit *(grace period)* beziehen. Öffentliche Kreditgeber gewähren bei Umschuldungen häufig auch eine Reduzierung der Kreditzinssätze, während private Gläubiger i. d. R. Zinsaufschläge und Bearbeitungsgebühren verlangen. Wurden in der Anfangszeit meist nur die Fälligkeiten des laufenden Jahres und der aufgelaufenen Rückstände umgeschuldet, vereinbarte man später auch Umschuldungen von Fälligkeiten mehrerer Jahre bei erheblich verlängerten Kreditlaufzeiten. Umschuldungen können auch mit der Gewährung neuer Kredite *(fresh money)* verbunden werden, um es den Schuldnern zu ermöglichen, den in den Umschuldungsverhandlungen vereinbarten Zahlungsverpflichtungen nachzukommen. Bei den IWF-Krediten handelt es sich dabei überwiegend um Mittel, die im Rahmen der verschiedenen Fazilitäten bereitgestellt werden.[11]

---

10 Vgl. ▶ Abschn. 2.3.2 und 7.4.
11 vgl. ▶ Abschn. 2.3.2, insbes. ▶ Abb. 2.4.

7.3 · Lösungsansätze für Verschuldungsprobleme

Pariser Club und Londoner Club

Zahlungsprobleme staatlicher Schuldner werden im Rahmen des *Pariser Clubs* verhandelt, einer bereits seit 1956 bestehenden Vereinigung von derzeit 22 Gläubigerstaaten, die bei Zahlungsschwierigkeiten von Schuldnerländern gemeinsam koordinierte Lösungen zu finden versuchen. Behandelt werden bilaterale staatliche Forderungen gegenüber den Schuldnerländern. Bis 2024 wurden im Rahmen des Pariser Clubs mehr als 430 Umschuldungsabkommen mit einem Gesamtvolumen von knapp 600 Mrd. US$ mit ca. 90 Entwicklungsländern und Schwellenländern abgeschlossen (vgl. *Links*: Pariser Club).

Die Interessengemeinschaft der privaten Gläubigerbanken wird als *Londoner Club* bezeichnet. Hier verhandeln Vertreter der beteiligten Banken, sog. *Lenkungsausschüsse*, über Umschuldungen von privaten Krediten an öffentliche Schuldner. Bereits zwischen 1980 und 1995 wurden durch den Londoner Club mit 52 Ländern Umschuldungsverhandlungen über insgesamt 530 Mrd. US$ abgeschlossen. Da Geschäftsbankenkredite vielfach von Anleihen-Finanzierungen abgelöst wurden, haben Umschuldungsverhandlungen im Rahmen des *Londoner Clubs* inzwischen an Bedeutung verloren.

7.3.2 Schuldenreduzierung – Schuldenerlass

Viele Länder sind jedoch trotz Umschuldung nicht in der Lage, ihren Schuldendienstverpflichtungen nachzukommen, da ihre Schuldendienstquoten zu hoch sind und der Umfang der ins Ausland abfließenden Mittel ihnen keine Möglichkeit für durchgreifende Reformen lässt. Es gab daher immer wieder Versuche einzelner Schuldnerländer, sich ihren Schuldendienstverpflichtungen durch einseitige *Schuldnerstreiks* bzw. eine partielle Aussetzung des Schuldendienstes (*Moratorium*) zu entziehen. Soweit dies auch Verpflichtungen an private Gläubiger betraf, waren diese Versuche, die von einigen lateinamerikanischen Ländern Mitte der 1980er-Jahre praktiziert wurden, wenig erfolgreich. Neben der Tatsache, dass neue Kredite nach einer solchen einseitigen Aussetzung des Schuldendiensts nur zu ungleich höheren Konditionen zur Verfügung gestellt wurden, fielen auch weitere Zusatzkosten an.

Manche Länder sind auch heute nur dann in der Lage, ihren Schuldendienst zu leisten, wenn sie neue Kredite erhalten, die dann aber meist unmittelbar wieder an die Alt-Gläubiger zurückfließen. Da sich hierdurch lediglich die Verschuldung erhöht, werden *Umschuldungen* meist mit verschiedenen Formen einer *Schuldenreduzierung* kombiniert. Zwar scheint dies zunächst nur dann sinnvoll zu sein, wenn die Ursachen des Schuldenproblems beseitigt sind und eine Wiederholung der Entwicklung unwahrscheinlich ist. Andererseits stellt eine hohe Schuldendienstbelastung selbst ein strukturelles Problem dar, das eine Verbesserung der Wirtschaftsstruktur verhindern kann. Schuldenreduzierungsmodelle können *Teilschuldenerlasse,*

Schuldentausch oder eine *Kombination* beider Ansätze vorsehen, wobei auch diese Ansätze i. d. R. an die Durchführung von *Wirtschaftsreformen* gekoppelt sind. Eine Schuldenreduzierung durch öffentliche oder private Gläubiger stellt im Prinzip immer eine Schenkung dar, die vollständig oder zu einem großen Teil aus dem Steueraufkommen des Gläubigerlandes finanziert wird: Bei Schuldenerlassen öffentlicher Gläubiger geschieht dies direkt, meist aus Mitteln der Entwicklungszusammenarbeit (ODA), während bei einer Schuldenreduzierung privater Gläubiger nur der Teil des Betrages indirekt aus öffentlichen Mitteln finanziert wird, der infolge eines verringerten Gewinnausweises der Bank dem Staat an Steuereinnahmen entgeht.

Ein *Schuldenerlass* wird auch derzeit immer wieder von verschiedenen Organisationen gefordert. In Deutschland wurde 2020 die Forderung nach einem generellen Schuldenerlass für den *globalen Süden* vom Bundestag zwar abgelehnt, allerdings sind im Bundeshaushalt Mittel für die Umwandlung von Schulden vorgesehen. So wurde beispielsweise 2022 beschlossen Ägypten, Tunesien, Honduras und Kamerun Schulden im Gesamtumfang von knapp 90 Mio. € zu erlassen (vgl. *Links*: Erlassjahr).

HIPC-Initiative

Für besonders belastete *Highly Indebted Poor Countries (HIPC)* starteten *IWF* und *Weltbank* mit den öffentlichen Gläubigern des *Pariser Clubs* bereits 1996 eine Schuldenreduzierungsinitiative, die *HIPC-Initiative*. Diese umfasste neben bilateralen öffentlichen Krediten erstmals auch Schuldenreduzierungen von *multilateralen Krediten* und war für die Länder bestimmt, deren Verschuldung entweder als „nicht tragfähig" oder „möglicherweise nicht tragfähig" eingestuft wurden. Darüber hinaus müssen die HIPC-Länder berechtigt sein konzessionäre Weltbankkredite zu erhalten und nicht in der Lage sein ihre Auslandsschulden durch traditionelle Schuldenerlassmechanismen zu reduzieren. Ferner müssen sie Nachweise über bereits erfolgte wirtschaftspolitische Reformen erbringen und hierfür ein Strategiepapier zur Armutsbekämpfung (*Poverty Reduction Strategy Paper*) vorlegen. 2023 hatten sich insgesamt 39 Länder für die Teilnahme an der HIPC-Initiative qualifiziert – davon 34 in Afrika – denen bislang rund 100 Mrd. US$ Schulden erlassen wurden.[12]

7.3.3 Schuldentausch

Bei einem Schuldentausch *(debt swap)* werden bestehende Kreditverpflichtungen in Verbindlichkeiten umgewandelt, von denen angenommen wird, dass die sich hieraus ergebenden Verpflichtungen für das Land leichter

---

12 S. a. Allen und Nankani (2004), Andrews (1999), *Links*: HIPC.

zu erfüllen sind. Bei einem *Schulden-Schulden-Tausch (debt-debt swap)* werden bestehende Altschulden in neue Schulden getauscht: So können Bankkredite in Anleihen umgewandelt *(securitization)* und an risikobereite Investoren mit Abschlägen auf dem *Sekundärmarkt* verkauft werden oder es werden alte Schuldtitel in neue Titel mit einem niedrigeren Wert getauscht, die dann durch Dritte, etwa US-Banken, garantiert werden.

Sekundärmärkte
Auf Sekundärmärkten für Schulden von Entwicklungsländern werden verbriefte Schulden dieser Länder zu ihrem jeweiligen, geringeren Marktwert gehandelt, wobei die Differenz zum Nominalwert das Risiko eines Forderungsausfalls widerspiegelt. Geht man davon aus, dass die Schuldner die Zinszahlungen auf den Nominalwert der verbrieften Schulden, also auf 100 %, erbringen, so ergibt sich für Neuerwerber der Bonds, mit einem Marktwert von beispielsweise 70 % des Nominalwerts, eine außerordentlich hohe Rendite, die einen möglichen Ausfall der Tilgungsleistungen auch überkompensieren kann. Dies gilt jedoch nur dann, wenn der Schuldner die Zinsen tatsächlich auch zahlt.
  Grundsätzlich können die Schuldnerländer auf dem Sekundärmarkt ihre Schulden zurückkaufen *(debt buy-back)*, wenn sie die hierfür notwendigen Devisen aufbringen, sodass sie – bei niedrigerem Marktwert – in den Genuss eines *indirekten Schuldenerlasses* kommen. Da Banken aber zu diesem Zweck kaum Kredite vergeben können, weil sie dies gegenüber ihren Eigentümern und den Bankenaufsichtsbehörden nicht verantworten könnten, kommen für die Bereitstellung erforderlicher Kredite praktisch nur multilaterale oder öffentliche Gläubiger in Frage.[13]

Bei einem *Schulden-Eigenkapital-Tausch (debt-equity swap)* erwerben private oder institutionelle Investoren Schuldtitel mit einem Abschlag auf den Nominalwert auf dem Sekundärmarkt. Diese bieten sie der Zentralbank des Schuldnerlandes zum Nominalwert an, mit dem Angebot, die Papiere gegen Kapitalbeteiligungen in dem betreffenden Land zu tauschen, etwa um Unternehmen zu kaufen oder Produktionsstätten aufzubauen. Verknüpft ist dies mit dem Angebot die Verbindlichkeiten in Landeswährung zu begleichen. Aus diesen Transaktionen ziehen alle Beteiligten Vorteile:

— Der *Erstgläubiger*, im Allgemeinen eine Bank, kann seine Forderungen, die meist schon abgeschrieben sind, auf dem Sekundärmarkt verkaufen. Damit werden zwar Teilverluste realisiert, ein möglicher Totalverlust kann jedoch vermieden werden.
— Der *Investor* erwirbt die Schuldtitel auf dem Sekundärmarkt zum niedrigeren Marktpreis, erhält seine Forderungen aber von der betreffenden Zentralbank zum höheren Nominalwert (unter Abzug eines Um-

---

13 Vgl. World Bank (2015).

wandlungsabschlags) in Landeswährung, sodass er seine Investitionen mit einem niedrigeren Kapitaleinsatz finanzieren kann.
- Für das *Schuldnerland* verringert sich durch die Umwandlung in Landeswährung die Devisenschuld und damit der Schuldendienst. Durch die zusätzlichen Investitionen können zudem Beschäftigungs- und Wachstumseffekte ausgelöst werden, die zu neuen Exporteinnahmen führen können.

Neben diesen „klassischen" Schuldentauschtypen wurden weitere Schuldentauschvarianten entwickelt, die von ökologischen oder entwicklungspolitischen Vorstellungen geprägt sind. Der Gläubiger macht in diesen Fällen seine Bereitschaft auf Devisenforderungen zu verzichten von der Bereitschaft des Schuldners abhängig, entsprechende Mittel in Inlandswährung, in Form eines *Gegenwertfonds*, zur Durchführung von Projekten zur Verfügung zu stellen. Üblicherweise werden diese Möglichkeiten von öffentlichen Instanzen oder von engagierten Organisationen angeboten, wie beispielsweise der Nicht-Regierungsorganisation (NGO) *Worldwide Fund for Nature* (WWF). Diese kaufen Sekundärmarktpapiere auf und bieten dem Schuldnerland einen Schuldentausch in Inlandswährung an, mit dem Maßnahmen zum Schutz der Umwelt bzw. des Klimas *(debt-for-nature oder debt-for-climate swaps)*[14] oder Programme zur Bekämpfung von Armut, wie die von UNICEF initiierten *debt-for-child-development swaps*, zu finanzieren.

7.3.4 Common Framework

2020 verabschiedeten die G20 gemeinsam mit dem *Pariser Club* ein neues Rahmenwerk für eine effektive und nachhaltige Schuldenbehandlung, das *Common Framework for Debt Treatments beyond the Debt Service Suspension Initiative*. Das *Common Framework* sieht vor, dass Gläubigerstaaten aus der G20 und dem *Pariser Club* sowie private Kreditgeber einen Gläubigerausschuss bilden, nachdem ein Schuldnerstaat Unterstützung beantragt hat. Auf der Grundlage einer *Schuldentragfähigkeitsanalyse* werden dann mit dem Schuldnerstaat die Bedingungen für ein *Memorandum of Understanding* (MoU) ausgehandelt. Das MoU bildet dann die Grundlage für ein bilaterales Abkommen, mit dem für jedes Land maßgeschneiderte Umschuldungen und Schuldenerlasse koordiniert und umgesetzt werden. ◘ Abb. 7.8 zeigt diesen Prozess.

---

14 S. a. World Bank (2024), p. 35 f.

7.3 · Lösungsansätze für Verschuldungsprobleme

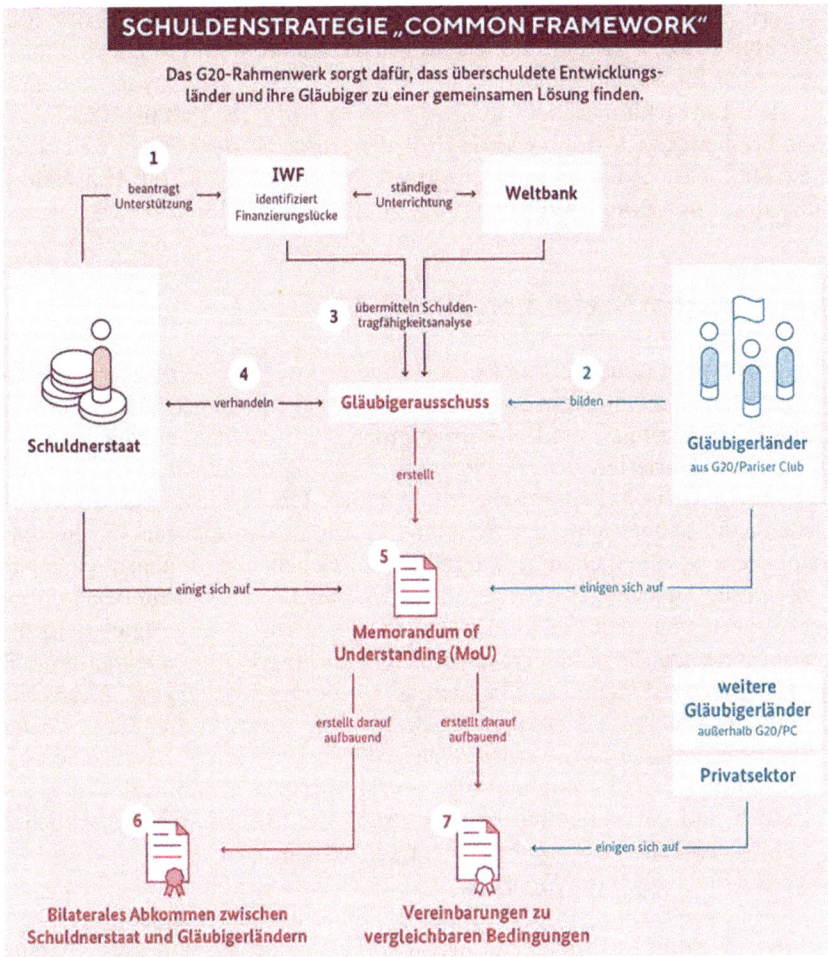

Abb. 7.8 Schuldenstrategie „Common Framework". (Quelle: Bundesministerium der Finanzen (BMF 2023))

Das neue Rahmenwerk wurde deswegen notwendig, weil sich die Gläubigerstruktur in den letzten Jahren verändert hat: Nach den multinationalen Entwicklungsbanken und dem Privatsektor ist inzwischen China für viele Entwicklungsländer größter Kreditgeber.[15] Im Rahmen des Common Framework wurden bis Mitte 2024 allerdings erst vier bilaterale Abkommen vereinbart. Auch hier ist Voraussetzung für das MoU die Umsetzung eines Reformprogramms zur makroökonomischen Stabilisierung des Landes.

7.4 Wirtschaftsreformen

Die vom IWF mit den vergebenen Krediten verknüpften Wirtschaftsreformprogramme haben im Kern das Ziel den öffentlichen und privaten Bedarf an Devisen zu verringern und hierfür erforderliche Reformen einzuleiten. Zunächst konzentrierten sich die *Stabilisierungsprogramme* des IWF eher auf kurzfristige wirtschaftspolitische Maßnahmen. Die Einsicht, dass die finanziellen Ungleichgewichte der Schuldnerländer in den meisten Fällen aber keineswegs vorübergehende, kurzfristig zu behebende, sondern vielmehr strukturelle Ursachen hatten, veranlassten den IWF ab Mitte der 1980er-Jahre dazu mit den Schuldnerländern längerfristig angelegte Reformprogramme, sog. *Strukturanpassungsprogramme* (SAPs), zu vereinbaren:

- Entsprechend dem neo-liberalen Konzept des *Washington Konsensus* (vgl. ▶ Abschn. 2.3.2) sollen die *Marktkräfte* gestärkt und die *Rolle des Staates eingeschränkt* werden: Den privaten Kräften soll durch eine umfassende Deregulierung mehr Raum zur wirtschaftlichen Entfaltung gegeben und der Staatseinfluss u. a. durch die Privatisierung öffentlicher Unternehmen und Aufgaben verringert werden.
- Zusätzlich sollen die *Staatsfinanzen* durch eine Erhöhung der Staatseinnahmen und durch eine Senkung der Staatsausgaben konsolidiert werden. Wichtigstes Instrument hierfür soll ein gerechtes Steuersystem, eine Reduzierung von Subventionen und eine Verschlankung der Verwaltungsstrukturen sein.
- Eine Steigerung der *Exporte* soll durch die Beseitigung *struktureller Schwächen* erfolgen: So soll die Abhängigkeit vom Export meist nur weniger Rohstoffe verringert und der Ausbau der verarbeitenden Industrie

---

15 Vgl. BMF (2023).

7.4 · Wirtschaftsreformen

sowie des Dienstleistungssektors, etwa des Tourismus- oder des Finanzsektors, forciert werden.
- Gleichzeitig sollen die *nationalen Finanzmärkte* effizienter werden: Der Staatseinfluss soll verringert und die Privatisierung von Staatsbanken vorangetrieben werden. Zudem soll der Kapitalverkehr liberalisiert und eine verstärkte Sparmobilisierung betrieben werden. Des Weiteren wurde eine größere Unabhängigkeit der Zentralbanken gefordert, um eine Senkung der häufig hohen Inflationsraten durchzusetzen und eine Finanzierung des Staates „durch die Notenpresse" zu verhindern.

Die IWF-initiierten SAPs wurden zunehmend kritisiert, wobei u. a. die folgenden Kritikpunkte eine wichtige Rolle spielten:
- Zentral war das Argument, dass staatliche Ausgabenkürzungen und strukturelle Reformen meist erhebliche wirtschaftliche Nachteile vor allem für die ärmeren Bevölkerungsgruppen mit sich bringen. Ausgabenkürzungen bedeuten meist eine Reduzierung der Ausgaben für Bildung, Gesundheit und soziale Sicherungsnetze sowie von Lebensmittel- und Energiesubventionen, sodass die soziale Ungleichheit weiter verschärft und die soziopolitische Stabilität des Landes bedroht wird. Eine erforderliche soziale Abfederung der Maßnahmen wurde zunächst jedoch nicht gefordert.
- Neben den sozialen wurden auch ökologische und nachhaltige Aspekte zu wenig berücksichtigt. So wird die Privatisierung öffentlicher Leistungen und wirtschaftspolitische Liberalisierung in vielen Fällen negative Folgen für die Umwelt mit sich bringen.
- Zum Teil wurden die Programme als zu wenig langfristig orientiert gesehen und ein ganzheitlicherer struktureller Ansatz gefordert.
- Schließlich wurden viele Programme von den betroffenen Ländern als undemokratisch und von außen oktroyiert empfunden, die Länder fühlten sich zu wenig eingebunden. Zudem wurde der *„One-Size-Fits-All"*-Ansatz kritisiert, der die länderspezifischen Gegebenheiten zu wenig berücksichtigen würde. Ein Beispiel hierfür ist die Asienkrise, bei der die prominente Rolle des privaten Sektors zu wenig berücksichtigt wurde (s.a. ▶ Abschn. 3.3).

Asienkrise – IWF Programm
Der IWF-Ansatz, der im Wesentlichen den Staat als Hauptakteur im Blick hatte, wirkte daher eher kontraproduktiv: Niedrigere Staatsausgaben im Zusammenhang mit Zinserhöhungen und einer restriktiven Kreditvergabe der Banken führten auch für noch funktionsfähige Unternehmen durch sinkende Nachfrage und höhere Kosten zu erheblichen Problemen. Die dadurch ausgelöste Konjunkturdämpfung verschlechterte die Möglichkeiten der Unternehmen, ihre Liquidität und Solvenz und damit ihre Rückzahlungsfähigkeit zu verbessern. Hohe

Arbeitslosigkeit und steigende Preise verursachten zunehmende Armut, die die politisch-soziale Krise verschärfte. Geforderte und durchgeführte Bankenschließungen unterminierten das Vertrauen der Bevölkerung in das Finanzsystem und führten zu einem Abzug dringend benötigter Mittel.

Trotz der Tatsache, dass die Strukturanpassungsprogramme im Kern die wichtigsten strukturellen Probleme im Blick hatten, waren viele Kritikpunkte berechtigt und wurden in den Folgejahren auch aufgegriffen. Inzwischen werden sie als *Wirtschaftsreformprogramme* oder *Instrumente zur Politikkoordinierung* bezeichnet, um den geänderten Charakter der Programme als Mittel zur ganzheitlichen Politikgestaltung zu unterstreichen. Neuere Programme zeichnen sich durch eine Abfederung der sozialen Folgen von Subventions- und Ausgabenkürzungen aus, etwa durch einen besseren Zugang zu Bildungs- und Gesundheitsversorgungsmaßnahmen, auch um die Voraussetzungen für eine soziale Akzeptanz von Reformen zu erhöhen. Zudem wurden Leitlinien für die Umweltprüfung von Programmen entwickelt, um diese umweltfreundlicher zu gestalten. Langfristige Aspekte werden stärker berücksichtigt und makroökonomische Stabilisierungsmaßnahmen weisen nun auch verstärkt sozial- und entwicklungspolitische Komponenten auf. Schließlich werden bei der Programmgestaltung die Länder stärker mit einbezogen, um deren spezifische Bedürfnisse noch stärker berücksichtigen zu können. Trotzdem geht es nach wie vor um eine durchgreifende Verbesserung der wesentlichen ökonomisch-politischen Strukturen. Dies wird auch deutlich bei der Betrachtung der Schwerpunkte einiger Wirtschaftsreformprogramme der letzten Jahre.

▶ **Beispiele**

(1) Mit *Ghana* wurden mehrere *Extended Credit Facility* (ECF) Programme implementiert (2015–2018 und 2019–2022), die u. a. Maßnahmen zur Haushaltskonsolidierung und zur Förderung des Privatsektors beinhalteten.[16]

(2) *Tansania* wurde durch das *Policy Support Instrument* (PSI) des IWF unterstützt (2013–2016 und 2016–2019), das u. a. eine Verbesserung der fiskalischen Rahmenbedingungen, die Förderung von Investitionen und die Stärkung des Finanzsektors beinhaltete.

---

16 Zu den Programmtypen vgl. ▶ Abschn. 2.3.2 und ▶ Abb. 2.4.

(3) Mit der *Ukraine* wurden *Stand-By-Arrangements* (SBAs) (2014–2015 und 2018–2020) vereinbart, die u. a. Maßnahmen zur Haushaltskonsolidierung, zur Stärkung des Bankensektors, zu Strukturreformen im Energiesektor, zur Verbesserung der Unternehmensführung und zur Exportförderung vorsahen.

(4) Das 2018 mit *Argentinien* vereinbarte Programm sah u. a. eine Reduzierung des Haushaltsdefizits, die Senkung der Inflation, die Flexibilisierung des Wechselkurses, die Stärkung des Finanzsektors und der sozialen Sicherungsnetze vor.

(5) Das 2016 mit *Ägypten* vereinbarte Programm zielte u. a. auf eine Reduzierung des hohen Haushaltsdefizits, auf die Förderung der Währungsstabilität sowie auf die Förderung des privaten Sektors. Hierzu sollten einerseits die Energiepreise erhöht, Subventionen gekürzt und die Steuerverwaltung verbessert werden, während andererseits auch die soziale Absicherung für die ärmsten Bevölkerungsschichten verbessert und öffentliche Investitionen in Infrastruktur und Bildung erhöht werden sollen. ◄

Eine Lösung der Verschuldungsproblematik durch die bisher ergriffenen finanztechnischen und ökonomischen Maßnahmen ist derzeit noch nicht sichtbar, vielmehr erscheint eine erneute Schuldenkrise gerade der ärmeren Entwicklungsländer eher wahrscheinlich. Trotz der verschiedenartigen Lösungsansätze steigt – wie oben dargestellt – die Verschuldung vieler Entwicklungsländer stetig weiter an. Zumal China als relativ neuer Kreditgeber vielfach für wenig rentable, dafür aber prestigeträchtige Infrastrukturprojekte in ärmeren Ländern die Verschuldung für viele Länder weiter in die Höhe treibt. Die meisten der chinesischen Kreditverträge schließen im Übrigen mit einer „*No-Paris-Club*"-Klausel eine Teilnahme an möglichen Umschuldungsvereinbarungen mit dem Pariser Club aus.[17] Auch sehen Verträge mit chinesischen Kreditgebern keine Vereinbarungen zu Wirtschaftsreformen vor.

Die Verarmung weiter Teile der Bevölkerung in vielen LICs und MICs verringerte sich nur unwesentlich – weltweit schwankt die geschätzte Anzahl in extremer Armut lebender Menschen seit 2015 um 700 Mio[18] – während die sozialen Disparitäten und die ökologischen Probleme in den meisten Län-

---

17 Vgl. Gelpern, A. et al (2021); vgl. zu den Kreditbedingungen auch Fahrion, G. et al. (2022).
18 Vgl. World Bank (2022).

dern noch zunehmen. Wirksame *Lösungsansätze* erfordern in jedem Fall eine noch intensivere internationale Zusammenarbeit. Im Rahmen eines politischen Dialogs und unterstützender Beratungsleistungen muss die *Entwicklungsorientierung* der *politischen Eliten* gestärkt und deren *Steuerungsmotivation und -kompetenz* gefördert werden. *Demokratisierungs- und Dezentralisierungsprozesse* und damit eine breite Partizipation und Mitverantwortung der verschiedenen gesellschaftlichen Gruppen und Organisationen, die über die Institutionalisierung von demokratischer Kontrolle abgesichert und durch die Gewährung von *Pressefreiheit* unterstützt werden müssen, können dringend notwendige Wirtschaftsreformmaßnahmen auf eine breitere Basis stellen und diese besser legitimieren. Als wichtiger Pfeiler der Entwicklung ist zudem der Aufbau eines unabhängigen und (weitgehend) korruptionsfreien *Rechtssystem* unabdingbar. Die Entwicklungserfolge der asiatischen Länder zeigen, dass ein solcher Anpassungsprozess nur dann erfolgreich sein kann, wenn sowohl der politische Wille dafür vorhanden als auch innenpolitische Stabilität gewährleistet ist. *Stabilität* ist damit ein Ziel an sich und eine zentrale Voraussetzung für die Erreichung entwicklungspolitischer Ziele.

Zusätzlich müssen natürlich weitere Faktoren berücksichtigt werden. So kann die Verschuldungsproblematik bei den hoch verschuldeten armen Ländern nur dann entschärft werden, wenn der unmittelbare *Zwang zur Erwirtschaftung von Devisen eingeschränkt* wird. Es ist daher sinnvoll, in den meisten Ländern verstärkt den Aufbau von nationalen oder regionalen Binnenmärkten noch stärker zu fördern. Dies kann u. a. geschehen durch den Aufbau von Produktionskapazitäten auf der Basis einheimischer Rohstoffe und die gezielte Entwicklung von berufsorientierten Fertigkeiten und Innovationen, um Entwicklungsfortschritte zu erzielen und ausreichende Arbeits- und Verdienstmöglichkeiten im eigenen Land zu schaffen. Dies beinhaltet auch die Aufgabe des *„urban bias"*, der aus politischen Gründen erfolgten Bevorzugung der städtischen Bevölkerung, die zu einer Verstärkung der räumlichen Disparitäten mit negativen gesamtwirtschaftlichen sozio-ökologischen Folgen führt. In vielen Ländern bedeutet dies, dass diejenigen ländlichen Regionen stärker gefördert werden müssen, die Subsistenzproduktion oder Produktion für den einheimischen Markt betreiben. Damit verknüpft ist eine Verbesserung der Entwicklungsvoraussetzungen von *kleinen und mittleren Unternehmen* (KMU) und des *informellen Sektors*. Dies kann beispielsweise geschehen durch eine bessere Integration dieser Unternehmen in das bestehende Geld- und Kreditsystem, also durch einen verbesserten Zugang zu den Finanzmärkten und eine intensive technische Unterstützung. Im Kern muss allerdings jede Strukturpolitik auch zu einer

Verbesserung der Erwirtschaftung von Devisen beitragen. Realistischerweise dürfte der benötigte Devisenzufluss in vielen Ländern daher vor allem durch *ausländische Direktinvestitionen* (FDI) in den Exportsektor erwirtschaftet werden. Hierfür müssen entsprechende begünstigende Rahmenbedingungen geschaffen und belastungsfähige Kooperationen mit Industrieländern, bevorzugt mit der EU, ausgebaut werden.

7.5 Lernkontrolle

Kurz und bündig

Die Auslandsverschuldung der Entwicklungsländer in *Fremdwährung* begann in den 1970er-Jahren sprunghaft zuzunehmen und entwickelte sich bereits Anfang der 1980er-Jahre zu einem Problem, als eine wachsende Anzahl hoch verschuldeter Länder, vorwiegend in Lateinamerika, nicht mehr in der Lage war, ihren Schuldendienstverpflichtungen vereinbarungsgemäß nachzukommen. Seitdem stieg die Auslandsverschuldung der Entwicklungsländer laufend an, sie beläuft sich heute auf über 6 Bio. US$ (ohne China). Können die Auslandsschulden ordnungsgemäß bedient werden, stellt auch eine ansteigende Auslandsverschuldung meist kein großes Problem dar. Diese Situation war aber bereits seit Beginn der 1980er-Jahre in vielen Ländern nicht (mehr) gegeben.

Nach Analysen der Weltbank waren 2023 51 % der Entwicklungsländer überschuldet oder befinden sich in einer kritischen Situation. Solchen Ländern stehen nur wenige Möglichkeiten durch eigene Anstrengungen oder durch neue Auslandskredite ihren Verbindlichkeiten nachzukommen zur Verfügung, sodass ihnen Überschuldung und Zahlungsunfähigkeit droht. Dies ist insbesondere dann der Fall, wenn die Kredite bei Geschäftsbanken aufgenommen wurden oder vom Schuldnerland emittierte Anleihen bedient werden müssen.

Die meisten Schuldnerländer benötigen Devisenkredite zum Ausgleich ihrer *Leistungsbilanzdefizite*: Häufig sinken die Exportpreise bei steigenden Importpreisen, sodass sich ein bereits bestehendes Leistungsbilanzdefizit vergrößert. Eine weitere Ursache sind *Haushaltsdefizite*, die durch mangelnde Ausgabendisziplin des Staates bzw. die zu geringe Bereitschaft oder Möglichkeit, ein adäquates Steuersystem durchzusetzen, ausgelöst werden. Zudem entziehen sich viele inländische Kapitalbesitzer angesichts der häufig unsicheren wirtschaftlichen und politischen Verhältnisse ihr Kapital dem inländischen Markt durch *Kapitalflucht*, um es im (sichereren) Ausland anzulegen. Schließlich berücksichtigen die öffentlichen Schuldner bei der Kreditverwendung zu wenig, dass die durch Devisen finanzierten Vorhaben zumindest indirekt dazu beitragen müssen, die für den Schuldendienst benötigten Devisen zu „verdienen" und verwenden im Ausland aufgenommene und in Devisen zurückzubezahlende Kredite häufig für inländische Belange.

Übersteigt die Verschuldung eines Landes kritische Grenzwerte kann dies schnell zu einer Wirtschaftskrise führen. Skeptische private Gläubiger werden ihre Staatsanleihen des Landes verkaufen und keine neuen Kredite gewähren. Können die Regierungen ihren Schuldendienstverpflichtungen nicht mehr nachkommen, haben sie zumindest temporär keinen weiteren Zugang zu den internationalen Kapitalmärkten. Sie müssen dann versuchen ihre Schulden zu restrukturieren und politische Reformen durchzuführen, um das Vertrauen in ihre Kreditwürdigkeit wiederherzustellen. Dies kann beispielsweise durch *Umschuldungen*, *Schuldenreduzierungen* oder einen *Schuldentausch* geschehen, wobei diese Möglichkeiten i. d. R. auch an die Durchführung von *Wirtschaftsreformen* gekoppelt sind. Diese sehen u. a. eine Stärkung des Privatsektors, eine Konsolidierung der Staatsfinanzen, Bemühungen zur Steigerung der Exporte und eine größere Effizienz der nationalen Finanzmärkte vor. Neuere Programme zeichnen sich zudem durch eine Abfederung der sozialen Folgen von Subventions- und Ausgabenkürzungen aus. Zudem wurden Leitlinien für die Umweltprüfung von Programmen entwickelt, um diese umweltfreundlicher zu gestalten. Langfristige Aspekte werden inzwischen stärker berücksichtigt und makroökonomische Stabilisierungsmaßnahmen weisen nun auch verstärkt sozial- und entwicklungspolitische Komponenten auf.

Let's check

1. Was versteht man unter *Entwicklungsländern*?
2. Warum verschulden sich Entwicklungsländer häufig in *ausländischer Währung*?
3. Welche *Verschuldungsindikatoren* halten Sie – aus welchen Gründen – für besonders relevant?
4. Beschreiben und bewerten Sie die Verschuldungssituation der *afrikanischen Länder südlich der Sahara*.
5. Welche Rolle spielen *Remittances* für den Zugang zu Devisen und warum?
6. Warum ist ein überproportionaler Anteil *öffentlicher Gläubiger* für hoch verschuldete Entwicklungsländer eher positiv zu beurteilen?

7. Vergleichen Sie den Beitrag verschiedener *finanztechnischer Ansätze* zur Lösung der Verschuldungsproblematik eines Landes?
8. Unter welchen Voraussetzungen können *Wirtschaftsreformen* einen wesentlichen Beitrag zur Verhinderung künftiger Schuldenkrisen leisten?

Vernetzende Aufgabe – recherchieren, analysieren, beurteilen

Analysieren Sie die relevanten Wirtschaftsdaten eines hoch verschuldeten Landes Ihrer Wahl und entwerfen Sie einen kombinierten Lösungsansatz, der sowohl finanztechnische als auch wirtschaftsreformorientierte Maßnahmen umfasst.

Literatur

Literatur Kapitel 7[19]

Allen, M. / Nankani, G. (2004) Heavily Indebted Poor Countries (HIPC) Initiative: Status of Implementation. IMF Staff papers, Washington D.C.
Andrews, D. et al. (1999) Debt Relief for Low-Income Countries, the Enhanced HIPC. IMF Initiative Pamphlet Series No. 51, Washington, D.C.
BMF (2023) Bundesfinanzministerium: Internationale Schuldenstrategie zur Entlastung hoch verschuldeter Länder. https://www.bundesfinanzministerium.de/Content/DE/Standardartikel/Themen/Internationales_Finanzmarkt/Schuldenstrategie/schuldenstrategie.html
Fahrion, G. et al. (2022) Straße nach nirgendwo; in: Der Spiegel vom 20.08.2022
Gelpern, A. et al. (2021) How China Lends, Kiel März 2021. https://www.ifw-kiel.de/publications/how-china-lends-a-rare-look-into-100-debt-contracts-with-foreign-governments-20549/
ifW (2020) Der Einbruch internationaler Kapitalflüsse in Schwellenländer: Was sind die Folgen? Kieler Beiträge zur Wirtschaftspolitik, No. 26; June 2020
IWF (2022) Jahresbericht 2022. https://www.imf.org/external/pubs/ft/ar/2022/downloads/imf-annual-report-2022-german.pdf
Koch, E. (2022) Globalisierung: Wirtschaft und Politik, 3. Aufl., Wiesbaden
Koch, E. (2023) Internationale Wirtschaftsbeziehungen I. Internationaler Handel zwischen Freihandel und Protektionismus, 4. Aufl., Wiesbaden
Misereor (2024) Misereor Schuldenreport 2024
Sundaram, J.K. (2022) Auf den Spuren der Kapitalflucht aus Afrika, Afrika Info vom 12.05.2022. https://afrika.info/auf-den-spuren-der-kapitalflucht-aus-afrika/
UNCTAD (2024) A world of debt, Report 2024

---

19 Letzter Zugriff auf die unter „Literatur" und „Links" genannten Internetquellen jeweils 04/2025.

Verdad, M. (2023) Kapitalflucht in Lateinamerika hat weiter zugenommen. https://amerika21.de/2023/06/264247/kapitalflucht-lateinamerika

World Bank (2005) Global Development Finance (GDF) 2005, Washington D.C.

World Bank (2015) Bond BuyBacks and Exchanges. Background Note. May 2015. https://documents1.worldbank.org/curated/en/917241467993195291/pdf/104176-WP-PUBLIC-GIVE-BOBBIE-REPORT-NUMBER-gov-bonds-Bond-Buybacks-and-Exchanges.pdf

World Bank (2022) und (2024) International Debt Report 2022 und 2024

World Bank (2024/1) Migration and Development No. 40, June 2024

Links

Erlassjahr: https://erlassjahr.de/informieren/

Hawala: https://www.bloomberg.com/news/articles/2025-04-15/hawala-wie-die-verbotene-zahlungssystem-funktioniert-und-bekampft-wird

HIPC: https://www.imf.org/en/About/Factsheets/Sheets/2023/Debt-relief-under-the-heavily-indebted-poor-countries-initiative-HIPC

Illicit Financial Flows: https://gfintegrity.org/issue/illicit-financial-flows/

Pariser Club: https://www.bmwk.de/Redaktion/DE/Textsammlungen/Aussenwirtschaft/pariser-club.html

GPSR Compliance

The European Union's (EU) General Product Safety Regulation (GPSR) is a set of rules that requires consumer products to be safe and our obligations to ensure this.

If you have any concerns about our products, you can contact us on

ProductSafety@springernature.com

In case Publisher is established outside the EU, the EU authorized representative is:

Springer Nature Customer Service Center GmbH
Europaplatz 3
69115 Heidelberg, Germany